RÉFLÉCHISSEZ ET DEVENEZ RICHE

Révision : Charlotte de Celles
Correction : Céline Vangheluwe

Catalogage avant publication de Bibliothèque et Archives nationales du Québec et Bibliothèque et Archives Canada

Hill, Napoleon, 1883-1970

Réfléchissez et devenez riche

Traduction de: Think and grow rich!.
Comprend un index.

ISBN 978-2-7619-3134-2

1. Succès dans les affaires. 2. Carnegie, Andrew, 1835-1919. I. Titre.

HF5386.H5714 2012 650.1 C2012-941299-6

12-16

Imprimé au Canada

L'ouvage original a été publié par Achieve It, Inc. sous le titre *Think and Grow Rich! The Original Version, Restored and Revised*

Dépôt légal : 2006
Bibliothèque et Archives nationales du Québec

ISBN 978-2-7619-3134-2

DISTRIBUTEURS EXCLUSIFS :

Pour le Canada et les États-Unis :
MESSAGERIES ADP inc.*
Téléphone : 450-640-1237
Internet : www.messageries-adp.com
* filiale du Groupe Sogides inc.,
filiale de Québecor Média inc.

Pour la France et les autres pays :
INTERFORUM editis
Téléphone : 33 (0) 1 49 59 11 56/91
Service commandes France Métropolitaine
Téléphone : 33 (0) 2 38 32 71 00
Internet : www.interforum.fr
Service commandes Export – DOM-TOM
Internet : www.interforum.fr
Courriel : cdes-export@interforum.fr

Pour la Suisse :
INTERFORUM editis SUISSE
Téléphone : 41 (0) 26 460 80 60
Internet : www.interforumsuisse.ch
Courriel : office@interforumsuisse.ch
Distributeur : OLF S.A.
Commandes :
Téléphone : 41 (0) 26 467 53 33
Internet : www.olf.ch
Courriel : information@olf.ch

Pour la Belgique et le Luxembourg :
INTERFORUM BENELUX S.A.
Téléphone : 32 (0) 10 42 03 20
Internet : www.interforum.be
Courriel : info@interforum.be

Gouvernement du Québec – Programme de crédit d'impôt pour l'édition de livres – Gestion SODEC – www.sodec.gouv.qc.ca

L'Éditeur bénéficie du soutien de la Société de développement des entreprises culturelles du Québec pour son programme d'édition.

Conseil des Arts du Canada | Canada Council for the Arts

Nous remercions le Conseil des Arts du Canada de l'aide accordée à notre programme de publication.

Financé par le gouvernement du Canada
Funded by the Government of Canada | Canada

Nous remercions le gouvernement du Canada de son soutien financier pour nos activités de traduction dans le cadre du Programme national de traduction pour l'édition du livre.

Nous reconnaissons l'aide financière du gouvernement du Canada par l'entremise du Fonds du livre du Canada pour nos activités d'édition.

NAPOLEON HILL

RÉFLÉCHISSEZ ET DEVENEZ RICHE

Traduit de l'anglais (États-Unis) par
Thérèse Gindraux et Marielle Gaudreault

LES ÉDITIONS DE L'HOMME
Une société de Québecor Média

L'homme peut accomplir tout ce que son esprit peut concevoir et croire.

Napoleon Hill

Préface spéciale de Bob Proctor

Vous et moi avons une chose en commun. Nous avons tous deux arrêté notre choix sur l'un des meilleurs livres jamais écrits, *Réfléchissez et devenez riche !* de Napoleon Hill. Il y aura bientôt 50 ans que j'aurai été en contact pour la première fois avec l'ouvrage que vous avez entre les mains. Son contenu a la capacité d'améliorer votre qualité de vie d'une façon qui dépasse probablement, et pour le moment, la portée de votre imagination. Sachez que je connais ce livre et son influence aussi bien, sinon mieux, que la plupart de nos contemporains. Cinquante années à étudier le même livre laissent des traces. Laissez-moi vous raconter.

En 1963, mon frère Al m'a donné un cadeau que je considère aujourd'hui comme un véritable trésor. Il m'a offert un exemplaire de *Réfléchissez et devenez riche !* qu'il avait fait relier en maroquin noir. Même si j'avais déjà commencé l'étude de ce livre quelques années auparavant à l'aide d'un autre exemplaire, je garde toujours sur moi, partout où je vais, l'exemplaire de mon frère depuis qu'il me l'a offert. Tellement de choses se sont améliorées dans ma vie depuis lors.

Il y a un an, Al m'a envoyé un courriel me disant à quel point il était heureux que j'aie entrepris l'étude du livre de Napoleon Hill et que toute notre famille jouisse aujourd'hui d'une plus grande prospérité et d'un plus grand bonheur grâce à ce dernier. La philosophie exposée dans les pages qui suivent propose l'un des meilleurs points de vue sur le succès que je connais. Elle a influencé la façon de penser de notre famille et notre façon de vivre.

J'écris aujourd'hui ces mots dans ma bibliothèque, entouré de quelques milliers de volumes : tous sont excellents, mais aucun ne m'a autant influencé que le livre de Napoleon Hill, *Réfléchissez et devenez riche !*.

Henry Ford, John D. Rockefeller, Thomas Edison et Alexander Graham Bell sont quelques-unes des personnalités qui ont fait partie du cercle intime de Napoleon Hill. D'ailleurs, si on vous demandait à brûle-pourpoint de décrire l'influence de ces personnes sur le monde, vous n'auriez pas à chercher bien longtemps. Nous connaissons leurs réalisations parce que leur nom y est généralement associé. Et pourtant, selon moi, il est presque impossible de décrire de façon précise l'influence heureuse que Napoleon Hill et son œuvre ont eue sur le monde. Grâce à ses livres, Napoleon Hill a transformé la vie de millions de gens. Aujourd'hui encore, la recherche incroyable et l'information organisée provenant de ses nombreuses années d'efforts soutenus aident des millions de gens partout dans le monde (dont plusieurs qui n'ont jamais même entendu parler de Napoleon Hill). Ces gens profitent de la sagesse qui leur a été transmise par d'autres individus influencés par l'œuvre magistrale de Napoleon Hill.

Je me rappelle la première fois où j'ai eu ce livre entre les mains : j'étais assis dans une caserne de pompiers dans une banlieue de Toronto, au Canada. J'avais 26 ans et j'étais désorienté, malheureux et sans le sou. Je n'avais pas d'éducation à proprement parler et aucune expérience en affaires. Je me questionnais sur ce que je n'avais pas, mes lacunes et pourquoi je n'arrivais jamais à réaliser mes rêves. L'ouvrage de Napoleon Hill a été une source d'inspiration pour moi ; j'ai commencé à m'intéresser à ce que je pouvais faire. Et plus j'avançais dans l'étude de l'ouvrage, plus je me suis mis à chercher des façons de mener à bien des projets plutôt que de me questionner sur mon incapacité à le faire.

Réfléchissez et devenez riche ! m'a appris à décupler mes forces et à gérer mes faiblesses. En relisant à répétition chacun des chapitres du livre, j'ai entrevu mon potentiel et mes capacités. Aujourd'hui, je possède de nombreuses entreprises prospères d'envergure mondiale. Je suis associé à des gens très respectés dans le milieu des affaires. Mon entreprise, LifeSuccess Group of Companies, s'est donné la mission de fournir des services dans le domaine auquel Napoleon Hill a consacré sa vie, c'est-à-dire aider les gens à prendre conscience de leur plein potentiel et à le développer.

J'ai pris l'habitude de lire chaque jour quelques phrases de *Réfléchissez et devenez riche!* pour en venir à la conclusion que, quel que soit le défi auquel je suis confronté, la solution se trouve dans les pages de ce livre remarquable.

J'ai aussi pris l'habitude de relire le chapitre «La persévérance» tous les jours pendant un mois au moins deux fois par année et je vous conseille vivement de suivre mon exemple.

Récemment, je me suis rendu à Kuala Lumpur, en Malaisie, pour prendre la parole au congrès international de la Fondation Napoleon-Hill, où le premier ministre de Malaisie se voyait décerner le prix Napoleon-Hill. Bien que Napoleon Hill ne soit plus de ce monde, sa Fondation poursuit son œuvre. Je me souviens d'ailleurs du moment précis où j'ai franchi le pas de la porte de la bibliothèque de cette dernière, qui abrite la plupart des écrits originaux de Hill. Un immense sentiment de gratitude m'a alors envahi et je me suis senti redevable à lui et à sa Fondation pour la vie d'abondance que je mène.

Quant à vous, il est grand temps de choisir, de prendre la ferme décision de tirer profit de la philosophie de ce livre afin qu'elle vous procure les mêmes bienfaits qu'à des milliers d'autres dans le monde! Je vous conseille vivement de faire ce que j'ai fait il y a de cela 46 ans et des poussières, et de lire et relire *Réfléchissez et devenez riche!* en version originale, revue et corrigée jusqu'à ce que ces principes deviennent partie intégrante de votre façon de penser, de votre façon d'être. Vous verrez, vous en serez abondamment récompensé.

BOB PROCTOR,
auteur du livre à succès *You Were Born Rich*
22 juin 2007

N'attendez pas.

Le moment ne sera jamais propice.

Préface de Ross Cornwell

Si c'est la première fois que vous êtes en contact avec *Réfléchissez et devenez riche!*, je ne saurais trop vous conseiller d'arrêter votre lecture à la fin du troisième paragraphe ci-dessous et de vous rendre directement à la page 19 pour lire la préface de l'auteur. Une expérience profondément bouleversante vous y attend – une expérience qui a donné à des milliers d'hommes et de femmes la clé du succès depuis que cet ouvrage phare de Napoleon Hill a été publié pour la première fois.

Réfléchissez et devenez riche! est le seul livre pratique ou la seule ressource existante traitant du succès personnel qui vous revient. Cet ouvrage vous aidera à devenir riche – il enrichira votre vie – de toutes les façons possibles et pas seulement sur les plans financier et matériel. Tous les mouvements axés sur le « succès personnel » et l'« attitude mentale positive » découlent des idées développées dans le livre *Réfléchissez et devenez riche!*. Tous les livres, cassettes, disques compacts, DVD et autres produits sur le succès personnel créés depuis la publication de *Réfléchissez et devenez riche!* ne font que revisiter les idées et les principes que le docteur Hill a déjà formulés.

Si vous lisez ce livre pour la première fois, ne vous laissez pas distraire pour l'instant par les notes de bas de page et à la fin. Elles fournissent de l'information qui accroîtra un jour votre appréciation du livre, mais qui lors d'une première lecture pourrait vous ralentir et entraver votre apprentissage. Lorsque vous aurez terminé votre première lecture (car il y en aura beaucoup d'autres !) et entreprendrez votre périple sur la voie menant au succès personnel, à l'indépendance financière et à la réussite exceptionnelle dans votre vie, revenez à cette préface pour découvrir de nouvelles perspectives sur le livre et sa philosophie.

Consultez aussi les notes de fin d'ouvrage, où vous trouverez de nouveaux éclairages sur l'attitude mentale positive, l'époque où vivait Napoleon Hill, les gens sur qui il écrivait, et bien sûr, sur Napoleon Hill lui-même. Encore une fois, je conseille aux néophytes de ne pas hésiter et de commencer leur étude en se rendant dès maintenant à la préface de l'auteur.

Si vous côtoyez déjà l'œuvre de Napoleon Hill et possédez une version antérieure du livre *Réfléchissez et devenez riche !*, une belle surprise vous attend. Cette nouvelle édition est, comme l'indique son sous-titre, la version originale, mais revue et corrigée. N'oubliez pas que le docteur Hill a publié *Réfléchissez et devenez riche !* et son secret pour faire de l'argent en 1937, au plus fort de la grande dépression. En 1960, il publia une édition corrigée du livre, où plusieurs des sections de l'ouvrage original avaient été supprimées. Beaucoup de ce matériel faisait référence à des problèmes liés aux conditions économiques en période de crise. Ces passages et autres changements dans le manuscrit original avaient donc été supprimés pour donner une tournure plus « moderne » au livre. Cette édition et les éditions subséquentes ont été jusqu'ici les seules que l'on pouvait se procurer dans les librairies depuis les années 1960. Ironiquement, en raison des immenses bouleversements et des incertitudes économiques qui ont marqué l'Amérique et le monde entier depuis les années 1980, la plupart des passages omis dans l'édition de 1960 s'avèrent particulièrement pertinents dans les circonstances et les conditions actuelles. *Réfléchissez et devenez riche !* dans sa version originale s'adresse éloquemment aux gens du XXIe siècle autant, sinon plus, qu'à ceux du siècle précédent.

La version de *Réfléchissez et devenez riche !* que vous lisez en ce moment rétablit le texte dans sa forme originale en réintégrant les passages qui avaient été supprimés il y a plus de 50 ans. (Certains passages originaux n'en font pas partie en raison de leur caractère obsolète, mais ils sont cités et commentés dans les notes à la fin de l'ouvrage.) En outre, l'aspect original du livre a été retravaillé.

La police de caractères choisie, jumelée à l'utilisation créative des italiques et des majuscules du docteur Hill, donne au texte une « qualité visuelle » claire et dynamique.

Bien que la nouvelle version soit en fait un retour à sa forme originale sur les plans du texte et de l'aspect visuel, le livre a aussi été corrigé de façon systématique. Chaque chapitre a subi des changements mineurs dans la ponctuation, la terminologie et, à l'occasion, dans la formulation. Les données financières et économiques ont été mises à jour lorsque nous l'avons jugé nécessaire (en utilisant la valeur du dollar d'aujourd'hui dans les exemples et les chiffres par exemple) afin que les lecteurs n'aient pas à calculer les équivalences. Ces révisions de mots ou de chiffres ont été faites uniquement pour faciliter la compréhension de la pensée du docteur Hill. Le but était de rendre la lecture du livre *Réfléchissez et devenez riche !* aussi conviviale que possible pour le lecteur d'aujourd'hui.

Cette édition est « corrigée » en ce sens qu'elle est la première version entièrement annotée du livre *Réfléchissez et devenez riche !* et qu'elle comporte des notes de bas de page, des notes de fin et des appendices. Les annotations intéresseront les passionnés de l'œuvre de Napoleon Hill qui cherchent à mieux comprendre le contexte historique dans lequel a été écrit cet ouvrage. Alors qu'il ne fait aucun doute que son message demeure d'actualité, un grand nombre de gens, événements et circonstances cités dans ses commentaires de même que les exemples qu'il fournit ne sont plus familiers pour la majorité des lecteurs. Le livre *Réfléchissez et devenez riche !* en version originale, revue et corrigée cherche à clarifier ce genre de détails en évitant de nuire à l'intégrité et au message de l'ouvrage original.

Quant au livre lui-même, il représente sans contredit un phénomène de l'édition. D'une année à l'autre, les gens continuent de le « découvrir » – niché discrètement sur une étagère d'une librairie ou d'une bibliothèque, ou encore prêté par un membre de la famille, un ami ou un associé –, les gens le lisent, en raffolent et s'en servent pour transformer leur vie ainsi que pour libérer leurs pouvoirs créatifs et laisser libre cours à leur imagination.

Le premier exemplaire de *Réfléchissez et devenez riche !* a été vendu en 1937. Onze ans plus tard, en février 1948, le magazine *Coronet* a approché 300 jeunes hommes et femmes ayant du succès pour leur demander de nommer le ou les livres qui avaient eu le plus d'influence sur leur vie. *Réfléchissez et devenez riche !* figurait au quatrième rang de cette liste.

Au mois de septembre 1986 – 38 ans et 8 présidents des États-Unis plus tard –, la revue *USA Today* a publié la liste des « Dix livres sur les investissements les plus vendus » aux États-Unis pour ce mois-là. Bien que l'ouvrage du docteur Hill ne soit pas à proprement parler un livre sur ce sujet – ce dernier portant plutôt sur la façon d'investir en soi et dans les autres –, *Réfléchissez et devenez riche !* s'est hissé à la première place de ce palmarès (quelques-uns des autres ouvrages figurant sur cette liste étaient *How to Buy Stocks, The Only Investment Guide You'll Ever Need* et *Getting Yours*).

Il y a quelques années, la Bibliothèque du Congrès des États-Unis a mené une enquête pour déterminer quels étaient les livres ayant le plus influencé la vie des lecteurs. La Bible venait largement au premier rang avec en deuxième et troisième positions, respectivement, *Atlas Shrugged* d'Ayn Rand et *Réfléchissez et devenez riche !* de Napoleon Hill. En 2002, le magazine *BusinessWeek* a publié sa liste des plus grands succès en librairie dans son édition hebdomadaire du 14 octobre. Aussi incroyable que cela puisse paraître, *Réfléchissez et devenez riche !* figure au dixième rang sur cette liste des 15 plus grands succès portant sur le domaine des affaires en format poche – un exploit réalisé 65 ans après la première publication de l'ouvrage du docteur Hill !

Entrez dans n'importe quelle librairie d'une certaine importance aux États-Unis et vous trouverez fort probablement quelques exemplaires de poche du livre *Réfléchissez et devenez riche !* (habituellement dans sa version de 1960) dans la section destinée aux affaires ou au développement personnel. Cet ouvrage demeure d'actualité parce qu'il est toujours pertinent.

J'ai eu, à titre d'entrepreneur indépendant, le privilège pendant trois ans d'occuper les fonctions de rédacteur en chef du *Bulletin de Réfléchissez et devenez riche !*, publié par Imagine Inc. pour la Fondation Napoleon-Hill, un organisme à but non lucratif fondé par ce dernier pour poursuivre son œuvre. Mon expérience à ce poste m'a non seulement donné la confiance et la perspicacité nécessaires pour mener à bien la reconstitution et la correction de *Réfléchissez et devenez riche !*, mais m'a de plus permis d'entrevoir le pouvoir de transformation immense de ce livre sur la vie des gens. En raison de ma situation, j'ai reçu toutes sortes de lettres et de coups de téléphone de gens de tous les coins du monde, de tous les horizons et aux parcours de vie bien différents qui avaient lu *Réfléchissez et devenez riche!* et qui appliquaient ses principes avec diligence. Ces personnes ont accédé à des niveaux de confiance en soi, de connaissance de soi et de réussite que la plupart n'entrevoient que dans leurs rêves les plus fous.

Vous serez peut-être un jour vous-même appelé à rendre un tel témoignage.

Et pourtant, le livre *Réfléchissez et devenez riche!* incarne bien plus que le pouvoir des principes qu'il explique. Son attrait tient en grande partie aux passages criants de vérité, presque prophétiques, concernant les affaires et les questions qui sont bien de «notre temps». Napoleon Hill parle de concepts comme le réseautage, la gestion participative, l'excellence en matière de service à la clientèle, les techniques de visualisation et de remue-méninges, ainsi que de l'utilisation de l'écriture pour mieux délimiter ses buts et objectifs, et ce, bien avant que ces concepts ne soient devenus des mots à la mode en affaires et dans les sciences psychologiques – avant même, dans bien des cas, que les termes ne soient inventés. Presque tout un chapitre est notamment consacré au concept du mentorat, même s'il ne fait jamais référence à ce terme comme tel et qu'il lui donne une tournure bien personnelle. Ses spéculations sur le fonctionnement du cerveau humain prédisent même la recherche sur le cerveau gauche et le cerveau droit. Les nombreux tests d'analyse personnelle disséminés dans l'ouvrage s'appliquent toujours aujourd'hui et valent en soi le coût déboursé pour le livre. Cinquante ans avant que l'expression «réduction des effectifs» (*downsizing*) ne devienne à la mode, Napoleon Hill explique clairement de façon détaillée les stratégies et les tactiques à employer lorsque l'on se voit soudain forcer à chercher un emploi ou à démarrer une entreprise. Son analyse sur les tenants et les aboutissants du capitalisme (au chapitre 6) est aussi l'une des plus avérées et des plus convaincantes jamais écrites, et la lecture de ce chapitre devrait être rendue obligatoire pour tous.

Peu importe l'endroit où vous vivez, aucune bibliothèque ne saurait être complète sans ce livre sur le succès personnel dans sa version revue et corrigée et entièrement annotée. Cette édition contient tous les passages du livre original revus et corrigés pour le lecteur d'aujourd'hui. L'ouvrage comprend du matériel encore plus pertinent et précieux aujourd'hui que lorsqu'il a été écrit initialement. Enseigner les étapes pour atteindre l'indépendance financière et même la richesse est l'un des objectifs du livre *Réfléchissez et devenez riche !*. Toutefois sa plus grande valeur n'est pas nécessairement d'assurer votre réussite financière, mais de vous aider, vous – et quiconque – à atteindre le succès, peu importe votre définition de la réussite, et de vous aider à obtenir ce que vous souhaitez de la vie.

Pour paraphraser la citation probablement la plus connue de Napoleon Hill :

« Tout ce que vous pouvez concevoir et croire, vous pouvez l'accomplir. »

Réfléchissez et devenez riche !, en version originale, revue et corrigée, vous montre étape par étape comment y arriver.

ROSS CORNWELL,
éditeur de la version
originale revue et
corrigée en langue anglaise

Préface de l'auteur

Tous les chapitres de ce livre traitent du secret qui a assuré la fortune de plus de 500 hommes excessivement riches sur la vie desquels je me suis longuement penché.

C'est Andrew Carnegie qui, il y a plus d'un quart de siècle, attira mon attention sur cette question. Je n'étais qu'un étudiant[1] lorsque l'adorable vieil Écossais aux cheveux blancs me parla, une lueur joyeuse dans les yeux, essayant de voir si j'avais saisi la pleine signification de ce qu'il m'avait dit.

Quand il vit que je l'avais compris, il me demanda si j'étais disposé à livrer pendant 20 ans ou plus son secret aux hommes et aux femmes qui, sans cela, risquaient d'accumuler dans leur vie échec sur échec. Je répondis que je l'étais et, avec son aide, j'ai respecté mon engagement.

L'idée de M. Carnegie était de mettre la formule magique, grâce à laquelle il avait gagné une magnifique fortune, à la portée de tous ceux qui n'avaient pas le temps de mener une enquête pour savoir comment les gens qui ont du succès font de l'argent. Il espérait que je pourrais la tester et la corroborer avec les expériences d'hommes et de femmes de professions et de milieux très divers. Il souhaitait que la formule fût étudiée dans les écoles publiques et à l'université et déclara que, bien enseignée, elle révolutionnerait tout le système éducatif, car le temps passé à l'école pourrait être réduit de moitié.

Son expérience avec Charles M. Schwab et d'autres jeunes associés de la même trempe que celui-ci le convainquit rapidement que ce qui est enseigné dans les écoles et les universités n'avait que peu de valeur en ce qui a trait au travail de gagner sa vie ou d'accumuler des richesses. Il en arriva à cette conclusion parce qu'il avait souvent embauché de jeunes gens, pour la plupart peu scolarisés, et qu'il avait réussi en les entraînant à se servir de cette formule à développer chez ces derniers des qualités rares de leadership. De plus, son assistance professionnelle fit en sorte que tous ceux qui suivirent ses conseils à la lettre firent fortune.

Dans le chapitre 2 sur la « Foi », vous lirez l'histoire étonnante de la mise sur pied de l'aciérie géante United States Steel Corporation telle que conçue et menée par l'un des jeunes associés grâce à qui M. Carnegie a pu prouver les mérites de sa formule. Cette seule application du secret par ce jeune homme – Charles M. Schwab – lui a valu une immense fortune tant sur le plan financier que sur celui des occasions d'affaires. Grosso modo, cette application de la formule rapporta dans les 600 millions de dollars* aux intéressés.

Ces faits – connus d'à peu près tous ceux qui connaissaient M. Carnegie – vous donnent une bonne idée de ce que la lecture de ce livre pourrait vous apporter, à condition bien sûr que vous sachiez ce que vous voulez.

Même avant d'être mis à l'épreuve pratique pendant une vingtaine d'années, le secret a été dévoilé à plusieurs milliers d'hommes et de femmes qui s'en sont servis pour leur bénéfice personnel, comme M. Carnegie le souhaitait. Plusieurs firent fortune. D'autres s'en sont servis pour créer de l'harmonie dans leur foyer.

Arthur Nash, tailleur à Cincinnati, testa la formule avec sa propre affaire, proche de la faillite. Sans tarder, elle prospéra et fit sa fortune. Elle reste aujourd'hui florissante, bien que M. Nash ne soit plus de ce monde. Son redressement avait été à tel point spectaculaire que les journaux et les revues s'en étaient emparés, lui faisant une publicité gratuite valant plus d'un million de dollars[2] !

Le secret a été transmis à Stuart Austin Wier de Dallas, au Texas[3]. Il était prêt à le recevoir, tellement prêt qu'il a renoncé à sa profession

---

* En dollars d'aujourd'hui, environ 12,5 milliards.

et s'est mis à l'étude du droit. A-t-il eu du succès? Nous reviendrons un peu plus loin sur ce sujet.

J'ai transmis le secret à Jennings Randolph le jour où il a reçu son diplôme universitaire et il s'en est servi avec tant de succès qu'il a remporté un siège au Sénat américain en plus de mener une longue et éminente carrière dans la fonction publique à l'échelle nationale.

Alors que j'étais directeur de la publicité à l'Université LaSalle Extension et que je n'étais rien de plus qu'un simple nom, j'eus le privilège de voir J. G. Chapline, président de l'Université, se servir de la formule avec tant d'efficacité qu'il réussit à faire de l'Université LaSalle l'une des meilleures écoles de formation professionnelle au pays[4].

Le secret auquel je fais allusion est mentionné plus d'une centaine de fois dans ce livre. Il n'est pas nommé directement, car il semble agir avec plus d'efficacité lorsqu'on ne le dévoile pas entièrement, de façon à ce que ceux qui sont prêts à l'adopter et qui sont à sa recherche puissent s'en saisir. C'est pourquoi lorsque M. Carnegie m'en parla, il ne m'en précisa jamais le nom. Si vous êtes prêt à l'utiliser, vous découvrirez ce secret au moins une fois par chapitre. J'aimerais avoir le plaisir de vous dire comment vous reconnaîtrez ce moment, mais cela vous priverait alors d'une grande partie du bénéfice que vous retirerez d'une découverte personnelle.

Pendant l'écriture de ce livre, mon propre fils qui finissait alors sa dernière année d'université, se mit à lire le chapitre 1 et découvrit le secret par lui-même. Il s'est alors servi de l'information de façon si efficace qu'il se trouva un poste de responsabilité assorti d'un salaire plus important que la moyenne. Son histoire est brièvement rapportée dans le premier chapitre. Lorsque vous la lirez, elle dissipera tous les doutes que vous aviez peut-être au sujet des espoirs que soulève ce livre. Si vous avez été découragé, si, ayant eu des difficultés à surmonter, vous avez échoué ou si vous avez été diminué par la maladie ou par une infirmité physique, le récit de la découverte de mon fils et de l'utilisation qu'il fit de la formule de Carnegie vous prouvera qu'elle est l'oasis vainement cherchée dans le désert des espoirs perdus.

Ce secret fut largement utilisé par le président Wilson durant la Première Guerre mondiale. Il était dissimulé dans l'entraînement que reçut chaque soldat avant de partir pour le front. Le président Wilson me confia qu'il fut d'une aide très précieuse lorsqu'il fallut trouver les fonds nécessaires à la guerre[5].

Au début du XXe siècle, Manuel L. Quezon (alors commissaire résident des Philippines) s'est inspiré du secret pour gagner l'indépendance de son peuple et devenir le premier président de cette nation libre[6].

Il existe un fait singulier concernant ce secret : ceux qui le connaissent et l'utilisent sont irrémédiablement entraînés vers le succès, sans effort apparent, et ne sont plus jamais soumis à l'échec ! Si vous ne me croyez pas, relevez les noms de ceux qui s'en sont servis partout où on les mentionne et vous en serez convaincu.

Est-il possible d'obtenir quelque chose gratuitement ?

Le secret dont il est question ne s'acquiert que si l'on en paie le prix, bien bas en comparaison de sa valeur. Ceux qui ne le cherchent pas ne le posséderont jamais. Il peut n'être ni vendu, ni acheté. On l'acquiert en deux étapes et ceux qui sont prêts à le recevoir en ont déjà acquis la moitié.

Le secret sert également bien, et sans discrimination, les gens qui sont prêts à le recevoir. L'instruction ne joue là aucun rôle. Bien avant que je sois né, ce secret était détenu par Thomas A. Edison qui l'utilisa avec tant d'intelligence qu'il devint le plus grand inventeur du monde, bien qu'il n'ait fréquenté l'école que trois mois.

Le secret fut transmis à un associé de M. Edison qui en usa avec une telle efficacité que, malgré ses revenus annuels de 12 000 dollars, il fut rapidement à la tête d'une énorme fortune et se retira des affaires alors qu'il était encore jeune. Vous trouverez son histoire au début du prochain chapitre. Elle devrait vous convaincre que la richesse est à votre portée. Que vous pouvez encore devenir ce que vous avez rêvé d'être ; que l'argent, la célébrité et le bonheur peuvent appartenir à tous ceux qui sont prêts et décidés à les acquérir.

Comment sais-je tout cela ? Avant de terminer la lecture de ce livre, vous aurez ma réponse. Vous la trouverez dans le premier chapitre ou à la dernière page !

Pendant 20 ans de recherches entreprises à la demande de M. Carnegie, j'ai questionné des centaines de personnages célèbres et nombreux furent ceux qui m'avouèrent qu'ils avaient acquis leur fortune grâce au secret de Carnegie ; parmi ceux-ci, il y eut :

HENRY FORD
WILLIAM WRIGLEY JR
JOHN WANAMAKER
JAMES J. HILL
FANNIE HURST
GEORGE S. PARKER
E. M. STATLER
HENRY L. DOHERTY
CYRUS H. K. CURTIS
GEORGE EASTMAN
THEODORE ROOSEVELT
JOHN W. DAVIS
MARIE DRESSLER
ELBERT HUBBARD
WILBUR WRIGHT
WILLIAM JENNINGS BRYAN
DR DAVID STARR JORDAN
J. ODGEN ARMOUR
CHARLES M. SCHWAB
ERNESTINE SCHUMANN-HEINK
DR FRANK GUNSAULUS
DANIEL WILLARD
JOHN D. ROCKEFELLER
THOMAS A. EDISON
FRANK A. VANDERLIP
F. W. WOOLWORTH
COL. ROBERT A. DOLLAR
EDWARD A. FILENE
EDWIN C. BARNES
ARTHUR BRISBANE
WOODROW WILSON
WILLIAM HOWARD TAFT
LUTHER BURBANK
EDWARD W. BOK
FRANK A. MUNSEY
KATE SMITH
ELBERT H. GARY
DR ALEXANDER GRAHAM BELL
JOHN H. PATTERSON
JULIUS ROSENWALD
STUART AUSTIN WIER
DR FRANK CRANE
J. G. CHAPLINE
ARTHUR NASH
KING GILLETTE
RALPH A. WEEKS
JUGE DANIEL T. WRIGHT
ELLA WHEELER WILCOX
CLARENCE DARROW
JENNINGS RANDOLPH[7]

Ces noms ne représentent qu'une petite partie des centaines d'Américains célèbres qui comprirent et appliquèrent le secret de Carnegie. Je n'ai jamais entendu dire qu'il a conduit quelqu'un à un échec et personne n'a jamais réussi, ou fait fortune, sans l'appliquer. J'en conclus qu'il est essentiel et plus important que n'importe quelle connaissance que l'on peut acquérir par ce qui est communément appelé « l'instruction ».

Au fait, qu'est-ce que l'instruction ? Permettez-moi de répondre à cette question en détail.

---

* Vous trouverez des renseignements supplémentaires sur ces personnes dans les notes à la fin de l'ouvrage, qui débutent à la page 253. Plusieurs sont cités aux pages 256 à 261.

En ce qui concerne les études, plusieurs de ces personnalités citées plus haut n'en ont fait que très peu. John Wanamaker m'a déjà dit que celles qu'il avait faites avaient été acquises un peu à la manière des locomotives à vapeur, en prenant de l'eau au fur et à mesure que le réservoir se vidait[8].

Henry Ford n'a jamais atteint le secondaire, encore moins l'université. Je ne suis pas en train de dénigrer la valeur de l'éducation ; j'essaie simplement d'exprimer ma certitude la plus intime à l'effet que ceux qui ont maîtrisé et appliqué le secret atteindront des sommets, cumuleront des fortunes et sauront négocier leur vie selon leurs propres termes, même si leurs études étaient plutôt sommaires.

Si vous êtes préparé à le recevoir, le secret jaillira inévitablement de votre lecture et vous apparaîtra, bien visible. Si vous êtes prêt à le recevoir, vous le reconnaîtrez immédiatement. Que vous receviez le signe au premier ou au dernier chapitre, lorsque ce moment se présentera, arrêtez-vous et savourez-le bien, car cet instant marquera le tournant de votre vie.

Nous allons passer au chapitre d'« introduction » et à l'histoire de mon très cher ami qui m'a avoué en toute candeur avoir vu le signe mystique et dont les réussites en affaires montrent qu'il avait bel et bien découvert le secret.

En lisant son histoire et celles qui suivent, n'oubliez pas que ces gens sont aux prises avec les problèmes épineux de la vie comme nous en faisons tous l'expérience – ceux qui portent sur la façon de gagner sa vie, de trouver l'espoir, le courage, la satisfaction, la paix d'esprit, de cumuler les richesses et de bénéficier de la liberté du corps et de l'esprit.

Rappelez-vous que ce livre traite de faits réels et non de fiction et que son but est de faire connaître une vérité universelle qui apprendra, à tous ceux qui sont prêts, non seulement ce qu'il faut faire, mais comment le faire ! Ils en retireront également le stimulant indispensable à un bon départ.

Pour terminer cette entrée en matière, j'aimerais encore vous dire, afin que vous reconnaissiez plus facilement au passage le secret de M. Carnegie, que toute réussite et toute fortune commencent par une idée ! Si vous êtes prêt à recevoir le secret, vous en possédez déjà la première moitié ; le moment venu, vous reconnaîtrez aisément la seconde.

NAPOLEON HILL

■■■

Le succès vient à ceux qui sont conscients du succès.

L'échec vient à ceux qui en constatent la possibilité.

■■■

Introduction Le pouvoir de la pensée

L'homme qui «se crée» en pensée

Les pensées sont en fait des choses – et des choses véritablement puissantes lorsqu'elles s'allient à la détermination d'atteindre un but, à la persévérance et au désir brûlant de voir ces pensées se traduire en richesses ou autres objets matériels.

Edwin C. Barnes a découvert qu'en réfléchissant on devient riche[9]. Sa découverte ne lui est pas venue d'un seul coup. Elle lui est venue petit à petit, en commençant par un désir brûlant de devenir l'associé du grand Thomas Alva Edison.

L'une des caractéristiques du désir qu'éprouvait Barnes était d'être *défini*. Il voulait travailler *avec* et non *pour* l'inventeur. Prêtez une attention particulière à la description de la façon dont il s'y est pris pour transformer son désir en réalité et vous aurez une meilleure compréhension des 13 étapes qui mènent à la richesse.

Lorsque ce désir ou cet élan de la pensée lui est venu la première fois, il n'était pas en mesure de réagir. Deux obstacles s'y opposaient. Barnes ne connaissait pas Edison et n'avait pas assez d'argent pour s'offrir le train jusqu'à East Orange, dans le New Jersey, où était situé le laboratoire de M. Edison. Ces difficultés, qui auraient suffi à décourager la plupart des gens, Barnes allait les surmonter par son obstination et sa volonté tellement son désir était irrépressible. Il était si déterminé qu'il décida de voyager clandestinement, en se cachant dans un train de marchandises.

Il se présenta au laboratoire d'Edison et déclara sans détour qu'il venait faire des affaires avec lui. Des années plus tard, relatant cette première rencontre, Edison raconta: «Il se tenait debout devant moi tel un vagabond; *mais quelque chose dans l'expression de son visage laissait pressentir qu'il ne s'en irait pas sans avoir eu ce qu'il voulait.* Des années d'expérience m'avaient appris qu'un homme qui désire une chose à un point tel qu'il est capable, pour l'obtenir, de jouer tout son avenir sur un simple coup de dé est sûr de gagner. Je lui procurai l'occasion qu'il demandait *parce que je vis qu'il était fermement décidé à l'obtenir.* Les événements qui suivirent me donnèrent raison.»

Les mots qu'employa le jeune Barnes en cette occasion sont beaucoup moins importants que *les pensées* qu'il avait à ce moment-là. Edison lui-même en a convenu! Ce n'était certainement pas l'apparence du jeune homme qui avait joué en sa faveur, bien au contraire. Ce sont les pensées qu'il entretenait qui importaient.

Si la personne qui lit cette déclaration à cet instant précis pouvait saisir toute la profondeur de sa signification, la lecture du reste de ce livre s'avérerait superflue.

Cette première rencontre ne déboucha pas immédiatement sur une association entre le grand homme et le jeune Barnes. Ce dernier eut tout de même la chance de travailler à un salaire modeste en s'acquittant de tâches, sans importance aux yeux d'Edison, mais qui étaient de la plus haute importance pour Barnes, car ce travail lui permettait de se faire valoir devant son futur associé.

Les mois passèrent. Apparemment, rien ne permettait à Barnes de se rapprocher du seul but qui comptait à ses yeux. Cependant, deux facteurs essentiels se précisaient en lui: son désir de devenir l'associé d'Edison s'intensifiait, il se sentait prêt à cette collaboration et il était décidé à le demeurer jusqu'à ce que son désir se réalisât.

Les psychologues ont raison d'affirmer que «lorsqu'une personne est mûre pour un événement en particulier, ce dernier se matérialisera».

Barnes était prêt à s'associer avec Edison. De plus, il était déterminé à attendre jusqu'à obtenir ce qu'il recherchait.

Il ne se disait pas: «À quoi bon? Je ferais mieux d'abandonner et de me contenter d'une place de vendeur dans la maison.» Au contraire, il pensait: «Je suis ici pour collaborer avec Edison et je le ferai, dussé-je consacrer le reste de ma vie à atteindre ce but!» *Et il le pensait vrai-*

ment. L'histoire des hommes serait bien différente si ceux-ci avaient un seul but précis et s'y tenaient jusqu'à le transformer en une obsession tenace!

Le jeune Barnes l'ignorait peut-être à cette époque, mais son obstination et son acharnement à réaliser son désir allaient avoir finalement raison de tous les obstacles.

Enfin, l'occasion qu'il attendait se présenta, mais pas comme il l'avait imaginée. Les occasions empruntent souvent la porte de service et prennent parfois la forme d'incidents malheureux ou de défaites temporaires. C'est probablement la raison pour laquelle la plupart des gens n'arrivent pas à les reconnaître lorsqu'elles se présentent.

Edison venait d'inventer un appareil connu à l'époque sous le nom de « Machine à dicter d'Edison ». Ses employés, peu enthousiastes et persuadés qu'elle ne trouverait jamais preneurs, hésitaient à la vendre. Barnes vit alors sa chance, sous la forme d'une machine bizarre qui n'intéressait personne, à part lui-même et son inventeur.

Barnes sut immédiatement qu'il saurait vendre cette machine. Il le dit à Edison, qui lui donna sa chance. Il la vendit *si bien* qu'Edison lui en confia le marché pour tout le pays. De cette association naquit le fameux slogan: « Inventé par Edison et installé par Barnes ».

Cette association connut un vif succès pendant plus de trois décennies et rendit Barnes très riche, mais surtout, ce dernier démontra que l'on pouvait réellement « réfléchir et devenir riche ».

Combien la réalisation de ce désir original lui rapporta-t-il? Lui seul le sait. Peut-être deux ou trois millions de dollars[10], mais cette somme, aussi élevée soit-elle, devient insignifiante lorsqu'on la compare à la richesse que Barnes avait acquise, car il savait désormais *qu'une pensée peut se concrétiser si l'on agit suivant quelques principes*[11].

Barnes *désirait* fortement devenir l'associé d'Edison et il se *voyait en pensée* faire fortune. Il n'avait qu'un seul atout dans son jeu: il savait ce qu'il voulait et il était prêt à persévérer jusqu'à la réalisation de son désir.

Au départ, il n'avait pas d'argent, bien peu d'instruction et aucune relation. Il avait toutefois de l'initiative, la foi et la volonté de gagner. Grâce à ces forces intangibles, il est devenu « l'homme de confiance » du plus grand inventeur de l'Histoire[12].

À quelques pas de la fortune

Portons notre attention sur un cas différent, celui d'une personne entourée de signes tangibles lui indiquant qu'elle s'approche de la réussite, mais qui a tout perdu – parce qu'elle s'est arrêtée en cours de route, tout juste avant de toucher à son but.

L'une des causes les plus courantes de l'échec est l'habitude d'abandonner lorsque nous sommes aux prises avec une difficulté temporaire. Nous avons tous commis cette faute à un moment ou à un autre.

À l'époque de la Ruée vers l'or, un oncle de R. U. Darby[13] partit vers l'Ouest faire fortune. Il ne savait pas que *les pensées des hommes recèlent plus d'or que la terre n'en eut et n'en aura jamais.* Il gagna une concession au jeu et s'y rendit, pioche et pelle sur l'épaule. Après plusieurs semaines de labeur incessant, ses efforts se virent récompensés. Il avait trouvé le métal tant convoité et il lui fallait maintenant du matériel pour exploiter le filon. Il referma consciencieusement la mine et retourna chez lui, à Williamsburg, dans le Maryland, pour informer ses parents et amis de sa « trouvaille ». À eux tous, ils parvinrent à réunir de quoi acheter tout le matériel nécessaire, qui fut embarqué aussitôt à destination de l'Ouest, pendant que l'oncle retournait travailler à la mine en emmenant cette fois son neveu Darby.

Le premier wagonnet chargé d'or fut acheminé par bateau vers une fonderie. Le rendement prouva aux heureux propriétaires qu'ils possédaient une des plus riches mines du Colorado ! Encore quelques wagonnets et toutes leurs dettes seraient payées. Ensuite viendraient les gros bénéfices.

En avant les foreuses et voguent les espoirs de Darby et de son oncle ! Mais, tout à coup, le filon disparut ! Les machines forèrent désespérément, essayant de le retrouver. En vain.

Ils décidèrent finalement de tout laisser tomber.

À un aventurier qui passait, les Darby vendirent matériel et concession pour une bouchée de pain et reprirent le train pour le Maryland. Le nouveau propriétaire consulta un expert qui se livra à un petit calcul et attribua l'échec des Darby à une méconnaissance des terrains et des couches géologiques. D'après lui, on retrouverait le filon à un mètre de l'endroit où l'oncle et le neveu avaient fait arrêter le forage. Ce qui s'avéra.

L'aventurier ramassa ainsi des millions de dollars parce qu'il avait sollicité les conseils d'un ingénieur des mines. L'argent qui avait servi à acheter la machinerie avait été rassemblé grâce aux efforts de R. U. Darby, qui était très jeune à l'époque. Cet argent provenait en grande partie de membres de la famille et de voisins qui avaient confiance en lui. Il les a remboursés jusqu'au dernier sou, bien que cela lui ait pris bon nombre d'années.

Et ce fut longtemps après, quand *il comprit que le* désir *peut se transformer en or,* que Darby put enfin amortir plusieurs fois cette lourde perte. Cette découverte lui vint après qu'il eut mis sur pied sa compagnie d'assurances sur la vie.

Depuis, il appliquait la leçon qu'il avait tirée de son expérience malheureuse, se souvenant qu'il avait perdu une immense fortune parce qu'il avait abandonné alors qu'il touchait presque au but. Il se répétait chaque fois que l'occasion s'en présentait : « J'ai capitulé devant l'or, je ne capitulerai jamais devant un client qui me refuse une assurance. »

À cette époque, Darby faisait partie d'un petit groupe de privilégiés comptant moins de 50 individus, qui vendaient, bon an mal an, pour plus d'un million de dollars d'assurances par année.

Il devait sa « ténacité » à la leçon qu'il avait apprise de son « abandon » dans le domaine de l'exploitation des mines d'or.

Le succès vient rarement sans que l'on ait d'abord essuyé plusieurs échecs. Lorsque l'échec paraît total, quoi de plus logique et de plus facile que de renoncer ? C'est ce que font la plupart des gens. J'ai interrogé plus de 500 Américains parmi ceux qui ont le mieux réussi. Tous m'ont confié qu'ils avaient connu leur plus grand succès *immédiatement après* un échec qui semblait pourtant sans espoir. Souvent, l'échec, comme s'il voulait jouer un bon tour, ne fait que masquer la réussite qui est en fait beaucoup plus proche qu'on ne le pense.

Une leçon de persévérance à 50 cents

À peine M. Darby était-il diplômé de l'« école des coups durs » et avait-il décidé que la leçon ne serait pas perdue, qu'il assista à une scène qui lui prouva que « non » ne veut pas toujours dire non ! Son oncle exploitait une grande propriété dans laquelle plusieurs fermiers de couleur vivaient, avec leurs familles, du produit de la récolte. Un jour que Darby était allé lui rendre visite et l'aidait à moudre le blé dans un très vieux moulin, la porte s'ouvrit lentement, une petite fille noire entra et demeura plantée sur le seuil.

L'oncle leva les yeux, vit l'enfant et gronda : « Qu'est-ce que tu veux ? » La petite répondit avec douceur : « Ma maman demande vous lui donner 50 cents. »

« Pas question, rétorqua l'oncle, maintenant va-t'en ! »

« Oui, Monsieur », dit l'enfant. *Mais elle ne bougea pas.*

L'oncle était si absorbé par son travail qu'il ne s'en aperçut pas tout de suite. Quand il la vit, il hurla : « Vas-tu filer ? Sinon je me charge de te faire déguerpir ! »

« Oui, Monsieur », dit la petite. *Mais elle ne broncha pas.*

L'oncle laissa tomber le sac de grains qu'il s'apprêtait à vider dans la trémie du moulin, saisit la douve d'un tonneau éventré et avança vers la fillette. Son visage laissait voir l'embarras qui résultait d'une telle situation.

Darby retint son souffle : il savait son oncle très colérique. Il était certain qu'il allait assister à une sévère correction. À cette époque, les enfants pauvres, surtout les enfants de métayers, n'avaient tout simplement pas le droit de faire montre d'autant de bravade. Lorsque l'oncle arriva près de l'enfant, elle s'avança prestement d'un pas et le fixant droit dans les yeux, elle cria de toutes ses forces : « Ma maman a absolument besoin de 50 cents. »

L'oncle s'arrêta net, la regarda un long moment, puis, lentement, il posa la planche par terre, mit sa main dans sa poche, en sortit 50 cents et les lui tendit.

La petite fille prit l'argent et recula jusqu'à la porte sans quitter des yeux l'homme à qui *elle venait de tenir tête.* Quand elle fut sortie, l'oncle s'assit sur une caisse près de la fenêtre et contempla le paysage pendant plus de dix minutes. Sidéré, il essayait de s'expliquer les causes de sa défaite.

De son côté, Darby réfléchissait. C'était la première fois qu'il voyait une enfant noire tenir délibérément tête à un adulte blanc. Comment était-ce possible ? De quel pouvoir extraordinaire disposait donc cette enfant pour être arrivée à transformer l'oncle irascible en un agneau docile ? Quel était le secret qui lui avait permis de dominer la situation ? Darby n'avait toujours pas trouvé de réponses à ces questions quand, plusieurs années plus tard, il me conta toute l'histoire à l'endroit même, coïncidence curieuse, où son oncle enregistra la défaite de sa vie. Étrangement, j'ai passé presque un quart de siècle à étudier ce même pouvoir qui a permis à une frêle enfant illettrée d'avoir le dessus sur une personne en position d'autorité.

Alors que nous étions là, dans ce vieux moulin sentant le moisi, M. Darby répéta cette histoire hors de l'ordinaire et finit en me demandant: «Et vous, qu'en pensez-vous? Quel était donc l'étrange pouvoir qu'utilisa l'enfant pour avoir raison de mon oncle?»

La réponse figure clairement dans les principes exposés dans ce livre. Elle permet à celui qui la trouve de comprendre et d'utiliser à ses propres fins ce même pouvoir qu'exerça instinctivement l'enfant.

Gardez l'esprit alerte et vous observerez exactement comment cet étrange pouvoir est venu à la rescousse de l'enfant. Vous en aurez un aperçu dès le chapitre suivant. En poursuivant votre lecture de ce livre, vous trouverez une idée qui aiguisera vos pouvoirs réceptifs et mettra à votre disposition, pour votre propre bénéfice, le même pouvoir irrésistible. La prise de conscience de ce pouvoir peut vous venir à la lecture du premier chapitre ou se produire au cours des chapitres subséquents. Elle pourrait prendre la forme d'une simple idée ou celle d'un projet ou d'un objectif. En outre, elle vous permettra de faire le bilan de vos erreurs passées en ramenant à la surface certaines leçons grâce auxquelles vous pourrez récupérer tout ce que vous aviez alors perdu.

Lorsque j'eus expliqué à M. Darby de quel ordre était le pouvoir qu'avait utilisé l'enfant noire, ce dernier reconnut, après réflexion, que les succès professionnels qu'il enregistrait depuis 30 ans étaient dus en grande partie à la leçon qui lui avait été donnée dans sa jeunesse: «Chaque fois, me dit-il, qu'un client essaie de me renvoyer poliment, moi et mes assurances, je revois cette enfant avec ses grands yeux inquiets et je reviens à la charge. Les meilleures ventes, je les fais toujours avec des gens qui m'avaient d'abord signifié leur refus.» Rappelant également l'erreur que son oncle et lui-même avaient commise en abandonnant la partie à un mètre seulement de l'or, il admit: «Cette expérience m'a été finalement d'un grand secours, car elle m'a appris à *tenir coûte que coûte* malgré toutes les difficultés et c'était une leçon dont j'avais grand besoin pour entreprendre quoi que ce soit avec succès.»

Les histoires de M. Darby, de son oncle, de l'enfant et celle des mines d'or seront sans doute lues par des centaines d'hommes et de femmes qui travaillent dans le domaine de la vente. À tous ceux-là, je voudrais dire que Darby doit à ces deux expériences sa capacité de vendre plus d'un million de dollars d'assurances vie par année – ce qui représente un exploit incroyable à son époque.

La vie est étrange et souvent impondérable ! De simples expériences sont la source à la fois de succès et d'échecs. En elles-mêmes, les expériences de M. Darby n'ont rien d'extraordinaire, et pourtant elles ont façonné sa destinée et lui sont donc aussi précieuses que la vie elle-même.

Il a su tirer profit de ces deux expériences parce qu'il les a *analysées* et en a tiré une leçon. Mais tout le monde ne médite pas sur ses échecs afin d'en faire des succès éclatants ; d'ailleurs, comment savoir que l'échec est la première étape qui mène au succès ? Où et comment une telle personne pourrait-elle apprendre l'art de convertir les échecs en jalons vers la réussite ?

C'est précisément pour répondre à ces questions que ce livre a été écrit. Les 13 principes qui sont étudiés dans ce livre répondent à toutes vos questions. N'oubliez pas cependant que la vraie réponse aux questions que vous vous posez est *en vous* et qu'elle jaillira dans votre esprit sous forme d'idée, de plan ou d'objectif qui vous viendra en tête à la faveur de votre lecture.

Une bonne idée, c'est tout ce qu'il vous faut pour réussir. Les principes dont je fais état dans ce livre sont les moyens les plus efficaces pour créer des idées utiles.

Avant de passer à leur étude, méditez cette pensée : lorsque l'argent afflue, c'est si rapidement et en si grande quantité que l'on se demande invariablement où il se cachait durant les années de vaches maigres. Constatation d'autant plus étonnante que la plupart des gens s'imaginent que seuls ceux qui travaillent avec acharnement pendant de longues années méritent la fortune.

Mais dès que vous deviendrez riche, vous vous rendrez compte qu'il vous aura fallu peu de travail, un travail facile, et que ce qui eut le plus d'importance fut votre état d'esprit et votre poursuite d'un objectif bien arrêté. Cet état d'esprit qui attire la fortune, comment l'acquérir ? J'ai cherché 25 ans la réponse à cette question.

Sans cette recherche, ce livre n'aurait pas vu le jour.

La grande dépression a commencé en 1929 et s'est poursuivie pour atteindre des sommets de dévastation économique quelque temps après l'entrée en fonction du président Franklin D. Roosevelt.

Puis la dépression se mit à se résorber. Tout comme le placeur au cinéma augmente la lumière sans que vous vous en rendiez compte, la *peur* provoquée par la crise dans l'esprit des gens s'est tranquillement effacée au profit de la *foi*.

Dès que vous mettrez nos principes en pratique, vous observerez une nette augmentation de votre compte en banque et tout ce que vous toucherez tournera à votre avantage. Impossible, dites-vous? Vous avez tort.

L'une des plus grandes faiblesses humaines est la familiarité qu'entretient l'être humain moyen avec le mot «impossible». Les gens connaissent les règles qui ne fonctionnent pas. Ils sont au courant de ce qui ne peut être accompli. Ce livre a cependant été écrit pour ceux qui sont à la recherche des règles qui ont permis à certains de réussir et qui sont prêts *à tout miser* pour les connaître.

Un jour, il y a de ça plusieurs années, j'ai acheté un bon dictionnaire. La première chose que je fis fut de le feuilleter jusqu'à atteindre le mot «impossible», que je découpai consciencieusement. Vous devriez peut-être faire la même chose.

Le succès vient à ceux qui sont prédisposés au succès, comme l'échec vient à ceux qui sont prédisposés à l'échec.

Notre ambition est d'aider ceux qui cherchent à changer leur mentalité et à passer de l'échec au succès.

Trop de gens ont aussi le défaut de juger les êtres et les choses *en fonction d'eux-mêmes.* Certains liront cela et croiront qu'il est impossible que quelqu'un puisse réfléchir et devenir riche. Ils sont incapables de s'imaginer riches parce que leurs façons habituelles de penser ont été biaisées par la pauvreté, le manque, la misère, l'échec et la défaite.

Cela me rappelle l'histoire de ce jeune Chinois que ses parents envoyèrent aux États-Unis pour parfaire son éducation. Un jour, le président William Rainey Harper[14] le rencontra dans les jardins de l'université; il s'arrêta, lui adressa quelques mots avec bienveillance et lui demanda ce qui l'avait le plus frappé chez les Américains.

«Eh bien, répondit l'étudiant, c'est la forme bizarre de vos yeux, ils sont si drôlement dessinés!»

Et que dit le Caucasien typique à propos des gens d'ascendance asiatique?

Nous refusons de croire à ce qui nous dépasse. Nous pensons, faussement, que *nos* limites sont celles de tout le monde et trouvons les yeux des autres «bizarres» parce qu'ils sont différents des nôtres.

Des millions de gens scrutent les réalisations des entrepreneurs qui ont extrêmement bien réussi, comme Henry Ford[15], *après* leur réussite et envient leur bonne fortune, leur chance ou leur génie, ou l'élément auquel ils attribuent leur succès. Très peu de gens connaissent le secret du succès entrepreneurial, et ceux qui le connaissent sont trop modestes ou réticents à en parler en raison de sa simplicité. L'exemple qui suit illustre ce « secret » à la perfection.

Un jour, Henry Ford imagina un moteur dans lequel les huit cylindres ne feraient qu'un seul bloc (le fameux V-8). Il demanda à ses ingénieurs de le lui dessiner. Ceux-ci, après étude, conclurent qu'il était impossible de couler un moteur de huit cylindres en une seule pièce.

« Faites-le quand même », leur dit Ford.

« Mais, c'est impossible ! »

« Recommencez, commanda Ford, et mettez-y tout le temps qu'il faudra. »

Ils se remirent au travail : c'était la seule chose à faire s'ils souhaitaient conserver leur emploi. Six mois passèrent, puis six autres. Les ingénieurs avaient tout essayé, la chose semblait *impossible* à atteindre.

À la conférence de fin d'année, Ford les interrogea et ils ne purent que lui confirmer l'échec de leur mission.

« Continuez, leur dit Ford. Je le veux, je l'aurai ! »

Ils reprirent leur étude et un beau jour, comme par magie, ils découvrirent le secret de la construction. Une fois de plus, l'obstination de Ford avait vaincu l'obstacle.

Cette histoire ne s'est peut-être pas déroulée tout à fait ainsi, mais l'essentiel y est. Vous pouvez en déduire, si vous voulez réfléchir et devenir riche, le secret des millions de Ford. Vous n'aurez pas à regarder bien loin.

Henry Ford a réussi parce qu'il connaissait et appliquait les principes de la réussite. L'un d'eux consiste à désirer quelque chose de façon précise, c'est-à-dire en sachant exactement ce que l'on veut. Reprenez l'histoire de Ford depuis le début ; pouvez-vous souligner les passages qui témoignent que Ford appliquait la loi de la réussite ? Oui ? Alors vous pouvez faire comme lui et réussir tout ce que vous serez appelé à entreprendre.

Vous êtes « le maître de votre destin, le capitaine de votre âme »

Quand Henley écrivit ces deux vers prophétiques : « Je suis le maître de mon destin, le capitaine de mon âme » (*I am the master of my fate, I am the captain of my soul*), il aurait dû préciser que nous ne sommes ce maître et ce capitaine qu'*en contrôlant nos pensées.*

Il aurait dû nous expliquer que la Terre sur laquelle nous vivons et nous déplaçons est, comme l'Univers qui l'entoure, elle-même une forme d'énergie se manifestant par une forme de pouvoir universel qui s'adapte à la nature des pensées que nous entretenons – et qui nous influence, par des voies naturelles, à transmuer nos pensées en leur équivalent matériel.

Si le poète nous avait dit cette grande vérité, nous aurions su que nous étions les maîtres de notre destin, les capitaines de notre âme. Il aurait dû insister pour nous faire savoir que ce pouvoir ne fait aucune différence entre les pensées destructrices et les pensées constructrices, et qu'il nous incite à traduire dans le réel autant les pensées de pauvreté que celles de richesse.

Il aurait dû nous dire aussi que nos pensées dominantes hypnotisent nos cerveaux. Et que par un processus jusqu'ici inexpliqué, ces pensées dominantes attirent, comme des aimants les forces, les gens et les circonstances de la vie qui s'accordent avec la nature de nos pensées *dominantes*.

Il aurait dû ajouter qu'avant d'accumuler des richesses, nous devons hypnotiser notre esprit par le désir d'argent qui, tout naturellement, nous amènera à échafauder des plans dans ce sens.

Mais Henley était un poète et non un philosophe. Il s'est donc contenté de nous livrer, sous une forme poétique, une vérité profonde, laissant à ses lecteurs le soin d'interpréter ses vers.

Peu à peu, cette vérité s'imposera pour finalement vous persuader que les principes décrits dans ce livre contiennent tout le mystère qui vous permet de contrôler votre destin économique.

Nous voilà prêts à examiner le premier de ces principes qui soustendent la philosophie de ce livre. Gardez l'esprit ouvert et n'oubliez pas que ces principes sont le fruit de la réflexion de plus de 500 personnes qui ont amassé des fortunes importantes – des gens nés dans la pauvreté, avec peu d'instruction et sans relations. Les principes ont été bénéfiques à ces gens et vous pouvez vous aussi en tirer profit.

Vous verrez, c'est facile à faire.

Avant d'entreprendre la lecture du chapitre suivant, j'aimerais que vous sachiez qu'il contient des informations factuelles susceptibles d'infléchir le cours de votre destin financier, aussi sûrement qu'elles ont révolutionné la vie des deux personnes citées en exemple.

De plus, je veux que vous sachiez que la relation entre ces deux individus et moi-même est d'une nature telle que je ne pouvais prendre de libertés avec les faits, même si je l'avais voulu.

L'un d'entre eux est mon meilleur ami depuis plus d'un quart de siècle. Le second est mon fils. Le succès étonnant de ces deux hommes, succès qu'ils attribuent généreusement au principe décrit dans le chapitre suivant, justifie amplement l'emploi de cette référence personnelle pour souligner le pouvoir élargi du principe en question.

Il y a quelques années, on me demanda de prononcer le discours d'ouverture à l'Université de Salem, en Virginie-Occidentale[16]. Je parlai avec tant d'enthousiasme du principe décrit dans le chapitre suivant, qu'un élève de dernière année fut conquis et décida de l'adopter comme philosophie de vie. Ce jeune homme devint membre du Congrès et fit partie de l'administration de Franklin Roosevelt. Il m'envoya une lettre où il me donnait si clairement son opinion sur ce principe que j'ai décidé de la publier sous forme d'introduction au prochain chapitre. Elle donne une parfaite idée des avantages que l'on peut en retirer. Voici cette lettre :

> Mon cher Napoleon,
>
> Ma situation comme membre du Congrès m'ayant donné l'occasion d'étudier de près les problèmes humains, je vous écris pour vous faire une suggestion susceptible d'aider des milliers de braves gens.
>
> Je dois dire que la suggestion, si elle est acceptée, exigera de votre part des années de labeur et de responsabilités, mais je me permets de vous la faire, car je connais votre propension à aider les autres.
>
> Alors que j'étais étudiant, j'ai eu le plaisir d'assister à une de vos conférences à l'Université de Salem. J'en retins une idée qui me permet aujourd'hui de servir mon pays et à laquelle je devrai dans une large mesure tous mes succès futurs.
>
> J'aimerais que vous écriviez un livre qui résumerait l'essentiel du discours de fin d'année que vous avez prononcé à l'Université de Salem, afin de faire profiter les Américains de votre expérience et de votre association avec ceux qui, grâce à leur génie, ont fait des États-Unis le pays le plus riche au monde.

Je me souviens parfaitement de votre étonnante description de la méthode qu'utilisa Henry Ford pour devenir riche et influent alors qu'au départ il était sans le sou, sans relations et sans instruction. Avant même la fin de votre allocution, j'étais décidé à me tailler une place au soleil malgré les difficultés que je pourrais rencontrer.

Des milliers de jeunes gens terminent cette année ou termineront sous peu leurs études. Ils auront besoin d'un enseignement comme celui que vous m'avez prodigué. Ils voudront en effet savoir comment affronter la vie ; vous qui avez aidé tant de personnes à trouver la solution de leurs problèmes, vous pouvez le leur apprendre.

Si vous pouviez rendre un tel service, j'aimerais vous suggérer d'inclure dans le livre vos tableaux d'analyse personnelle pour que votre lecteur puisse profiter à part entière de cet outil d'introspection en désignant très précisément, comme vous l'avez fait pour moi il y a longtemps, ce qui entrave le succès.

Un tel service fournira à vos lecteurs un portrait complet et impartial de leurs défauts et de leurs qualités, et fera toute la différence entre leur succès et leur échec. Ce service serait inestimable.

Il y a actuellement aux États-Unis des milliers de gens qui débutent dans la vie, pleins d'idées, mais sans le sou ; ils couvrent à peine leurs dépenses. Ceux-là seraient bien heureux de savoir comment transformer leurs idées en argent comptant. Si quelqu'un peut les aider, c'est bien vous.

Si vous décidez un jour d'écrire un livre dans ce but, je serais très heureux d'en recevoir le premier exemplaire avec votre dédicace.

Affectueusement,
JENNINGS RANDOLPH[17]

Ce que ce discours de fin d'année a suscité chez le sénateur Jennings Randolph, alors qu'il s'apprêtait à entrer dans le monde des adultes, a été sa première vraie compréhension de l'énorme pouvoir du DÉSIR – la première étape vers la richesse.

Le rêveur doit tout d'abord éprouver un brûlant désir d'être et de faire. Les rêves ne naissent pas de l'indifférence, de la paresse et du manque d'ambition.

Chapitre 1 Le désir

Le point de départ de toutes les réalisations
Première étape vers la richesse

Lorsque, il y a plus de 50 ans, Edwin C. Barnes descendit du train à East Orange, il aurait facilement pu passer pour un vagabond tant il était vêtu pauvrement. Cependant, ses pensées étaient celles d'un roi !

Tandis qu'il se rendait au bureau de Thomas A. Edison, il réfléchissait. Il se voyait parlant à Edison, lui demandant de l'aider à réaliser son désir.

Barnes n'entretenait pas un *espoir* ou un *souhait,* mais bien un *désir* vif et vibrant, qui transcendait tout le reste et qui était très explicite.

Ce désir n'était donc pas nouveau lorsqu'il approcha Edison ; il l'éprouvait depuis longtemps. Au début, lorsque ce désir se manifesta dans son esprit, ce n'était probablement rien de plus qu'un simple souhait, mais ce n'était déjà plus le cas lorsqu'il apparut devant Edison.

Quelques années plus tard, Edwin C. Barnes se trouvait avec Edison dans ce même bureau. Cette fois par contre, son désir était devenu réalité : *Barnes était l'associé d'Edison.* Le rêve de sa vie s'était concrétisé. Les gens qui ont connu Barnes par la suite lui ont envié sa « bonne fortune ». Ils le voyaient dans ses jours de gloire, sans prendre la peine de s'interroger sur la cause de sa réussite.

Barnes a réussi parce qu'il avait un objectif précis, et qu'il a investi toute son énergie, sa volonté, tous ses efforts pour l'atteindre. Il n'est pas devenu l'associé d'Edison du jour au lendemain. Il s'est contenté longtemps d'accomplir des tâches de subalterne tant que celles-ci lui donnaient l'occasion de se rapprocher de son but.

Cinq ans s'écoulèrent avant que l'occasion attendue se présente. Pendant toutes ces années, rien ne lui laissa présager qu'il pourrait un jour réaliser son désir. Pour tout le monde, il n'était qu'un rouage de plus dans l'affaire d'Edison, mais depuis le premier jour qu'il était entré dans la maison, Edwin Barnes s'était senti l'associé de l'inventeur.

Cela représente une remarquable illustration de ce qui constitue l'essence du désir explicite. Barnes a atteint son but parce qu'il voulait être, plus que tout, l'associé de M. Edison et dans ce but, il élabora un plan. Pour être sûr d'aller de l'avant, il coupa les ponts derrière lui. Son désir, véritable obsession, devint un fait réel.

Lorsqu'il partit à East Orange, il ne s'est pas dit : « Je vais demander à Edison de me trouver un travail, n'importe lequel », mais bien : « Je verrai Edison et préciserai que je veux faire affaire avec lui. »

Il ne s'est pas dit non plus : « Je vais travailler ici pendant quelques mois et, si je ne reçois pas d'encouragement, j'irai chercher du travail ailleurs. » Il s'est par contre dit ceci : « Je ferai tout ce qu'Edison me dira de faire et *d'ici peu*, je serai son associé. »

Il ne s'est pas dit non plus : « Je garde les yeux ouverts si jamais je n'obtiens pas ce que je veux dans l'entreprise d'Edison », mais plutôt : « Il n'y a qu'une seule chose que je suis déterminé à avoir et c'est une association d'affaires avec Thomas A. Edison. Je brûlerai tous les ponts derrière moi et miserai mon avenir entier sur ma capacité à obtenir ce que je veux. »

Il ne se ménagea aucune porte de sortie. *Il devait vaincre ou mourir !*

Tout le secret de la réussite de Barnes est là.

Il y a longtemps, un grand guerrier dut prendre une décision qui lui assurerait la victoire sur le champ de bataille. Il était sur le point de lancer ses soldats à l'assaut d'un ennemi dont les effectifs dépassaient les siens. Il fit monter ses soldats sur des vaisseaux et mit le cap vers le pays belligérant. Là, il fit débarquer hommes et armes, puis donna l'ordre de mettre le feu aux embarcations. Haranguant ses soldats avant la bataille, il leur dit : « Comme vous pouvez le constater, nous n'avons plus de bateaux. Cela veut dire que nous ne pourrons quitter ces rivages vivants que si nous remportons la bataille. Nous n'avons plus le choix : *il nous faut vaincre ou mourir !* »

Ils remportèrent la victoire.

Celui qui veut réussir doit brûler ses vaisseaux en se coupant ainsi toute retraite. Cette méthode engendrera chez lui un état d'esprit qui est la clé du succès.

Le lendemain du grand incendie de Chicago, des commerçants de State Street contemplaient les restes calcinés de leurs magasins[18]. Ils tinrent une conférence pour décider s'il fallait reconstruire ou quitter Chicago et ouvrir boutique dans un endroit plus rentable. Ils conclurent qu'il fallait quitter la ville.

Un seul, montrant du doigt les ruines de son magasin, décida: « Messieurs, ici même je ferai construire le plus grand magasin du monde et j'y arriverai, dût-il brûler dix fois! »

C'était en 1871. Le magasin est toujours là et c'est un monument qui témoigne de la puissance d'un désir brûlant. Pour Marshall Field, la solution facile eût été de suivre ses compagnons d'infortune et, fuyant une situation difficile et un avenir qui paraissait peu souriant, de chercher ailleurs un bonheur plus accessible[19].

Ce qui distingue Marshall Field des autres marchands est la même chose qui différencie Edwin C. Barnes des milliers d'autres jeunes travaillant au sein de l'entreprise d'Edison. Et c'est aussi ce même « je ne sais quoi » qui départage ceux qui réussissent de ceux qui échouent.

Tout être humain, à un moment donné, souhaite avoir de l'argent. Or, il ne suffit pas de *souhaiter* être riche pour le devenir, il faut le *désirer* jusqu'à l'obsession, bâtir dans ce but un plan précis et s'y tenir avec une persévérance de tous les instants.

Voici les six instructions précises et faciles à exécuter qui vous permettront de changer vos désirs en leur équivalent matériel, c'est-à-dire en argent comptant:

1. Fixez le montant *exact* de la somme que vous désirez; il ne suffit pas de dire: « Je veux beaucoup d'argent »; il faut en préciser la quantité. (Il existe une raison psychologique pour cette précision, qui sera commentée dans un chapitre ultérieur.)
2. Sachez exactement ce que vous allez *donner* en échange de l'argent que vous désirez. On n'obtient jamais rien pour rien.
3. Fixez avec précision la date à laquelle vous voulez être *en possession* de cet argent.

4. Établissez le plan qui vous aidera à transformer votre désir et *commencez-en immédiatement l'application*, même si vous jugez ne pas être encore prêt.
5. Écrivez clairement sur un papier la somme que vous voulez acquérir, le délai que vous vous êtes fixé, ce que vous avez l'intention de donner en contrepartie et le plan précis que vous avez élaboré pour mener tout cela à bien.
6. Lisez vos objectifs à voix haute deux fois par jour : le soir au coucher et le matin au réveil. Pendant cette lecture, il est essentiel que déjà vous vous voyiez, sentiez et croyiez en possession de cet argent.

Il est très important que vous appliquiez à la lettre ces six principes et tout particulièrement le sixième. Peut-être, me direz-vous, qu'il vous est impossible de faire semblant d'avoir déjà cet argent ?

Cependant, si votre désir est aussi fort qu'il doit l'être, rien ne pourra vous arrêter et vous vous convaincrez facilement que vous êtes déjà riche. C'est ici que le désir brûlant vous vient en aide. Si vous voulez vraiment avoir de l'argent et que ce désir devient une obsession, vous n'aurez aucune difficulté à vous convaincre que vous aurez cet argent.

Seuls ceux qui acquièrent ce « réflexe conditionné à l'argent » accumulent des fortunes imposantes. L'esprit devient si habité par le DÉSIR d'argent qu'il est facile alors de se convaincre soi-même qu'on le possède déjà !

Ces instructions paraîtront incompréhensibles à ceux qui ne sont pas initiés au fonctionnement du cerveau humain. Il est bon que les sceptiques sachent que l'application de ces principes permit à Andrew Carnegie, petit ouvrier dans une aciérie, d'amasser une fortune de plus de 100 millions de dollars[20]. Il peut être important aussi de mentionner que les six instructions proposées ont été analysées avec minutie par Thomas A. Edison, qui les considérait comme les étapes indispensables pour atteindre la fortune (et d'ailleurs, n'importe quel autre objectif).

Vous n'aurez pas besoin, pour suivre ces instructions, de travailler dur, de faire des sacrifices, de paraître ridicule ou naïf, ou d'être très instruit. Par contre, il vous faudra assez d'imagination pour comprendre que l'on ne fait pas fortune par hasard ou par chance, et qu'il vous faut d'abord rêver, espérer, désirer, vouloir et enfin planifier avant de réussir.

Sachez également, dès maintenant, que vous ne gagnerez jamais beaucoup d'argent *si vous ne le désirez pas ardemment et si au fond de vous-même vous ne le croyez pas possible.*

Vous devez savoir que tous les grands meneurs de l'histoire furent d'abord des rêveurs. Le christianisme devint l'une des grandes puissances du monde parce que son fondateur était un grand rêveur qui avait la vision et l'imagination nécessaires pour saisir la réalité dans sa forme mentale et spirituelle avant qu'elle ne se matérialise.

Si vous n'arrivez pas à entrevoir en imagination toutes ces richesses, elles ne figureront jamais à votre compte en banque.

Jamais les États-Unis d'aujourd'hui n'ont présenté aux rêveurs pragmatiques autant d'occasions d'affaires. La période d'incertitudes économiques particulièrement dure et troublante que nous venons de traverser en a ramené plus d'un à la case départ. Une nouvelle course se prépare, avec comme enjeu des fortunes colossales qui seront amassées dans les années à venir. Les règles de la course ont changé parce que nous vivons maintenant dans un monde métamorphosé, qui favorise incontestablement ceux qui n'ont pas eu la chance de gagner selon les règles jusqu'alors en vigueur, lorsque la peur paralysait souvent le développement personnel et économique.

Le monde moderne dans lequel nous vivons a besoin de nouvelles idées, de nouveaux chefs, d'inventions, de nouvelles méthodes d'enseignement et de vente commerciale, d'une nouvelle littérature, d'une nouvelle technique pour la télévision et le cinéma. Derrière cette demande pour des choses meilleures, il y a une chose qu'on se doit d'avoir si l'on veut réussir et c'est un objectif bien défini : savoir ce que l'on veut, et éprouver un ardent désir d'y arriver.

Nous avons été témoins de la mort d'une époque et de la naissance d'une autre. Ce monde métamorphosé requiert des rêveurs pragmatiques qui *transformeront* leurs rêves en réalités. Ces derniers ont toujours été, et seront toujours, à l'avant-garde de la civilisation.

Voilà qui devrait nous stimuler, nous qui sommes engagés dans la course à la richesse.

Rappelez-vous que ceux qui ont dominé le monde, les vrais chefs de l'humanité, sont ceux qui ont converti leurs pensées en gratte-ciel, en villes, en usines, en automobiles, etc. Par la force de leur pensée, ils ont créé des biens matériels qui rendaient la vie plus facile.

Les rêveurs pragmatiques d'aujourd'hui doivent faire preuve de tolérance et d'ouverture d'esprit. Ceux qui ont peur des idées nouvelles sont condamnés d'avance. Jamais le temps n'aura été aussi favorable aux pionniers que l'époque où nous vivons. Bien sûr, l'époque du Far West et de la conquête est bien révolue, mais il reste tout un monde financier, industriel et des affaires à remodeler selon de nouvelles – et meilleures – lignes de conduite.

Lorsque vous aurez décidé d'acquérir votre part de richesse, ne vous laissez pas influencer, même si l'on se moque de votre rêve. Essayez de retrouver l'esprit des grands pionniers qui ont donné à notre civilisation tout ce qu'elle a de plus valable. C'est ce même esprit qui constitue l'âme de l'Amérique – le désir brûlant de tirer avantage d'une occasion merveilleuse, et de développer et de monnayer nos talents dans une terre de liberté.

N'oublions jamais que Christophe Colomb a rêvé d'un monde inconnu, a misé sa vie sur l'existence d'un tel monde, et qu'il l'a découvert !

Copernic, le grand astronome, a rêvé d'une multiplicité de planètes et les fit connaître au monde ! Personne ne l'a qualifié de chimérique après qu'il eut triomphé. Au contraire, le monde s'est agenouillé devant lui, prouvant une fois de plus que « le succès ne s'explique pas, l'échec ne s'excuse pas ».

Si ce que vous souhaitez entreprendre n'est réprouvé ni par la loi, ni par la morale, *si vous y croyez*, alors n'hésitez pas : faites-le et persévérez dans votre entreprise. Qu'importe ce que « les autres » diront si vous échouez. Ils ne savent pas que tout échec porte le germe de la réussite en lui.

Henry Ford, pauvre et sans instruction, rêva d'une « voiture sans chevaux » et se mit sans attendre au travail en se servant des outils qu'il possédait. Aujourd'hui, ses automobiles sillonnent la planète. Il a assemblé plus de roues que quiconque – parce qu'il n'a jamais eu peur de retrousser ses manches et de soutenir ses rêves.

Prenez l'exemple de Thomas Edison qui rêva d'une lampe électrique et la réalisa après plus de *10 000 échecs* ! Seuls les rêveurs stériles abandonnent[21].

Abraham Lincoln rêva d'abolir l'esclavage, il se mit à l'œuvre et faillit voir de son vivant son rêve d'unir les États nordistes et sudistes se concrétiser.

Les frères Wright rêvèrent d'une machine qui s'élèverait dans les airs. Personne ne peut aujourd'hui contester cette prémonition.

Marconi rêva d'un système qui dompterait les forces intangibles du spectre électromagnétique[22]. Chaque radio, chaque télévision dans le monde sont une preuve qu'il ne rêva pas en vain. De plus, la découverte de Marconi mettait la plus humble des chaumières sur le même pied que la plus ostentatoire des demeures. Les gens de tous les pays devinrent, grâce à sa découverte, voisins les uns des autres. Le président des États-Unis avait la possibilité de s'adresser à tous dans un court préavis. Il est intéressant de noter que lorsqu'il annonça à ses intimes qu'il avait découvert le moyen d'envoyer des messages à travers l'atmosphère, sans l'aide de fils ni d'aucun intermédiaire, des amis affolés le firent surveiller et le contraignirent même à un examen psychiatrique! De nos jours, les « rêveurs » sont heureusement mieux accueillis.

Le monde s'est habitué aux nouvelles découvertes. Il récompense avec empressement le rêveur qui contribue à son avancée.

« Tout accomplissement est précédé d'un rêve. Le chêne repose dans le gland; l'oiseau, dans l'œuf; et dans la plus haute vision de l'âme, un ange veille. Les rêves sont les germes de la réalité[23]. »

Rêveurs de tout horizon, levez-vous et affirmez-vous. Saisissez votre chance. Les incertitudes économiques à l'échelle de la planète vous offrent l'occasion que vous attendiez sur un plateau d'argent. Beaucoup de gens ont appris ainsi l'humilité, la tolérance et l'ouverture d'esprit.

Le monde regorge d'occasions d'affaires que les rêveurs des temps passés n'ont jamais connues.

Le rêveur doit d'abord éprouver un brûlant désir d'être et de faire. Les rêves ne naissent pas de l'indifférence, de la paresse et du manque d'ambition.

Le monde ne se moque plus des rêveurs et ne les qualifie plus d'utopistes. Si vous ne me croyez pas, allez faire un tour au Tennessee et visitez les immenses barrages et centrales électriques de la société Tennessee Valley Authority pour savoir ce qu'un président visionnaire peut accomplir en mettant à profit l'énergie hydroélectrique des États-Unis. Un tel exploit aurait été à une autre époque considéré comme de la folie pure[24].

Vous avez probablement souffert de déception, de revers et d'échec durant cette période de difficultés économiques, vous vous êtes probablement senti atteint au plus profond de votre cœur. Ne désespérez pas : ces expériences douloureuses n'ont fait que travailler le métal spirituel qui vous habite – c'est une qualité incommensurable.

Rappelez-vous que tous ceux qui ont réussi ont connu de nombreuses désillusions et des moments difficiles. Souvent, de graves crises leur ont ouvert de nouveaux horizons et leur ont fait découvrir leur être véritable.

John Bunyan écrivit *Pilgrim's Progress* (Le voyage du pèlerin), un des chefs-d'œuvre de la littérature anglaise, après avoir été emprisonné pour ses idées religieuses.

O. Henry découvrit son génie après avoir vécu emprisonné à Columbus dans l'Ohio. Forcé par ces épreuves de reconnaître son autre « soi » et d'utiliser son imagination, il découvrit ainsi son être véritable et devint un grand écrivain au lieu du misérable criminel et paria qu'il se destinait à être[25].

Les voies de l'Intelligence infinie[26] sont impénétrables et les humains sont parfois forcés d'emprunter des parcours sinueux et étranges avant de découvrir qu'ils sont capables de générer des idées salutaires grâce à leur imagination.

Thomas A. Edison, le plus grand inventeur et scientifique du monde, a entrepris sa carrière comme télégraphiste itinérant. Longtemps, il connut l'échec avant de découvrir le génie qui sommeillait en lui.

Charles Dickens entreprit la sienne en collant des étiquettes sur des flacons. Il ressentit si vivement le drame de son premier amour qu'avec *David Copperfield*, et bien d'autres chefs-d'œuvre ensuite, il devint l'un des plus grands écrivains du XIXe siècle[27]. (La déception amoureuse peut mener certains à l'alcoolisme ou à la ruine parce que la plupart des gens n'ont jamais appris à transmuer leurs émotions profondes en rêves d'une nature constructive. Ce pouvoir de « transmutation » sera commenté en détail dans un chapitre ultérieur.)

Helen Keller devint sourde et aveugle peu après sa naissance et fut muette de nombreuses années. Malgré ces malheurs, le nom d'Helen Keller restera gravé dans notre mémoire comme un symbole d'excellence. Toute sa vie prouva qu'*un échec non reconnu n'en est pas un.*

Robert Burns, petit campagnard illettré, était promis à la pauvreté et peut-être même à l'alcoolisme. Le monde s'est grandement enrichi grâce à son œuvre poétique qui a su s'épanouir comme une rose dont on aurait retiré les épines.

Booker T. Washington est né esclave, dans un monde où la couleur de sa peau constituait un handicap de taille. Parce qu'il était un homme tolérant, qu'il restait ouvert d'esprit en tout temps et sur tous les sujets et qu'il était un visionnaire, il laissa sa marque sur son époque.

Beethoven était sourd, Milton, aveugle. Tous deux concrétisèrent malgré cela leurs rêves et figurent au panthéon des hommes célèbres.

Avant d'aborder le prochain chapitre, appliquez-vous à attiser chez vous le feu de l'espoir, de la foi, du courage et de la tolérance. Une fois que vous aurez atteint ces états d'esprit et acquis une connaissance concrète des principes décrits dans ce livre, tout ce dont vous aurez besoin vous viendra naturellement, car vous serez prêt à le recevoir[28].

Il y a une différence entre souhaiter une chose et être prêt à la recevoir. On n'est jamais *prêt* à recevoir quelque chose si on ne *croit* pas fermement pouvoir l'acquérir.

L'espoir ou la volonté ne suffisent pas, il faut encore la foi. L'ouverture d'esprit est une condition préalable à la foi. Les esprits fermés n'inspirent pas la foi, le courage et la certitude.

N'oubliez pas qu'il ne faut pas plus d'efforts pour viser haut et aspirer à l'abondance et la prospérité qu'il n'en faut pour accepter la misère et la pauvreté. Un grand poète a exprimé cette vérité éternelle :

J'ai demandé à la Vie un sou
Et je n'ai pas reçu davantage
Bien que j'aie prié le soir
Dans ma misérable échoppe.

Car la Vie est la plus juste des patronnes :
Elle vous donne ce que vous demandez,
Mais une fois votre salaire fixé
Vous devez vous en contenter.

J'ai travaillé pour un salaire de laquais
Pour apprendre consterné
Que j'aurais pu demander à la Vie n'importe quels gages,
Elle me les aurait volontiers donnés.

Le désir rend « l'impossible » possible

Pour clore ce chapitre, je citerai encore quelques exemples frappants. Tout d'abord, permettez-moi de vous présenter l'être le plus extraordinaire que j'aie connu. Lorsque je le vis pour la première fois, il venait de naître et sa petite tête ne portait pas trace d'oreilles. Le médecin déclara que l'enfant était sourd-muet. (C'était bien longtemps avant l'avènement de la chirurgie de reconstruction qui est devenue courante à notre époque.)

En moi-même, je récusai vivement ce diagnostic. J'en avais le droit, car j'étais le père de l'enfant. Mais je ne dis rien.

La nature pouvait me donner un enfant sans les organes requis pour entendre, mais la nature ne pouvait me forcer à accepter la dure réalité de cette affliction.

Je ne pouvais m'expliquer comment je savais qu'un jour mon fils entendrait et parlerait. Je savais qu'il y avait un moyen d'y parvenir et que je le trouverais. Je me répétais les mots du grand Emerson : « Tout concourt à nous enseigner la foi. Nous n'avons qu'à obéir. La voie à suivre s'offre à nous et en étant attentifs, nous entendrons *le mot juste.* »

Le mot juste ? Le mot *désir* ! Plus que tout au monde, je désirais que mon fils ne soit pas sourd et muet. Je n'ai jamais cessé d'éprouver ce désir.

Il y avait longtemps, j'avais écrit : « Nos seules limitations sont celles que l'on s'impose. » Pour la première fois de ma vie, je me suis demandé si cette affirmation était vraie. Devant moi, j'avais ce nouveau-né sans oreilles. Bien qu'il fût possible qu'il entende et qu'il parle, il était manifestement défiguré pour la vie. Ce n'était sûrement pas un défi que cet enfant avait choisi de se donner.

Que pouvais-je faire ? Je réussirais, je ne sais trop comment, à lui transmettre le désir intense de trouver le moyen d'amener les sons à son cerveau sans le truchement des oreilles. Je n'en parlai à personne, mais tous les jours, je me répétais l'engagement que j'avais pris vis-à-vis de moi-même : faire de mon fils un être normal.

Lorsqu'il fut un peu plus grand et eut l'âge de s'intéresser aux objets qui l'entouraient, nous nous rendîmes compte qu'il entendait très faiblement. À l'âge où les autres commencent à parler, il n'essayait même pas de balbutier, mais nous savions, grâce à certaines de ses réactions, qu'il entendait vaguement quelques sons. C'était tout ce que je devais savoir ; car j'étais persuadé que s'il pouvait entendre, même faiblement, il pourrait développer son ouïe.

Et un jour, cet espoir se confirma d'une manière tout à fait inattendue.

Nous avions acheté un phonographe. Quand l'enfant entendit de la musique, il fut tout émerveillé et accapara aussitôt l'appareil. Il montra rapidement une préférence pour certains disques, entre autres la chanson *It's a Long Way to Tipperary*. Un jour, il fit tourner ce disque pendant deux bonnes heures, debout devant le phonographe, les dents serrant le bord du coffre. Plus tard, apprenant que les os sont d'excellents conducteurs du son, nous comprîment la raison de cette attitude.

Je me rendis compte qu'il me comprenait parfaitement lorsque je parlais en appuyant les lèvres sur l'os mastoïde à la base de son crâne. C'était le moment de transférer dans son esprit mon désir brûlant de l'aider à développer son audition et son langage. C'est à ce moment-là qu'il se mit à prononcer quelques mots. Les perspectives étaient loin d'être encourageantes, mais la foi jumelée au désir fait des miracles.

Comme il aimait beaucoup qu'on lui raconte des histoires, j'en inventai qui devaient développer sa confiance en lui, son imagination et *un désir ardent d'entendre et d'être comme les autres enfants.*

À son histoire préférée, je donnais, chaque fois que je la contais, une nouvelle intensité dramatique. Elle avait pour but de le persuader que son infirmité n'était pas un boulet qu'il traînerait toute sa vie, mais un atout formidable. Bien que toutes les philosophies m'aient enseigné que tout revers porte le germe de la réussite, je dois avouer que je ne voyais absolument pas comment cette infirmité pourrait se transformer en précieux avantage ! Je continuai, sans faillir, à lui raconter des histoires à l'heure du coucher, en espérant que le temps viendrait où il saurait comment tourner cette infirmité à son avantage.

D'une part, la logique m'incitait à penser qu'il y avait peu de chances qu'il surmonte son handicap, mais d'autre part, le désir renforcé par la foi balayait la logique et m'incitait à poursuivre ma quête.

En repensant à cette expérience, je comprends que les résultats inouïs que nous obtînmes étaient, avant tout, dus à la foi que mon fils mettait en moi. Il ne s'étonnait de rien, ne me posait jamais de questions. Je lui expliquai qu'il possédait un net avantage sur son frère aîné, ce qui, de plusieurs manières, jouerait en sa faveur[29]. Il avait environ sept ans lorsqu'il nous prouva pour la première fois que notre méthode portait ses fruits. Il voulait vendre des journaux, mais sa mère s'y opposait, craignant que sa surdité pose un problème à sa sécurité dans la rue.

Finalement, il décida d'agir seul. Un après-midi où nous l'avions laissé avec les domestiques, il sauta par la fenêtre de la cuisine, roula sur le sol, se releva et s'enfuit à toutes jambes. Au cordonnier, notre voisin, il emprunta six cents pour acheter des journaux qu'il vendit, en racheta avec son gain, et continua ce trafic jusqu'au soir. Les six cents remboursés, son bénéfice net était de 42 cents. Lorsque nous rentrâmes à la maison, il dormait dans son lit, serrant dans une main sa petite fortune.

Sa mère lui ouvrit la main, retira les sous et pleura. J'eus la réaction contraire : j'éclatai de rire ; j'avais enfin réussi à inculquer à l'enfant la confiance en soi. Dans cette aventure, sa mère ne voyait qu'un infirme errant seul dans les rues et risquant sa vie pour gagner un peu d'argent. Je voyais plutôt un petit homme d'affaires, courageux, ambitieux et indépendant qui, en agissant ainsi, s'était moralement enrichi et avait gagné la partie.

Mon fils s'était montré très débrouillard et je pensais que cette qualité était appelée à lui rendre service plus tard. L'avenir le confirma. Lorsque son frère voulait quelque chose, il se mettait par terre, les jambes en l'air en pleurant et obtenait ce qu'il voulait. Lorsque son petit frère sourd voulait quelque chose, il planifiait de gagner de l'argent et de se procurer l'objet convoité. Il conserva d'ailleurs ce comportement tout au long de sa vie d'adulte.

Mon fils m'a démontré que les handicaps peuvent être transformés en tremplin vers un but louable – *à moins* qu'ils ne soient vus comme des obstacles et utilisés comme excuse.

L'enfant fit toutes ses classes, puis fréquenta l'université sans pouvoir entendre ses professeurs sauf quand ceux-ci criaient et qu'il était au premier rang. Nous refusâmes de l'envoyer dans une institution pour sourds et ne voulûmes pas qu'il apprît l'alphabet des sourds et muets[30]. Nous voulions qu'il partageât la vie des autres enfants et nous persistâmes dans notre décision, bien que nous eussions eu à nous battre de nombreuses fois avec les autorités scolaires qui n'étaient pas de notre avis.

À l'époque de ses études secondaires, il essaya un appareil électrique pour sourds, mais sans résultat. Aussi, lorsque quelques années plus tard, peu avant de quitter l'université, il en reçut un autre, hésita-t-il longtemps avant de le porter, craignant une déception aussi grande que la première. Finalement, n'y tenant plus, il plaça l'appareil sur sa tête, le mit en marche et... miracle! Comme par magie, le rêve de toute sa vie se réalisa: pour la première fois de sa vie[31], il entendait presque aussi bien que les autres!

Bouleversé, il se précipita sur le téléphone et appela sa mère. Il entendit clairement sa voix, comme le lendemain il devait entendre la voix de ses professeurs pour la première fois. Il entendait la radio et les dialogues au cinéma. Il pouvait converser sans que ses interlocuteurs eussent à crier. Un monde nouveau s'ouvrait à lui.

Nous avions refusé d'accepter l'erreur de la nature et, grâce à la persistance de notre désir, avons incité la nature à corriger cette erreur grâce au seul moyen mécanique accessible à l'époque.

Le désir commençait à porter ses fruits, mais la victoire n'était pas encore acquise et ne le fut que lorsque le jeune homme eut métamorphosé son infirmité en un *splendide atout.*

Réalisant encore difficilement tout ce que cette découverte allait lui apporter, il écrivit, fou de joie, au fabricant de l'appareil pour lui décrire avec enthousiasme sa propre expérience. Sa lettre plut. Il fut invité à New York, escorté jusqu'à l'usine où il rencontra l'ingénieur en chef. C'est en lui racontant comment sa vie avait été transformée par le petit appareil qu'une idée – qui allait convertir son infirmité en atout et le rendre à la fois riche et heureux – lui traversa l'esprit.

Il comprit tout à coup qu'il pourrait venir en aide à des millions de sourds, qui ignoraient l'existence de ces appareils électriques, s'il pouvait seulement leur dire à quel point sa vie avait été transformée par l'appareil en question. Puis, il décida de consacrer le reste de sa vie à aider les gens souffrant de surdité.

Pendant tout un mois, il fit des recherches dans ce sens, il étudia le marché du fabricant et imagina les moyens d'entrer en contact avec les sourds du monde entier. Puis, il présenta à la compagnie un projet s'étalant sur deux ans et fut immédiatement engagé pour le mener à bien.

Jamais il n'aurait pensé que son destin aurait été de donner de l'espoir et de soulager des milliers de personnes atteintes de surdité.

Peu après son association avec le fabricant de sa prothèse auditive, il me convia à participer à une classe parrainée par son entreprise dont le but était d'apprendre aux personnes sourdes à entendre et à parler. Comme je n'avais jamais eu vent d'une telle formation auparavant, j'étais plutôt sceptique en assistant à ce cours. Ce que j'y vis me fit prendre conscience de l'ampleur de ce que j'avais fait pour éveiller et nourrir le désir d'entendre chez mon fils. J'y ai vu des gens sourds à qui l'on enseignait à entendre et à parler en se servant du même principe que j'avais utilisé 20 ans plus tôt avec mon fils Blair.

Je suis persuadé que Blair serait resté sourd-muet si sa mère et moi-même ne nous étions pas efforcés de modeler son esprit comme nous le fîmes. Le médecin qui l'avait mis au monde nous avait dit qu'il n'entendrait et ne parlerait probablement jamais. Plus tard, le docteur Irving Voorhees, un spécialiste de ces cas, lui fit passer plusieurs tests. Il fut très étonné d'apprendre que Blair pouvait entendre et parler, car d'après les résultats obtenus, « théoriquement, le jeune garçon ne devrait pas être capable d'entendre du tout ».

Mon désir que cet enfant entendît, parlât et menât une vie normale était si puissant qu'il influença la nature. Elle abolit le silence qui l'isolait du monde extérieur d'une manière telle que même les plus grands spécialistes étaient incapables de la saisir. Je mentirais si je disais que je comprends comment la nature s'y est prise pour accomplir ce miracle. Il serait impardonnable de ma part d'omettre de décrire mon humble contribution à ce miracle. C'est mon devoir et mon privilège d'affirmer haut et fort que *rien n'est impossible à celui qui allie le désir à une foi inébranlable.*

Un désir brûlant trouve toujours une façon de se transformer en son équivalent matériel. Blair voulait entendre et il entend ! Pourtant, il est né avec un tel handicap qu'avec un désir moins ardent de le vaincre, il n'aurait pu prétendre qu'à faire la quête ou à vendre des objets de pacotille dans les rues. Conjugués, la foi et un ardent désir ont un puissant pouvoir créateur. Cette infirmité fut le véhicule par lequel il rendit service à plusieurs milliers de personnes souffrant de surdité tout en se ménageant un métier et une façon de gagner sa vie pendant plusieurs années.

Tout petit, je lui avais mis dans la tête que son handicap deviendrait un jour son plus grand atout – ce qui s'est effectivement produit. Lorsque la foi s'arrime à un désir brûlant, tout, absolument tout, peut se produire. Et ces qualités sont à la portée de tous.

De toutes les expériences que j'ai vécues en soutenant des hommes et des femmes aux prises avec des problèmes personnels, aucune n'a démontré avec autant d'éclat la force du désir. Les auteurs font parfois l'erreur d'écrire sur des sujets qu'ils ne connaissent que superficiellement. J'ai eu la bonne fortune de vérifier la puissance du pouvoir du désir de façon empirique, grâce à mon fils. Que cette expérience se soit déroulée de cette façon est sûrement providentiel, et je n'aurais pu rêver d'un meilleur exemple que mon fils pour illustrer le pouvoir du désir. *Si dame Nature elle-même se plie à la volonté du désir brûlant, est-il logique de penser que de simples humains pourraient y résister ?*

Les méandres de l'esprit sont étranges et imprévisibles ! Nous ne comprenons pas la mécanique par laquelle ce pouvoir du désir se manifeste dans les circonstances et les individus, et se transforme en sa contrepartie matérielle. Peut-être qu'un jour la science répondra à cette question.

J'ai suscité chez mon fils le désir d'entendre et de parler comme le reste des gens. Il est devenu réalité. Je lui ai inculqué le désir de transformer cette infirmité en son plus grand atout. Il s'est aussi réalisé. La méthode par laquelle ce résultat stupéfiant fut accompli n'est pas difficile à décrire. Elle comprend trois actions très précises : premièrement, jumeler la foi au désir d'entendre normalement, désir que j'avais transmis à mon fils. Deuxièmement, je lui ai communiqué mon désir sans relâche, par tous les moyens à ma disposition, et ce, pendant des années. Et troisièmement, il m'a cru !

Alors que je terminais l'écriture de ce chapitre, j'appris le décès de Mme Schumann-Heink[32] en lisant un entrefilet dans le journal qui expliquait indirectement sa réussite professionnelle. Je vous le livre parce que la clé de cette réussite n'est autre aussi que le désir.

Au début de sa carrière, Mme Schumann-Heink rendit visite au directeur de l'Opéra de Vienne pour lui demander une audition. Ce dernier refusa et toisa la jeune fille gauche et pauvrement vêtue. Il lui dit non sans dureté : « Comment osez-vous prétendre réussir à l'opéra ? Regardez-vous ! Vous n'avez pas un physique de théâtre, ma pauvre enfant. Renoncez donc à votre projet et achetez une machine à coudre. Croyez-moi, *vous ne serez jamais cantatrice.* »

Jamais, c'est un long bail ! La technique du chant n'avait aucun secret pour le directeur de l'Opéra de Vienne, mais il ignorait le pouvoir du désir obsessionnel. S'il en avait su un peu plus sur ce pouvoir, il n'aurait pas fait l'erreur de la condamner sans lui donner l'occasion de manifester son génie.

Il y a quelques années, un de mes associés tomba malade. Son état empira et il fut transporté d'urgence à l'hôpital pour y être opéré. Tout juste avant d'être transporté dans la salle d'opération, je l'ai longuement observé, émacié et maigre, en me demandant comment il allait passer au travers. Le médecin m'avertit que j'avais peu de chances de le revoir vivant. C'était là son opinion et non celle de son patient qui, étendu sur le chariot, me glissa à l'oreille : « Ne vous en faites pas, chef, je serai hors d'affaire dans quelques jours. » L'infirmière à ses côtés me jeta un long regard rempli de pitié. Mais il supporta bien l'opération et guérit en un temps record. Le médecin me dit alors : « Ce qui l'a sauvé, c'est uniquement son désir de vivre. Il a survécu parce qu'il refusait l'éventualité de la mort. »

Je crois au pouvoir du désir conjugué à la foi. Je l'ai vu élever des débutants aux places les plus importantes, leur donnant gloire et richesse ; je l'ai vu arracher des victimes à la tombe ; je l'ai vu conduire à un nouvel essai après 100 défaites ; je l'ai vu donner à mon fils une vie normale, heureuse et accomplie malgré son handicap initial.

Comment utiliser à nos fins le pouvoir du désir ? Ce chapitre et les suivants répondent à cette question. Ce message sera dévoilé au monde entier à la fin de la pire crise économique de l'histoire américaine. Il est raisonnable de penser qu'il rejoindra beaucoup de personnes qui ont été touchées personnellement par cette crise économique, celles qui ont perdu leur fortune, leur emploi ainsi que toutes celles, nombreuses, qui doivent réorganiser leurs projets pour mieux revenir à l'avant-scène. À tous ces gens, je souhaite transmettre cette pensée : tout accomplissement, peu importe sa nature ou son but, doit s'appuyer sur un intense désir à l'égard de quelque chose de bien précis.

Par un étrange et puissant processus de « chimie mentale » qu'elle ne nous a jamais dévoilé, dame Nature a fait qu'un désir ardent abolit l'impossible et l'idée même de l'échec.

Heureusement, la nature nous a aussi dotés de la capacité de canaliser le désir vers les buts que nous choisissons et recherchons sans coup férir. C'est la force de la foi – la deuxième étape vers la richesse.

La foi est un état d'esprit qui peut être suscité
par l'autosuggestion.

Chapitre 2 La foi

Le rôle de la visualisation et de la croyance
dans la réalisation du désir
Deuxième étape vers la richesse

La foi est le chimiste en chef de notre esprit. Lorsque la foi et la pensée s'interpénètrent, elles émettent des vibrations que le subconscient capte et transforme en un équivalent subtil qui agit comme la prière sur l'Intelligence infinie[33].

Les émotions qui relèvent de la foi, de l'amour et de la sexualité sont les émotions positives les plus puissantes. Conjuguées, elles influencent intensément le processus du subconscient où elles sont transformées en leur équivalent spirituel – la seule forme d'énergie qui suscite une réponse de l'Intelligence infinie.

L'amour et la foi sont de nature psychique, liés au côté spirituel de l'humanité. La sexualité est purement biologique et n'est liée qu'au côté physique. Le mélange de ces trois émotions a pour effet d'ouvrir un accès direct de la communication entre la pensée de nature finie de l'homme et l'intelligence de nature infinie.

Comment acquérir la foi ?

Vous trouverez ci-dessous une affirmation qui vous donnera un meilleur aperçu de l'importance du principe d'autosuggestion qui transforme le désir en son équivalent physique ou financier : la foi est un état d'esprit que l'on acquiert en affirmant ou en répétant des instructions au subconscient grâce au pouvoir de l'autosuggestion.

Prenez en exemple votre propre cas: pourquoi lisez-vous ce livre? Parce que vous voulez savoir comment transformer votre désir intangible en son équivalent palpable, c'est-à-dire en argent. En suivant les instructions données au chapitre sur l'autosuggestion (chapitre 3) et le subconscient (chapitre 11) et qui y sont résumées, vous pourrez convaincre votre subconscient que vous croyez à la réalisation de ce que vous demandez. Il convertira alors votre désir sous forme de foi, puis de plans bien précis pour vous l'obtenir.

La méthode par laquelle on développe la foi lorsqu'elle est inexistante est extrêmement difficile à décrire, presque autant en fait que de décrire la couleur rouge à un aveugle-né. La foi est un état d'esprit que vous pourrez développer à volonté une fois que vous aurez parfaitement assimilé les 13 principes de ce livre, car c'est un état d'esprit qui s'accroît avec l'utilisation volontaire et régulière de ces principes.

La seule façon de développer volontairement la foi est de répéter à son subconscient des ordres affirmatifs.

Peut-être comprendrez-vous mieux à la lumière de l'exemple qui suit comment certains hommes deviennent des criminels endurcis. Voici en effet ce que dit un célèbre criminologiste: «Lorsqu'un homme affronte le crime pour la première fois, il est horrifié et déteste ce qu'il a fait; s'il persiste à l'affronter, il s'y habitue et finalement l'assimile à sa façon de vivre.»

Ce qui revient à dire que n'importe quelle pensée, répétée sans cesse au subconscient, est finalement acceptée par ce dernier qui s'empresse alors de traduire cette impulsion en son équivalent physique, en se servant du processus qui lui est le plus accessible.

Considérez maintenant la remarque suivante: toutes les pensées qui ont été ressenties et imprégnées de foi se transforment d'elles-mêmes en leur équivalent physique.

Les émotions animent les pensées et nous poussent à l'action. La foi, l'amour et la sexualité donnent à la pensée une plus grande puissance.

Nous avons vu que les pensées, stimulées par la foi, atteignent et influencent le subconscient. Précisons que toute pensée agit de même, qu'elle soit animée par un sentiment positif ou négatif.

Vous en déduisez que le subconscient traduit en son équivalent physique une pensée aussi bien négative, c'est-à-dire destructrice, que positive et constructrice. De là survient alors l'étrange phénomène dont sont victimes des millions de gens qui pensent qu'ils n'ont pas de chance.

Ils se croient condamnés à la pauvreté et à l'échec en raison d'une force étrange sur laquelle ils sont persuadés n'avoir aucun contrôle. Ces gens-là sont en fait les artisans de leurs propres malheurs : leurs pensées noires sont captées par le subconscient qui les transforme en leurs équivalents physiques.

Il nous semble pertinent à ce moment-ci de vous rappeler que vous pouvez tirer profit de ce processus en soumettant à votre subconscient n'importe quel désir que vous souhaitez voir se concrétiser sous forme d'argent ou autre, en prenant soin de le faire avec la ferme conviction que vous serez exaucé.

La foi est l'élément qui détermine l'action de votre subconscient. Si cela est nécessaire, rien ne vous empêche d'en abuser comme je l'ai fait avec mon fils. Autrement dit, en faisant appel à lui, conduisez-vous exactement comme si vous aviez déjà reçu la réponse matérielle que vous désirez.

Le subconscient transformera en son équivalent physique n'importe quel ordre donné par celui qui croit en sa réalisation.

Vous avez maintenant suffisamment d'éléments en main pour acquérir la capacité, grâce à l'expérimentation et à la pratique, d'adjoindre la foi à n'importe quel ordre donné à votre subconscient. La perfection ne vient que si on s'y exerce et pas seulement à la seule énonciation de ces directives.

S'il est vrai qu'un individu peut se transformer en criminel en s'associant avec le crime (et cela est un fait avéré), il est également vrai que l'on peut développer la foi en suggérant de façon délibérée au subconscient que nous avons la foi. L'esprit en viendra à s'imprégner de la nature des influences dominantes de ce dernier. Il est donc essentiel, à la lumière de cette vérité, d'encourager comme influences dominantes, les émotions positives et d'éliminer les émotions négatives[34].

Un esprit dominé par des émotions positives ou « une attitude mentale positive » devient l'habitacle naturel de l'état d'esprit appelé « la foi ». Un esprit mené par la foi peut donner à son subconscient des instructions qu'il acceptera immédiatement.

La foi est un état d'esprit qui peut être suscité par l'autosuggestion.

De tout temps, les dévots[35] ont exhorté l'humanité d'avoir « la foi » en ceci, en cela et en d'autres dogmes ou credo, mais ils n'ont pas dit aux gens comment on pouvait la développer. Jamais ils n'ont révélé que « la foi est un état d'esprit qui peut être suscité par l'autosuggestion ».

Dans des termes que tous peuvent comprendre, ce livre décrira en détail tout ce qui est connu sur le principe grâce auquel la foi se manifeste lorsqu'elle n'est pas déjà existante.

Ayez foi en vous-même ; ayez foi en l'infini.

Avant de commencer, rappelez-vous que la foi est « l'élixir éternel » qui donne à la pensée la vie, la puissance et l'impulsion créatrice.

La phrase précédente vaut la peine d'être lue une deuxième, une troisième et une quatrième fois. Il est bon de la lire à voix haute !

La foi est le premier pas vers la richesse.

La foi est la base de tous les « miracles » et mystères qui ne peuvent être expliqués par la science.

La foi est le seul antidote connu de l'échec.

La foi est l'élément subtil qui, par la prière, permet de communiquer avec l'Intelligence infinie.

La foi transforme en son équivalent spirituel la pensée créée par le cerveau limité de l'homme.

Seule la foi permet aux hommes de capter la force cosmique de l'Intelligence infinie et de l'utiliser.

La véracité de chacune des déclarations précédentes peut être démontrée !

La preuve est simple et facilement démontrable. Elle est enchâssée dans le principe de l'autosuggestion. Concentrons-nous donc sur le sujet de l'autosuggestion et découvrons ce que celle-ci est capable d'accomplir.

Il est bien connu que l'on finit par croire, même si c'est faux, ce que l'on s'est répété maintes fois. Celui qui se répète un mensonge finit par ne plus le voir tel qu'il est. Il en fait une vérité personnelle. Les pensées dominantes d'un homme le différencient d'un autre et en font ce qu'il est. Elles constituent des forces motivantes puissantes, particulièrement quand, pétries d'affectivité, elles contrôlent les faits et les gestes de leur auteur.

Nous en déduisons donc cette vérité très importante : les pensées qui sont accompagnées d'un sentiment émotionnel constituent une force magnétique qui attire des pensées similaires ou qui ont quelque rapport avec elles.

Ces pensées peuvent être comparées à des graines qui, plantées dans un sol fertile, germent, grandissent et se multiplient pour devenir des millions de graines de la même espèce!

L'expérience et la pensée humaines se déroulent dans un environnement – un *univers* – saturé d'énergie rayonnée et de «signaux». De la gravité au magnétisme, des rayons cosmiques aux rayons X, des infrarouges à la lumière visible, en passant par les ondes sonores, les radars, les ondes courtes, sans oublier les signaux de radio et de télévision – nous vivons dans un monde constamment bombardé de «vibrations» d'énergie, bien qu'on n'en perçoive avec nos sens qu'une infime partie.

De même, les pensées sont des «vibrations» d'énergie transmises par courants électriques et chimiques aux cellules du cerveau. Bien que nous ne comprenions ni ne puissions encore expliquer scientifiquement la mécanique de ce processus, il est évident que les pensées, tout comme le rayonnement électromagnétique, nous entourent – comme certaines expériences de perception extrasensorielle nous le montrent.

L'esprit humain, comme le cosmos, déborde d'activité s'apparentant à des vibrations ou des «influences» qui peuvent être à la fois destructrices ou constructrices. Ce sont des vibrations de peur, de pauvreté, de maladie, d'échec, de misère et ce sont aussi des vibrations de prospérité, de santé, de succès et de bonheur – aussi sûrement que l'atmosphère transporte le son de centaines d'orchestrations de musique, de centaines de voix humaines qui gardent toutes leur individualité et leur spécificité par l'entremise de la radio et de la télévision.

L'esprit humain capte continuellement des ondes qui s'accordent avec ses pensées. Toute pensée, toute idée, tout plan, tout projet qui occupent le cerveau attirent une armée de pensées. Celles-ci s'agglomèrent, se fondent et grandissent jusqu'à devenir les pensées dominantes qui font agir l'individu.

Comment s'implante dans notre esprit la graine originelle d'une idée, d'un plan ou d'une intention? La réponse est simple: *par la répétition de la pensée.* C'est pourquoi il vous est recommandé de mettre sur papier votre but essentiel, de l'apprendre par cœur et de le répéter tous les jours *à voix haute* jusqu'à ce que votre subconscient en ait capté les ondes.

Nous sommes devenus ce que nous sommes à cause des pensées que nous avons captées et enregistrées au quotidien.

Prenez la résolution de ne vous laisser influencer en rien et de bâtir votre propre vie comme vous l'avez décidé. En faisant l'inventaire de vos possibilités et de vos qualités peut-être découvrirez-vous que vous avez un point faible. Manquez-vous, par exemple, de confiance en vous ? C'est un handicap, mais que vous pouvez parfaitement surmonter. Par l'autosuggestion, transformez votre timidité en courage. Voici six règles qui, écrites, apprises par cœur et répétées, vous permettront d'appliquer le principe de l'autosuggestion.

Règles pour avoir confiance en soi

1. Je sais que je suis capable d'atteindre le but que je me suis fixé ; en conséquence, j'*exige* de moi-même une action continue et inlassable dans ce sens.

2. Je sais que mes pensées dominantes passeront par plusieurs stades avant de se transformer en réalité physique ; c'est pourquoi je consacrerai 30 minutes par jour à penser à l'être que j'ai l'intention de devenir et à m'en faire une image précise.

3. Je sais que, grâce au principe de l'autosuggestion, n'importe quel désir que je garderai obstinément dans mon esprit se manifestera bientôt par des signes extérieurs avant d'atteindre enfin le but fixé : c'est pourquoi je consacrerai dix minutes par jour à exiger de moi-même *une plus grande confiance.*

4. J'ai rédigé une description très claire du *but précis* que je me suis fixé et je n'aurai de cesse d'essayer de le réaliser jusqu'à ce que j'aie acquis suffisamment de confiance en moi-même pour y parvenir[36].

5. Je sais parfaitement qu'une richesse – ou qu'une situation – mal acquise est un château construit sur des fondations instables : elle ne saurait durer. Aussi n'engagerai-je aucune transaction qui, ne bénéficiant qu'à moi-même, léserait une ou plusieurs personnes. Je réussirai en attirant les forces dont j'ai besoin et, en étant toujours le premier à rendre service, je donnerai à mes semblables l'envie de m'aider. En développant en moi l'amour de l'humanité, je chasserai de mon cœur toute haine, toute envie, toute jalousie, tout égoïsme, tout cynisme, car je sais qu'une attitude négative envers mon prochain ne peut m'apporter que déception. Ce dernier croira en moi parce que je montrerai que je crois en lui et en moi.

6. Je signerai cette déclaration, je l'apprendrai par cœur et je la répéterai une fois par jour à haute voix en croyant, sans aucune réserve, que peu à peu mes pensées en seront influencées ainsi que mes actes et que j'atteindrai alors la confiance en moi et le succès personnel que je vise.

Si on examine davantage cette autosuggestion, on y trouve une loi de la nature qu'aucun scientifique n'a jamais pu expliquer. Les psychologues lui ont donné le nom de « loi de l'autosuggestion ».

Mais son nom importe peu. Ce qui compte, c'est que, utilisée dans un but constructif, elle mène à la gloire et à la réussite de l'humanité, tandis qu'utilisée dans un but négatif, elle détruit. Nous pouvons donc en déduire que ceux qui se découragent à la suite d'une défaite et qui finissent dans la misère ont appliqué l'autosuggestion dans un état d'esprit négatif. Pourquoi ? Parce que toutes les pensées ont tendance à se transformer d'elles-mêmes en leur équivalent physique.

Le subconscient (le « laboratoire chimique » dans lequel toutes les pensées s'agencent pour se traduire dans la réalité) ne fait pas la différence entre les pensées positives ou négatives.

Il travaille avec les matériaux qu'on lui donne et il concrétise aussi bien une pensée de peur qu'une de courage.

L'histoire de la médecine regorge de cas de « suicide par autosuggestion ». L'autosuggestion négative est un moyen de se suicider aussi efficace que tous les autres. Dans une ville du Midwest, un dénommé Joseph Grant, employé de banque, « emprunta » une forte somme à l'établissement pour lequel il travaillait. Il perdit cette somme au jeu. Un après-midi, un vérificateur se présenta et se mit à examiner les comptes. Joseph Grant quitta la banque, prit une chambre dans un hôtel local et lorsqu'on le retrouva trois jours plus tard, il était étendu et répétait ces mots inlassablement : « Mon Dieu ! Je ne survivrai pas à cette disgrâce. » Peu de temps après, il était mort. Les médecins qualifièrent son cas de « suicide mental ».

Tout comme l'électricité est une arme à deux tranchants – elle rend des services inestimables, mais peut apporter la mort –, la loi de l'autosuggestion peut procurer paix et prospérité ou conduire à la misère, à l'échec, au désespoir et à la mort selon votre compréhension et application de cette loi.

Si vous ne nourrissez que peur, doute et peu de confiance en votre aptitude à saisir et à utiliser les forces de l'Intelligence infinie, la loi d'autosuggestion s'emparera de ces sentiments que le subconscient traduira en leur équivalent physique, ce qui aura évidemment des conséquences désastreuses !

Cet énoncé est aussi vrai que deux et deux font quatre !

Tout comme le vent pousse un bateau vers l'ouest et un autre vers l'est, la loi d'autosuggestion vous élèvera ou vous abaissera selon l'inclination de vos pensées.

Voici comment un poète décrit cette loi de l'autosuggestion :

Si vous *pensez* que vous êtes battu, vous l'êtes.
Si vous *pensez* que vous n'osez pas, vous n'oserez pas.
Si vous voulez gagner, en pensant ne pas pouvoir,
Il est presque certain que vous ne le pourrez pas.

Si vous pensez que vous allez perdre, vous perdrez,
Pour sortir du monde, nous trouvons,
Le succès commence avec la volonté d'un pair –
Tout est dans *l'état d'esprit.*

Si vous *pensez* que vous pouvez vous surpasser, vous le ferez ;
Vous devez avoir une haute estime de vous-même pour vous élever ;
Vous devez être *sûr de vous* avant de pouvoir gagner.

Ce ne sont pas toujours les plus forts ni les plus rapides
Qui gagnent la dure bataille de la vie,
L'homme qui tôt ou tard remporte la victoire
Est celui qui pense qu'il en est capable !

Méditez les mots soulignés et vous comprendrez le sens profond de ce poème[37].

Quelque part dans votre esprit repose le germe de la réussite qui, une fois semé, vous fera atteindre des sommets dont vous n'aviez jamais osé rêver.

Tout comme le virtuose qui fait chanter son instrument de la plus belle musique, vous pouvez éveiller le génie qui sommeille en vous et qui vous aidera à atteindre tous les buts que vous vous serez fixés.

Jusqu'à ses 40 ans (et plus), Abraham Lincoln rata tout ce qu'il entreprit. Il était un inconnu avant que sa vie bascule en raison d'une expérience qui devait éveiller en lui le génie et donner au monde l'un de ses grands hommes.

Cette expérience tissée de chagrin et d'amour, il la dut à Ann Rutledge, la seule femme qu'il aima vraiment.

Il est bien connu que le sentiment d'amour crée un état d'esprit très proche de celui qu'engendre la foi, car il peut aussi transformer la pensée en son équivalent physique. Durant mes longues années de recherche, j'ai découvert en analysant la vie et les réussites extraordinaires de centaines d'individus que l'amour y jouait presque toujours un rôle primordial.

S'il vous faut une preuve du pouvoir de la foi, étudiez les hauts faits de ceux qui la possédèrent, dont Jésus de Nazareth. Le christianisme est l'une des forces les plus importantes qui a influencé l'esprit des gens. Malgré tous les dogmes et les credo professés en son nom, la foi est la base du christianisme, même si beaucoup de gens ne l'ont pas compris ou ont faussé le sens de cette grande force.

Les actes du Christ qu'on a qualifiés de miraculeux n'étaient autres que des phénomènes qui se produisaient en raison d'un certain état d'esprit connu sous le nom de foi ! Si les miracles existent, ils ne se produisent que dans cet état d'esprit que l'on appelle la foi ! Il est étrange de constater que plusieurs personnes qui se disent chrétiennes ne comprennent pas et ne pratiquent pas la foi.

La foi est la pierre angulaire de toutes les grandes religions. Il est dit dans l'Ancien Testament : « Aimez l'Éternel, vous qui avez de la piété ! L'Éternel garde ceux qui ont la foi et il punit sévèrement les orgueilleux. » L'apôtre Luc nous dit : « Étienne, rempli de foi et de puissance, opérait de grands prodiges et signes parmi le peuple », et Marc rapporte ainsi les paroles du Christ : « Ma fille, ta foi t'a sauvée ; va en paix, et sois guérie de ton mal. »

Le prophète dit dans le Coran : « Certes, ceux qui croient et accomplissent de bonnes œuvres, leur Seigneur les guide à cause de leur foi. Au-dessous d'eux couleront des rivières dans les Jardins des délices. » Dans les entretiens de Confucius, le maître dit : « Magnifier la vertu, c'est s'appliquer principalement à garder la foi et la sincérité, et à observer la justice. »

Dans la *Bhagavad-Gita*, il est dit : « La foi de chacun dépend de la nature de l'homme… Une personne se définit par la foi… Le croyant se modèle sur l'objet en lequel il a foi (si la personne contemple constamment l'objet de son désir avec foi). » On y dit aussi : « Celui qui a la foi, qui est sincère et qui a la maîtrise de ses sens, celui-là gagne… la connaissance. Mais l'ignorant qui n'a aucune foi et qui doute de tout… périra. »

Un autre exemple du pouvoir extraordinaire de la foi nous est donné par le Mahatma Gandhi[38] qui disait à ses sympathisants : « Vous devez personnifier le changement que vous voulez voir dans ce monde. » Cet homme représente à lui seul l'exemple historique le plus probant de ce que peut accomplir la foi. Gandhi fut l'homme le plus puissant de son époque et pourtant il ne possédait aucun des attributs habituels du pouvoir comme l'argent, une flotte, des soldats et du matériel de guerre. Gandhi n'avait pas d'argent, pas de maison, il ne possédait même pas un costume, mais il était puissant. Comment ? Pourquoi ?

Cette force, il l'avait créée parce que profondément croyant, il était capable de communiquer sa foi à 200 millions de personnes.

Grâce au pouvoir de la foi, Gandhi a réussi ce que le plus grand pouvoir militaire n'aurait pas pu – et ne pourra jamais – accomplir : unir 200 millions d'âmes pour n'en faire plus qu'une.

Seule la foi peut réussir pareil exploit.

Un jour viendra où les employés et les employeurs découvriront les vertus de la foi. Ce jour se lève. Le monde entier, en cette période de grave crise économique, a eu amplement le temps de constater combien le manque de foi est néfaste aux affaires.

La civilisation a sûrement produit un nombre suffisant d'esprits éclairés qui sauront mettre à profit cette grande leçon qui vient d'être servie au monde entier. Durant cette période noire, le monde a vu à de nombreuses reprises à quel point la peur généralisée pouvait paralyser les rouages de l'industrie et du commerce. Cette expérience fera émerger des dirigeants d'entreprise qui sauront mettre à profit l'exemple de Gandhi et qui appliqueront les mêmes tactiques que ce dernier a employées pour bâtir le plus grand mouvement de solidarité de l'histoire. Ces dirigeants seront issus du monde ouvrier œuvrant dans les aciéries, les mines de charbon, les manufactures de tous les villages et de toutes les villes des États-Unis.

Qu'on ne s'y trompe pas, le monde des affaires doit être réformé de fond en comble. Les méthodes du passé, basées sur la combinaison de la force et de la peur, seront supplantées par les principes de foi et de coopération. Les travailleurs recevront plus que leur paie journalière. Ils participeront de plus en plus aux profits de l'entreprise, au même titre que ceux qui fournissent le capital. Mais d'abord, les employeurs devront donner plus à leurs employés, cesser de négocier par la force et accorder à ces derniers le droit de participer aux bénéfices de l'entreprise.

De plus – et c'est la chose la plus cruciale –, ceux-ci seront dirigés par des patrons qui comprennent et appliquent les principes utilisés par Gandhi. C'est la seule façon pour les dirigeants de s'assurer de la coopération totale de leur personnel, ce qui représente la forme de pouvoir la plus pure et la plus durable[39].

L'époque prodigieuse dans laquelle nous vivons et dont nous émergeons à peine touche l'âme des gens. Dans le passé, les dirigeants ont traité les travailleurs comme de vulgaires pièces de machinerie ; ils y ont été forcés par des employés qui négociaient au détriment de tous, pour *avoir* sans rien *donner*. Le mot d'ordre du futur est de faire en sorte que les hommes atteignent le bonheur et le contentement, et lorsque cet état d'esprit aura été atteint, la production deviendra encore plus efficace qu'à l'époque révolue où les travailleurs ne pouvaient mélanger foi et intérêt personnel en exerçant leur métier.

Parce que la foi et la coopération sont indispensables au commerce et à l'industrie, il serait à la fois intéressant et payant d'analyser la méthode qu'utilisent les industriels et les hommes d'affaires et qui consiste à *donner* avant d'essayer de *gagner*.

L'événement que nous relatons remonte à l'année 1900 où se créa la United States Steel Corporation. Vous êtes, peut-être, de ceux qui se demandent comment se font les grosses fortunes ; retenez au fil de votre lecture ces faits fondamentaux et vous comprendrez comment les IDÉES peuvent se transformer en fortune colossale :

D'abord, la United States Steel Corporation est née dans l'esprit de Charles M. Schwab sous la forme d'une idée imaginée.

Deuxièmement, il a jumelé à cette idée celle de la foi.

Troisièmement, il a concocté un plan pour transformer son idée en réalité financière.

Quatrièmement, il a mis son plan en action avec son fameux discours au University Club.

Cinquièmement, il a suivi son plan avec ténacité et une ferme résolution jusqu'à ce qu'il se concrétise.

Sixièmement, il s'est préparé à la réussite en ayant le vif désir de réussir.

Si vous êtes de ceux qui se demandent comment accumuler d'immenses fortunes, l'histoire de la création de la United States Steel Corporation saura vous éclairer. Si vous avez le moindre doute quant à la probabilité que des individus puissent réfléchir et devenir riches, ce témoignage saura le dissiper, car vous verrez que cette entreprise est tributaire de la plupart des *13 étapes vers la richesse*[40], décrites dans ce livre.

Cet étonnant témoignage nous a été rapporté par John Lowell dans le *New York World-Telegram*, qui nous a aimablement autorisé à le reproduire.

Un joli discours de fin de banquet pour un milliard de dollars

Lorsque, le soir du 12 décembre 1900, 80 des plus grands financiers de la nation se réunirent dans la salle des banquets de l'University Club de la 5e Avenue pour y fêter un homme de 38 ans, originaire de l'Ouest, aucun d'eux ne pressentait qu'il allait être le témoin de l'épisode le plus important de l'histoire industrielle des États-Unis.

J. Edward Simmons et Charles Stewart Smith, encore pleins de gratitude pour l'hospitalité généreuse dont avait fait preuve à leur égard Charles M. Schwab au cours de leur dernière visite à Pittsburgh, avaient organisé ce dîner pour introduire dans la société des banquiers de l'Est ce représentant de l'acier. Ils ne s'attendaient certes pas à le voir outrepasser leurs conventions, car ils l'avaient averti que les cœurs qui battaient sous les chemises des New-Yorkais étaient insensibles à l'éloquence et que s'il ne voulait pas ennuyer les Stillman, Harriman, Vanderbilt et tous les autres, il ferait bien de limiter son propos à une vingtaine de minutes.

Tous, y compris John Pierpont Morgan[41], assis à la droite de Schwab, n'avaient l'intention de faire qu'une apparition très brève à ce banquet. Et en ce qui concerna la presse et le public, l'événement fut considéré comme tellement anodin que les journaux n'en firent aucune mention le lendemain.

Toujours est-il que les deux hôtes et leurs distingués invités absorbèrent presque en silence leurs sept ou huit plats habituels. La conversation était anémique et le peu qu'on s'y risquait à dire était très empesé. Peu nombreux étaient les banquiers et les courtiers qui avaient déjà rencontré Schwab, dont la carrière s'était déroulée en grande partie sur les rives de la Monongahela, et aucun d'entre eux ne le connaissait bien. Mais avant la fin de la soirée, tout le monde – y compris le grand argentier Morgan lui-même – avait été galvanisé par son discours et un bébé d'un milliard de dollars, la United States Steel Corporation, venait d'être conçu.

Il est dommage, pour l'histoire, qu'aucun compte rendu du discours de Schwab ne soit resté. Il en répéta quelques extraits à une soirée similaire avec des banquiers de Chicago. Et plus tard, lorsque le gouvernement américain intenta une poursuite en vue de dissoudre la Steel Trust, il fournit sa version, de la barre des témoins, à partir des remarques qui avaient tant suscité d'enthousiasme chez Morgan[42].

Il y a fort à parier que son discours était émaillé de fautes de syntaxe (elles ne l'embarrassaient guère), d'épigrammes et de mots d'esprit. Mais à part ces petites particularités, la force électrisante de sa tirade n'a pas manqué d'agir sur les invités dont la fortune réunie était estimée à cinq milliards de dollars. À la fin du discours de 90 minutes, l'assistance était encore sous le charme. Morgan entraîna Schwab à l'écart et, inconfortablement assis dans l'embrasure d'une fenêtre, ils discutèrent tous deux pendant plus d'une heure.

La personnalité de Schwab s'imposait, mais le programme détaillé et clair qu'il proposa pour le développement d'un conglomérat de l'acier fut plus captivant encore. Beaucoup d'autres s'étaient efforcés d'intéresser Morgan à un conglomérat semblable basé sur les modèles des conglomérats du biscuit, du sucre, du caoutchouc, du whisky, du pétrole ou de la gomme à mâcher. Aucun n'y était jamais parvenu. John W. Gates avait ouvert le bal, mais Morgan n'avait pas confiance en lui. Les frères Moore, Bill et Jim, des teneurs de marchés à Chicago, avaient pour leur part tenté de mettre sur pied un conglomérat sans y arriver. Elbert H. Gary, l'avocat de campagne sentencieux, voulait le parrainer, mais n'avait pas les reins assez solides. Alors que ce projet avait depuis toujours été considéré comme le fait de timbrés rêvant de faire fortune du jour au lendemain, Schwab, grâce à son éloquence, put convaincre le magnat de la faisabilité de l'opération financière la plus téméraire jamais conçue en lui faisant entrevoir les multiples retombées.

Le magnétisme du domaine de la finance qui, il y a une génération, attira des milliers de petites entreprises, commençait à faire son effet dans le domaine de l'acier, en partie grâce aux expédients de ce jovial pirate des affaires qu'était John Gates, qui avait créé l'American Steel & Wire Company et, avec Morgan, la Federal Steel Company. La National Tube et l'American Bridge étaient deux autres sociétés chapeautées par Morgan ; quant aux frères Moore, ils avaient abandonné le domaine des allumettes et des biscuits pour former l'« American group » – fer-blanc, anneau d'acier, tôle d'acier – et la National Steel Company.

À côté du gigantesque conglomérat d'Andrew Carnegie géré par 53 associés, ces autres affaires paraissent toutefois médiocres. Même en se coalisant, elles n'auraient pu contrer celles de Carnegie ; et Morgan le savait.

Le vieil Écossais excentrique le savait aussi. Des hauteurs splendides de Skibo (un château historique situé près de l'estuaire de Dornoch en Écosse), Andrew Carnegie avait vu d'abord avec amusement, puis avec colère, les petites compagnies de Morgan essayer d'empiéter sur son domaine. Lorsque les tentatives devinrent plus audacieuses, la moutarde lui monta au nez et, en guise de représailles, il décida que pour chaque aciérie appartenant à ses rivaux, il en construirait deux. Jusqu'ici, il ne s'était jamais intéressé aux fils de fer barbelés, aux tuyaux, aux frettes et aux tôles d'acier. Il se contentait de vendre l'acier brut à ces compagnies pour qu'elles le transforment en ce qui leur chantait. Avec Schwab comme lieutenant, il projetait maintenant d'acculer ses ennemis au pied du mur.

C'est ce que détecta Morgan dans le discours de Charles M. Schwab. Et c'est là aussi qu'il vit la solution de ses problèmes et la vaste entreprise Carnegie passer sous sa tutelle, car un conglomérat sans Carnegie – le géant ! – n'en serait pas un ; ce serait comme une tarte aux pommes sans pommes !

Le discours que fit Schwab le soir du 12 décembre 1900 donnait sûrement à entendre, sans le dire expressément, que le vaste conglomérat de Carnegie pouvait passer sous le contrôle de Morgan.

Il parla de l'avenir de l'acier, d'une réorganisation plus efficace, de spécialisation, de la fermeture des aciéries peu rentables pour concentrer tous les efforts sur celles qui étaient florissantes, d'économie sur l'acheminement du minerai, d'économie dans les services administratifs et sur les frais généraux, de mainmise sur les marchés étrangers. Mieux encore, il révéla aux financiers abasourdis leurs erreurs : ils avaient voulu créer, s'il avait bien compris, des monopoles, hausser les prix et s'offrir de gros dividendes. Il condamna le système avec sa franchise habituelle. C'était, leur dit-il, peu avisé de limiter le marché au lieu de l'élargir en fonction des besoins de la région. En baissant les prix, on créerait un marché susceptible de progresser et on trouverait de nouveaux débouchés mondiaux. Sans le savoir, Charles Schwab est devenu ce soir-là l'apôtre de la production de masse moderne.

Le dîner au University Club prit fin ; Morgan rentra chez lui pour réfléchir aux suggestions de Schwab, qui retourna à Pittsburgh diriger l'affaire d'acier de Carnegie pendant que les autres reprenaient leurs occupations en attendant la suite des choses qui ne tarda guère.

Il ne fallut à Morgan qu'une semaine pour digérer les arguments de Schwab et lorsque, après y avoir bien réfléchi, il le convoqua, ce dernier hésitait. M. Carnegie, lui dira-t-il, pourrait ne pas aimer l'idée que le président de son affaire flirte avec l'empereur de Wall Street, une rue qu'il s'était juré de ne plus jamais emprunter.

John Gates, l'intermédiaire, suggéra une entrevue à l'hôtel Bellevue de Philadelphie, les deux hommes pouvant s'y trouver en même temps « par hasard ». Cependant, lorsque Schwab arriva, Morgan était malade et n'avait pu quitter New York. Sur son invitation pressante, Schwab s'y rendit.

Certains historiens de l'économie américaine prétendent à tort que toute l'affaire avait été montée par Andrew Carnegie, que le dîner en l'honneur de Schwab, le fameux discours, l'entretien entre Schwab et le grand argentier, tout avait été arrangé par le vieux renard. C'est exactement le contraire qui s'est passé. Lorsque Schwab fut mandaté pour entreprendre les négociations, il ignorait absolument si « le petit patron », comme on surnommait Carnegie, prêterait l'oreille à une offre de vente émanant d'hommes qu'il n'avait pas en odeur de sainteté. De sa main, Schwab couvrit six pages de chiffres représentant les mérites, la valeur matérielle et financière de toutes les compagnies minières qu'il considérait comme importantes.

Quatre hommes étudièrent ces chiffres durant toute une nuit : Morgan, qui croyait fermement en la suprématie de l'argent ; son associé, l'aristocrate Robert Bacon, un savant et un gentleman ; John W. Gates, un joueur dont Morgan se servait comme d'un instrument ; et Schwab, mieux renseigné que tout autre sur la fabrication et la vente de l'acier. Au cours de la conférence, les chiffres ne furent jamais remis en question. S'il disait que telle société valait tant, personne ne contestait ses chiffres. Il insistait aussi pour n'inclure que les compagnies qu'il avait soigneusement sélectionnées.

Il avait conçu une entreprise dans laquelle il n'y aurait pas de doublons, même pour accommoder l'avidité des amis qui voudraient en profiter pour larguer leurs sociétés dans le giron du banquier Morgan. Il laissa donc volontairement de côté les intérêts plus importants sur lesquels les requins de Wall Street avaient déjà posé des yeux affamés.

À l'aube, Morgan attaqua le dernier point :

« Pensez-vous pouvoir convaincre Carnegie de vendre ? »

« Je peux toujours essayer », répondit Schwab.

« Si vous y arrivez, je suis votre homme », dit Morgan.

Jusqu'ici, tout va bien, mais Carnegie voudra-t-il vendre ? Si oui, combien demandera-t-il ? Schwab penchait pour 320 millions de dollars. Exigerait-il d'être payé en titres, en actions, en obligations ? En espèces peut-être ? Mais qui pourrait payer en espèces un tiers de milliard de dollars ?

Le mois suivant, Carnegie et Schwab se retrouvèrent pour une partie de golf sur le St. Andrews Links, dans la lande givrée de Westchester, Andrew emmitouflé dans de multiples chandails pour se protéger du froid et Charlie qui parlait sans arrêt comme d'habitude. Ils n'abordèrent les questions d'affaires que le soir, une fois confortablement installés dans la villa de Carnegie. Avec son éloquence coutumière qui avait su hypnotiser 80 millionnaires à l'University Club, Schwab fit miroiter une retraite dorée et un avenir des plus tentants grâce aux innombrables millions qui permettraient au vieil homme de satisfaire tous ses caprices. Carnegie capitula, écrivit un chiffre sur un morceau de papier et le tendit à son interlocuteur en précisant : « Voici mon prix. »

Il s'élevait à 400 millions de dollars, qui représentaient les 320 millions mentionnés par Schwab comme chiffre de base plus 80 millions, soit l'accroissement du capital pour les deux années précédentes. Plus tard, sur le pont d'un transatlantique, l'Écossais dira tristement à Morgan : « Je regrette de ne pas vous avoir demandé 100 millions de plus. »

« Si vous les aviez exigés, vous les auriez eus », rétorqua joyeusement Morgan[43].

La nouvelle fit le tour du monde. Un correspondant anglais câbla qu'à l'étranger le monde de l'acier était « consterné » par la gigantesque association. Le président de Yale, Hadley, déclara que si les conglomérats n'étaient pas réglementés, le pays pouvait s'attendre à voir, dans les 25 prochaines années, un empereur trôner à Washington. Mais l'ingénieux Keene, un courtier très expérimenté, fit tant et si bien son travail auprès du public que l'action, estimée par certains à 600 millions de dollars, se vendit en un clin d'œil. Carnegie avait donc ses millions en poche, le consortium de Morgan avait 62 millions pour « sa peine » et tous les intermédiaires, de Gates à Gary, avaient empoché des commissions substantielles.

Le jeune Schwab, n'oublions pas qu'il n'avait que 38 ans, fut nommé président de la nouvelle société et y demeura en fonction jusqu'en 1930.

L'exemple que vous venez de lire illustre parfaitement la méthode qu'utilise le désir pour se concrétiser !

J'imagine que quelques lecteurs mettront en doute le fait qu'un simple désir intangible peut se convertir en son équivalent matériel. Certains affirmeront : « Vous ne pouvez convertir quelque chose qui n'existe pas en quelque chose de concret. » La réponse se trouve toutefois dans l'histoire de la United States Steel.

Cette méga-entreprise fut créée par l'esprit d'un seul homme. Le plan voulait que l'organisation soit alimentée par les aciéries qui lui donneraient ainsi sa stabilité financière. Ce plan était conçu par un seul homme. Sa foi, son désir, son imagination, son obstination ont été les éléments clés qui créèrent la United States Steel Corporation.

Des études révélèrent que la valeur des aciéries et de l'équipement mécanique acquis par l'organisation légalement reconnue augmenta de 600 millions de dollars du seul fait qu'elle était gérée par une administration centrale[44].

En d'autres termes, l'idée de Charles M. Schwab, portée par la foi qu'il communiqua à J. P. Morgan et aux autres, rapporta approximativement 600 millions de dollars. Ce qui, pour une seule idée, n'est pas si mal !

Nous ne nous attarderons pas au sort de ceux qui ont fait fortune au cours de cette transaction. L'aspect le plus important de cette réussite incroyable réside dans le fait qu'elle est la parfaite illustration de la justesse de la philosophie décrite dans ce livre – car cette philosophie était au cœur même de cette transaction. De plus, sa faisabilité a aussi été établie sans l'ombre d'un doute par le fait que la United States Steel Corporation a continué à prospérer pour devenir l'une des sociétés les plus riches et les plus puissantes aux États-Unis, employant des millions de personnes et trouvant de nouveaux usages et de nouveaux débouchés pour l'acier – prouvant donc que les 600 millions de profit provenant de l'idée de Schwab continuent d'être rentables.

La richesse commence par une pensée!

L'ampleur en est fixée par la personne qui a engendré cette pensée. La foi efface les limites! Souvenez-vous-en lorsque vous serez prêt à négocier avec la vie pour obtenir ce que vous voulez.

Souvenez-vous aussi que l'homme derrière la United States Steel Corporation était pratiquement inconnu à cette époque. Il n'était que le bras droit d'Andrew Carnegie jusqu'à ce qu'il accouche de sa brillante idée. Il a ensuite rapidement grimpé les échelons jusqu'à devenir un être puissant, célèbre et riche.

Il s'est élevé, comme tous les grands bâtisseurs, sur les ailes de la foi, qui découle d'une force connue sous le nom d'autosuggestion.

Chapitre 3 L'autosuggestion

Le véhicule pour influencer le subconscient

Troisième étape vers la richesse

On appelle autosuggestion toute suggestion que l'on s'adresse à soi-même et qui, par l'intermédiaire des cinq sens, atteint notre cerveau. Elle fait communiquer le conscient et l'inconscient.

Les pensées dominantes (qu'elles soient négatives ou positives) qui demeurent dans notre conscience, avec notre *permission*, atteindront et influenceront l'inconscient par l'entremise de la loi de l'autosuggestion.

Toute pensée, négative ou positive, pénètre le subconscient avec l'aide de l'autosuggestion, sauf les pensées que l'on décrit comme des intuitions ou des inspirations. Autrement dit, toutes les impressions provenant des sens sont captées et traitées par l'esprit conscient et peuvent être soit rejetées soit transmises au subconscient. Le conscient fait office ici de gardien du subconscient.

La nature a donné à l'homme le pouvoir de contrôler par ses cinq sens tout ce qui touche le subconscient.

Mais l'homme ne se rend pas toujours compte qu'il peut exercer ce contrôle. Dans la majorité des cas, il ne l'exerce pas, ce qui explique pourquoi tant de gens restent pauvres toute leur vie.

Rappelez-vous que le subconscient est comme un jardin fertile où les mauvaises herbes poussent à foison si l'on néglige d'y ensemencer quoi que ce soit. Par l'autosuggestion, un individu peut nourrir son subconscient de pensées constructives ou, au contraire, permettre à des pensées destructives de s'épanouir dans le riche jardin de son esprit.

La dernière des six instructions qui figurent au premier chapitre sur le désir du bien-être financier vous invite à lire à haute voix, deux fois par jour, l'expression écrite de ce désir et à imaginer que vous êtes déjà en possession de votre richesse. En suivant ces instructions, vous communiquerez à votre subconscient l'objet de votre désir dans un esprit d'absolue certitude. En renouvelant ce processus, vous établirez une routine qui favorisera la concrétisation de votre désir. (Ce processus ne se limite pas à l'aspect financier. Vous pouvez vous en servir pour n'importe quoi, du moment que votre désir se distingue par son intensité et qu'il ne viole pas les lois divines ni ne brime les droits des autres.)

Revenez aux six instructions décrites dans le premier chapitre et relisez-les attentivement avant de poursuivre. Reportez-vous ensuite au chapitre 6 sur l'élaboration des plans et lisez les quatre instructions pour l'organisation du cerveau collectif. En comparant ces deux séries d'instructions à celles du chapitre sur l'autosuggestion, vous constaterez que toutes sont étroitement liées à l'application de la loi de l'autosuggestion.

Sachez qu'il ne suffit pas de lire à haute voix le texte. Un tel exercice demeurerait lettre morte. Il faut à la fois *lire et ressentir*. Votre subconscient ne peut réagir que s'il est animé par des pensées empreintes d'émotion. Cette condition est de toute première importance et justifie nos nombreuses redites.

Si vous répétez un million de fois la fameuse formule d'Émile Coué[45]: «Tous les jours, à tout point de vue, je vais de mieux en mieux», sans émotion et sans y croire, vous n'obtiendrez pas les résultats escomptés. Votre subconscient n'agit qu'à partir de pensées bien senties.

C'est d'ailleurs un fait d'une telle importance qu'il justifie qu'on le répète tout au long de ce livre, car la méconnaissance de cette vérité est la principale raison pour laquelle la majorité des gens qui essaient d'appliquer la loi de l'autosuggestion n'obtiennent pas de résultats probants.

Les mots dénués d'émotion n'agissent pas sur le subconscient. Vous n'obtiendrez pas de résultats tant que vous n'aurez pas appris à agir sur ce dernier avec des pensées et des mots chargés d'émotion et de foi.

La première fois que vous le tenterez il n'est pas sûr que vous contrôlerez et dirigerez vos émotions. Ne vous découragez pas. C'est avec la persévérance que vous acquerrez l'habileté. Vous ne pouvez, à meilleur compte, réussir à influencer votre subconscient. Vous seul aurez à décider si le but que vous poursuivez vaut le prix que vous devrez payer.

La sagesse et l'intelligence ne suffisent pas à elles seules à attirer et à accumuler la richesse, bien qu'en de rares instances la loi de la moyenne favorise l'attraction de l'argent par l'entremise de tels moyens. Toutefois, la méthode décrite dans ce livre pour attirer l'argent ne dépend pas de la loi de la moyenne. En outre, elle ne fait aucune discrimination et s'applique à tous de manière uniforme. Lorsqu'un échec survient, il doit être attribué à la personne et non à la méthode. Si vous avez fait une tentative qui n'a pas donné les résultats escomptés, faites un effort et puis un autre, jusqu'à ce que vous y parveniez.

Votre aptitude à manier la loi de l'autosuggestion dépend en grande partie de votre capacité à vous concentrer sur votre désir jusqu'à ce qu'il devienne une obsession.

La concentration vous sera très utile lorsque vous appliquerez les règles du premier chapitre.

Voici quelques éclaircissements à cet égard. Lorsque vous aurez fixé le montant exact de la somme dont vous avez besoin, concentrez-vous sur elle, les yeux fermés. Voyez vraiment ce que matériellement elle représente et observez les instructions du chapitre qui traite de la foi en vous sentant déjà en possession de votre bien.

Le subconscient, et c'est là un fait des plus significatifs, accepte tout ordre qui lui est donné dans un esprit de foi absolue, bien qu'il faille le lui *répéter souvent*. Influencez-le. Faites-lui croire, parce que vous y croyez consciemment, qu'il est de son devoir de dresser les plans d'une action qui vous permettra, le plus tôt possible, d'entrer en possession de votre bien.

Présentez l'idée soumise dans le paragraphe précédent à votre imagination et laissez celle-ci créer les plans qui vous permettront de concrétiser votre désir et d'accumuler ainsi de l'argent.

Ne vous attendez pas à recevoir le message du subconscient comme un plan précis qu'il vous appartiendra de réaliser, mais voyez-vous en train de jouir de cet argent le plus rapidement possible. Entre-temps, gardez l'esprit alerte, sans crainte ou doute sous-jacent. Restez éveillé et satisfait comme si vous étiez en possession de votre bien. Le plan du subconscient vous atteindra probablement sous forme d'« inspiration ». Cette inspiration est un « message » direct de la part de l'Intelligence infinie.

Sachez reconnaître cette inspiration, emparez-vous-en et appliquez-la.

À la quatrième des six actions que vous devez entreprendre (voir chapitre 1), il vous est conseillé d'« établir le plan qui vous aidera à transformer votre désir et *d'en commencer immédiatement l'application* ». Suivez cette instruction à la lettre en ne faisant pas appel à votre raisonnement lorsque vous faites des plans pour atteindre votre but. Votre faculté de raisonnement pourrait manquer d'acuité et vous pourriez être déçu si vous deviez faire l'erreur de vous y fier entièrement.

Alors que, les yeux fermés, vous « visualisez » l'argent que vous désirez, imaginez que *vous rendez service à autrui et qu'il ne s'agit pas d'une simple acquisition ou d'un avantage personnel, mais bien d'un échange. Cela est de toute première importance*[46].

Résumé des instructions

Le fait de lire ce livre démontre votre soif de savoir. Cela montre aussi que le sujet de ce livre vous intéresse. Si vous êtes un néophyte en la matière, il y a des chances que vous appreniez beaucoup de choses que vous ignoriez, à condition toutefois d'accepter d'apprendre en toute humilité. Si vous choisissez de suivre certaines instructions en négligeant ou en refusant de suivre les autres *vous échouerez !* Pour obtenir des résultats, vous devez suivre toutes les instructions avec conviction.

Les instructions qui vous ont été données au premier chapitre seront maintenant résumées et amalgamées aux principes qui font l'objet de ce chapitre-ci. Si votre but premier est d'atteindre la richesse :

1. Le soir dans votre lit, ou retiré dans un endroit tranquille où vous ne serez ni distrait ni dérangé, fermez les yeux et répétez à haute voix (de façon à entendre vos propres mots) la déclaration que vous avez écrite et qui fixe le montant de la somme que vous voulez acquérir, le délai que vous vous donnerez ainsi qu'une description du service ou de l'article que vous êtes prêt à offrir en échange.

Imaginez-vous également déjà en possession de l'argent.

Exemple : supposons que vous décidez que d'ici cinq ans, le 1er janvier 20…, vous aurez en votre possession 500 000 dollars et qu'en échange, vous avez l'intention de travailler comme vendeur. Votre déclaration écrite pourrait se lire comme suit :

« Le 1er janvier 20..., j'aurai en ma possession 500 000 dollars accumulés depuis cinq ans.

« En échange de cet argent, je ferai tout mon possible pour rendre de bons services chez... comme vendeur. (Décrivez exactement le service que vous rendrez ou la marchandise que vous vendrez.)

« Je crois fermement que j'aurai cet argent. Ma conviction est si forte que je peux déjà le voir devant moi ; je peux le toucher. Il attend que je le prenne. Pour l'instant, je suis dans l'expectative d'un plan qui me permettra de l'acquérir et dès que mon subconscient me l'aura donné, je l'appliquerai. »

2. Répétez ce programme nuit et jour jusqu'à ce que vous puissiez voir (dans votre imagination) l'argent que vous désirez ardemment.

3. Placez une copie de cette déclaration là où elle sera bien visible et jusqu'à ce que vous la sachiez par cœur ; lisez-la avant de vous endormir et en vous réveillant[47].

Souvenez-vous que vous appliquez ainsi le principe d'autosuggestion dans le but de donner des ordres à votre subconscient. Et n'oubliez pas que ces instructions sont particulièrement bien adaptées au désir de richesse, mais aussi à n'importe quel autre objet de désir.

Rappelez-vous aussi que votre subconscient n'agira que si vos instructions sont empreintes d'émotion. La foi est la plus forte et la plus productive des émotions. Suivez les instructions données au chapitre 2.

Peut-être trouverez-vous ces instructions difficiles à suivre et abstraites au début. Suivez-les quand même, ne vous laissez pas troubler. Le temps viendra où, si vous faites ce que l'on vous a conseillé de faire, *en esprit et en gestes*, la puissance sera à votre portée.

Les idées nouvelles entraînent toujours un certain scepticisme. Mais si vous suivez nos instructions, ce dernier sera remplacé par de la croyance, qui à son tour se cristallisera en une foi absolue. Vous en viendrez alors au point où vous pourrez dire sincèrement : « Je suis le maître de mon destin, je suis le capitaine de mon âme. »

De nombreux philosophes ont constaté que l'homme est le maître de son destin *terrestre*, mais la plupart n'ont pas pu expliquer pourquoi il en est ainsi. La raison pour laquelle nous pouvons maîtriser notre avenir financier, entre autres, vous sera expliquée au cours du présent chapitre. L'homme peut devenir maître de lui-même et de tout ce qui l'entoure, parce qu'il possède le pouvoir d'influencer son propre subconscient.

Le chapitre que vous lisez en ce moment représente la clé de voûte de la philosophie de cet ouvrage. Les instructions qui y sont contenues doivent être comprises et appliquées avec persévérance si vous voulez réussir à concrétiser votre désir.

La concrétisation du désir nécessite l'autosuggestion. Celle-ci est l'agent par lequel on peut atteindre et influencer le subconscient. Ne la confondez pas avec les simples outils qui permettent son application et demeurez conscient du rôle qu'elle joue dans la méthode d'enrichissement que préconise ce livre.

Exécutez ces instructions comme le ferait un jeune enfant. Insufflez à vos efforts la foi de l'enfance. Ayant à cœur de vous aider, j'ai pris grand soin de vérifier que toutes les instructions données sont facilement applicables.

Après avoir terminé la lecture de cet ouvrage, reprenez l'étude de ce chapitre de la manière décrite ci-dessous:

Relisez-le à haute voix tous les soirs jusqu'à ce que vous soyez pleinement convaincu de l'importance de l'autosuggestion et de son pouvoir créateur à votre égard. Soulignez, en lisant, tout passage qui vous apparaîtra incontournable.

En suivant ces instructions à la lettre, vous verrez s'ouvrir devant vous un monde de connaissances et de maîtrise de tous les principes menant au succès, y compris celui dont nous allons traiter dans le prochain chapitre: la spécialisation, *la quatrième étape vers la richesse.*

Je crois qu'être étroitement lié à une personne qui refuse de transiger avec des circonstances qu'elle n'aime pas est un atout d'une valeur incommensurable.

Chapitre 4 La spécialisation

Les expériences et les observations personnelles
Quatrième étape vers la richesse

Il existe deux sortes de culture : la culture générale et la spécialisation. La culture générale, qu'elle soit vaste ou pauvre, est de peu d'utilité dans la course à l'argent. Les universités enseignent toutes les disciplines connues. *La plupart des professeurs ont peu d'argent.* Leur but est de transmettre des *connaissances* et non la manière de les utiliser.

Le savoir n'attire l'argent (ou toute autre réussite) que s'il est intelligemment orchestré dans ce sens au moyen de plans d'action simples dont le but bien précis est de faire de l'argent. Des millions de gens ne l'ont pas compris. Pour eux, « le savoir est le chemin menant au pouvoir ». Il n'en est rien ! Il peut être une force, en effet, mais à condition d'être organisé selon des plans d'action précis et dirigé vers un but défini.

Le maillon faible de tout système d'éducation réside peut-être dans l'impossibilité des écoles d'apprendre à leurs élèves l'organisation et l'utilisation du savoir.

C'est une erreur de croire que Henry Ford, parce que sa formation scolaire fut plutôt limitée, manquait d'éducation. Ceux qui commettent cette erreur ne comprennent pas la véritable signification du mot « éducation ». Ce mot vient du latin *educatio*, qui signifie « action de se développer de l'intérieur ».

Être instruit ne veut pas forcément dire posséder une vaste culture. Un homme instruit est celui qui a développé ses facultés de telle sorte qu'il peut, sans violer les droits d'autrui, obtenir ce qu'il veut. Henry Ford correspond en tous points à cette description.

Pendant la Première Guerre mondiale, Henry Ford fut traité de «pacifiste ignorant» par un journal de Chicago qu'il attaqua en diffamation. Lorsque l'affaire passa en jugement, les avocats du journal essayèrent de prouver qu'il était un esprit inculte ; aussi, pour le mettre en difficulté, lui posèrent-ils de nombreuses questions sur des sujets variés et inattendus, voulant démontrer que bien qu'il possédât une vaste connaissance spécialisée dans la fabrication des voitures, il n'en était pas moins un ignorant.

On lui posa des questions telles que : « Qui était Benedict Arnold ? » ou « Combien de soldats les Anglais envoyèrent-ils en Amérique pour mater la rébellion de 1776 ? » C'est alors que Ford répliqua : « Je ne connais pas le nombre des soldats anglais qui vinrent en corps expéditionnaire, mais j'ai entendu dire qu'ils étaient plus nombreux que ceux qui retournèrent chez eux. »

Finalement, excédé par ces « colles », il lança à la partie adverse : « Permettez-moi de vous rappeler que j'ai dans mon bureau une rangée de boutons électriques. Il me suffit d'appuyer sur l'un d'eux pour appeler un homme capable de répondre à n'importe quelle question relative à l'affaire dont je m'occupe personnellement et à laquelle je consacre tous mes efforts.

« Maintenant, voulez-vous être assez aimable pour m'expliquer pourquoi, dans le seul but de répondre à vos questions, je devrais avoir la cervelle farcie de culture générale alors que je suis entouré de collaborateurs qui suppléent à toute lacune ou défaillance de ma part ? »

La logique de cette riposte désarçonna l'avocat et le public dans la salle reconnut que le propos de Ford était le fait non pas d'un ignorant, mais d'un homme intelligent et éduqué. L'homme qui sait où trouver les connaissances dont il a besoin et comment les utiliser selon des plans d'action précis, celui-là est un homme éduqué. Grâce à un « cerveau collectif », Henry Ford avait à sa disposition les connaissances indispensables pour faire de lui un des hommes les plus riches d'Amérique. Il *n'était pas nécessaire* qu'il les rassemblât dans son propre cerveau. Il est évident que cette vérité sera perçue à sa juste valeur par quiconque possède suffisamment d'intelligence et d'inclination pour s'adonner à la lecture d'un ouvrage comme celui-ci.

Avant de pouvoir transformer votre désir en son équivalent financier, vous aurez probablement besoin d'approfondir vos connaissances dans le domaine où vous comptez offrir vos services en échange d'une réussite financière. Mais il se peut que vous n'ayez ni le talent ni l'envie d'acquérir ce savoir, il faut donc que vous sachiez qu'il vous est possible de compenser votre déficience en faisant appel à un groupe de gens qui fera office de « cerveau collectif ».

Andrew Carnegie disait qu'il ne connaissait rien à l'aspect technique du secteur de l'acier. Pire, ce manque de connaissances ne le préoccupait guère, car il avait à son service une armada d'experts qui avaient les connaissances techniques nécessaires pour produire et commercialiser l'acier.

L'accumulation de grandes quantités d'argent exige une connaissance spécialisée qui ne doit pas nécessairement être monopolisée par celui qui désire faire fortune.

Le paragraphe qui précède devrait encourager ceux qui ne possèdent pas ces connaissances.

Beaucoup de gens traînent toute leur vie un complexe d'infériorité en raison de leur manque d'instruction. Or, celui qui est capable d'organiser et de diriger un « cerveau collectif » réunissant les connaissances nécessaires à l'accumulation des richesses est aussi instruit que n'importe quel membre de ce « cerveau ».

Thomas A. Edison n'alla à l'école que trois mois. Pourtant il ne manquait pas d'instruction et il ne mourut pas dans la misère.

Henry Ford ne fut écolier que six ans, ce qui ne l'empêcha pas de réussir parfaitement sur le plan financier.

Le savoir spécialisé est la forme de service la plus abondante et la moins coûteuse qui existe ! Si vous en doutez, consultez l'échelle salariale de n'importe quelle université.

C'est payant de savoir à quelle porte frapper pour se procurer des connaissances précises.

Choisissez d'abord une spécialisation et décidez de ce que vous allez en faire. En principe, le but qui vous tient à cœur, celui vers lequel tendent tous vos efforts, la déterminera sans erreur possible.

Cette question résolue, cherchez les sources de cette spécialisation. Voici les plus importantes :

a) Votre instruction et votre propre expérience.
b) L'instruction et l'expérience des autres, le « cerveau collectif ».
c) Les collèges et les universités.
d) Les bibliothèques municipales (livres et revues dans lesquels on peut trouver un condensé du savoir de notre civilisation).
e) Les cours spécialisés (écoles du soir et cours par correspondance).

Lorsque de nouvelles connaissances sont acquises, il faut les ordonner et les utiliser dans un but précis, selon des plans faciles à suivre.

Les connaissances n'ont de valeur que dans leur utilisation. C'est la raison pour laquelle un diplôme universitaire n'a pas en soi une valeur tellement élevée. Il ne représente souvent qu'un ensemble de connaissances générales.

Si vous décidez de suivre un enseignement complémentaire, sachez d'abord dans quel but vous souhaitez l'acquérir et où vous pourrez le trouver.

Les personnes qui réussissent, et cela dans toutes les sphères d'activité, ne cessent jamais d'enrichir leurs connaissances spécialisées liées à leur entreprise ou à leur profession. Celles qui échouent font souvent l'erreur de croire que le temps d'apprendre se termine avec l'école. En vérité, l'école ne fait que nous apprendre comment nous pouvons acquérir des connaissances pratiques.

Le monde dans lequel nous vivons se transforme et les exigences scolaires ont subi de profonds changements. À notre époque, la *spécialisation* est très recherchée, comme l'écrivit Robert P. Moore, ancien directeur du bureau de placement de l'Université de Columbia, dans un article intitulé : « Les spécialistes les plus recherchés ».

Les spécialistes les plus recherchés

Sont surtout recherchés les candidats qui se sont spécialisés dans une branche, les licenciés en science économique qui ont fait de la comptabilité et de la statistique, les ingénieurs, les journalistes, les architectes, les chimistes ainsi que les cadres administratifs et autres personnes d'action.

Celui qui s'est montré très actif à l'université, qui s'entend avec tout le monde et qui a assumé un travail pendant ses études, possède une longueur d'avance sur l'étudiant strictement universitaire. Il recevra plusieurs offres selon ses nombreuses compétences et pourra faire son choix.

En s'éloignant du cliché qui veut que le premier de classe soit celui qui se voit invariablement proposer les meilleurs emplois, M. Moore ajoute que la plupart des entreprises accordent autant d'importance aux activités et aux personnalités des candidats qu'à leurs notes.

Le directeur d'une des plus grandes compagnies industrielles écrivait à M. Moore au sujet des débouchés s'offrant aux étudiants nouvellement diplômés : « Ce qui nous intéresse en premier lieu, c'est de trouver des jeunes qui pourront devenir plus tard des cadres de première force. C'est pourquoi, à une formation purement universitaire, nous préférons l'intelligence et une forte personnalité. »

Pourquoi pas un apprentissage ?

M. Moore préconisa, pendant les vacances d'été, un « apprentissage » dans les bureaux, les magasins, les usines et déclara qu'après les deux ou trois premières années d'université, un étudiant devrait être à même de choisir définitivement une carrière et de stopper ses études s'il s'est laissé entraîner, sans but précis, dans une formation générale non spécialisée. « Les universités doivent pouvoir faire face aux demandes des spécialistes de plus en plus nombreux dans tous les domaines », dit-il, insistant sur le fait que les institutions qui offrent l'enseignement devraient aider davantage les étudiants à découvrir leur voie[48].

Pour acquérir une spécialisation, les cours du soir sont, dans les grandes villes, des moyens d'enseignement sûrs et pratiques. Les cours par correspondance ont un gros avantage : ils nous rejoignent partout et nous pouvons y travailler tranquillement chez nous à notre rythme. Nous avons aussi accès à une pléthore de livres pratiques, de cours et d'autres outils pédagogiques qui permettent aux personnes intéressées d'acquérir des connaissances ou une formation spécialisée. L'avantage de cet apprentissage autodidacte réside dans sa souplesse, qui permet aux gens d'étudier pendant leurs temps libres[49].

Généralement, ce qui est obtenu sans effort et sans frais est peu apprécié et même discrédité. Ne serait-ce pas la raison pour laquelle nous ne savons pas profiter pleinement de l'école ? L'autodiscipline postscolaire, qui découle d'un programme spécialisé précis, supplée, dans une certaine mesure, à l'occasion que nous avons négligée lorsque les études ne coûtaient pas un sou[50].

C'est du moins ce que j'ai appris à mes dépens. Je m'étais inscrit à un cours de publicité. Après huit ou dix leçons, je m'en désintéressai, mais l'école continua à m'envoyer les factures, exigeant leur paiement. Je décidai, puisque je devais payer l'ensemble des cours (ce à quoi je m'étais engagé), que je ferais tout aussi bien de les suivre et d'en avoir pour mon argent. Il me sembla à cette époque que le système de paiement était trop bien organisé! Je compris plus tard qu'il faisait partie de l'enseignement: forcé de payer, je repris mes études jusqu'à la fin des cours. Je devais m'en souvenir et bénir la méthode, car c'est à elle que je dus mes gains de publiciste.

Nous avons la chance dans ce pays de bénéficier du meilleur système d'écoles publiques au monde. Nous avons investi des sommes fabuleuses dans les immeubles. Nous avons fourni un transport adéquat aux élèves vivant dans les zones rurales et ailleurs. Mais ce système a un grave défaut: il est gratuit!

L'être humain a une particularité étrange: il ne donne de valeur qu'à ce qu'il paie. Les écoles ou les bibliothèques municipales n'impressionnent personne parce qu'elles sont gratuites (ou semblent l'être). C'est la raison pour laquelle la plupart des gens se croient obligés d'acquérir un enseignement complémentaire lorsqu'ils sortent de l'école et commencent à travailler. Les employeurs apprécient davantage leurs employés s'ils suivent des cours de perfectionnement, car l'expérience démontre que celui qui est capable de consacrer une partie de ses loisirs à l'étude a en lui l'étoffe d'un chef.

Cette reconnaissance n'est pas un geste désintéressé. C'est le résultat d'un bon jugement d'affaires de la part des employeurs.

Les gens ont une faiblesse à laquelle on ne peut remédier. C'est le manque d'ambition. Les salariés qui travaillent pendant leurs loisirs demeurent rarement à des postes subalternes. Ils grimpent peu à peu, surmontant tous les obstacles jusqu'à ce qu'ils obtiennent l'amitié de ceux qui leur donneront leur chance.

La méthode des cours par correspondance convient spécialement aux employés qui doivent acquérir des connaissances spécialisées et qui ne peuvent se permettre de perdre du temps en retournant sur les bancs d'école.

Les nouvelles conditions économiques qui prévalent aujourd'hui ont forcé des milliers de gens à trouver des sources supplémentaires de revenus. Pour la majorité, la solution consiste à acquérir un savoir spécialisé. Plusieurs seront obligés de changer carrément de domaine. Lorsqu'un marchand constate qu'une gamme de produits ne se vend pas, il la remplace par une autre qui est plus recherchée. La personne dont le travail consiste à offrir ses services doit elle aussi se comporter en marchand avisé. Si ses services dans un domaine particulier ne sont pas rentables, elle devra trouver un secteur où les occasions d'affaires sont plus nombreuses.

Stuart Austin Wier apprit seul son métier d'ingénieur des travaux publics et resta sur la brèche jusqu'à ce que la crise limitât ses activités et ne lui permît plus de gagner sa vie. Après l'inventaire de ses possibilités, il décida de changer de métier et choisit le droit. Malgré la grande dépression, il retourna à l'université, y suivit des cours, obtint sa licence et, rapidement, se fit une bonne clientèle à Dallas au Texas. Il se vit même dans l'obligation de refuser des clients.

Pour parer aux remarques de certains ou aux excuses d'autres qui diront : « Je ne peux pas retourner à l'école, j'ai une famille à nourrir » ou « Je suis trop vieux », j'ajouterai que M. Wier avait plus de 40 ans et était marié lorsqu'il retourna à l'université. De plus, en choisissant avec soin les cours hautement spécialisés des meilleures facultés de droit, M. Wier fit en deux ans le travail que la majorité des étudiants font en quatre. C'est payant de savoir comment se procurer le savoir.

La personne qui cesse d'étudier simplement parce qu'elle a fini ses cours se condamne à la médiocrité, peu importe la profession ou le métier qu'elle exerce. La voie du succès est celle de l'*apprentissage en continu*.

Prenons un exemple.

Durant la dépression, un vendeur qui travaillait chez un grossiste se retrouva brusquement sans emploi. Ayant des notions de comptabilité, il suivit un cours pour augmenter ses connaissances, se mettre au courant des dernières méthodes et des nouvelles machines, puis se mit à son compte. Il offrit alors ses services de tenue de livres au grossiste chez qui il avait travaillé, ainsi qu'à plus d'une centaine de petits commerçants, en retour d'un salaire mensuel fixe. L'idée était si bonne qu'il fut bientôt obligé d'utiliser comme bureau une camionnette de livraison qu'il équipa de machines à calculer modernes. Il possède aujourd'hui une « flotte » de ces bureaux ambulants où de nombreux employés travaillent pour lui, offrant ainsi aux petits marchands le meilleur service de comptabilité à un coût dérisoire.

Des connaissances spécialisées et son imagination lui ont permis de monter une affaire florissante, unique en son genre. L'an dernier, il paya un impôt sur le revenu dix fois plus élevé que celui du commerçant qui était son employeur avant que la dépression frappe et lui impose ce qui s'avéra être en fin de compte un mal pour un bien.

À l'origine de cette bonne affaire, il y avait une idée !

Étant donné que j'eus le privilège de suggérer cette idée au vendeur au chômage, je me fais fort de suggérer une autre idée qui pourrait éventuellement générer des revenus, en plus d'aider les milliers de gens qui ont besoin de ce service.

Elle m'a été suggérée par la conduite de ce vendeur qui n'hésita pas à lâcher son métier pour repartir à zéro. Lorsqu'il conçut le plan qui devait lui permettre d'échapper au chômage, sa première réflexion fut : « L'idée me plaît, mais comment l'exploiter ? » En d'autres termes, il avait peur de ne pas savoir utiliser, *quand il les aurait acquises*, ses connaissances en comptabilité.

Ce qui l'amena à résoudre un autre problème de la façon suivante : avec l'aide d'une jeune femme dactylographe, il écrivit un ouvrage très intéressant et facile à lire sur les avantages de son nouveau système de comptabilité. Il en fit un album qui présentait si bien le but de sa nouvelle entreprise qu'il reçut bientôt plus d'offres qu'il ne pouvait en contenter.

Des milliers de personnes souhaiteraient les services d'un spécialiste du marchandisage qui ferait de leur curriculum vitæ un dossier attrayant et déterminant pour d'éventuels employeurs. Le revenu total que rapporterait un tel service excéderait facilement ceux d'un bureau de placement, tout en étant beaucoup plus avantageux pour le client[51].

L'idée décrite ici est née de la nécessité et la femme qui en prit conscience avait une vive imagination. Cette femme créa une nouvelle profession, pour aider les gens qui avaient besoin qu'on les aide à vendre leurs propres services.

Encouragée par un succès immédiat, elle s'attaqua à résoudre le problème de son fils diplômé qui était incapable de se trouver un emploi.

Le plan qu'elle imagina, puis exécuta, mérite d'être mentionné, car c'est le plus bel exemple de marchandisage qu'il m'ait été donné de voir.

Elle fit une monographie d'une cinquantaine de pages qui résumait les antécédents de son fils, insistant sur la qualité de ses études, la richesse de ses expériences personnelles et rassemblant en outre quantité d'informations qu'il serait trop long de rapporter ici. Suivait une description minutieuse de l'emploi qu'il sollicitait et de l'énergie qu'il y investirait.

La préparation de ce travail lui demanda plusieurs semaines. Pendant ce temps, le jeune homme, toujours encouragé par sa mère, fréquentait la bibliothèque municipale en quête d'une documentation sur la manière la plus efficace de faire rémunérer ses services. Il rendit visite aux concurrents de l'employeur qu'il visait et obtint ainsi des renseignements précieux sur leurs méthodes de travail. La monographie achevée, on pouvait y trouver plus d'une demi-douzaine d'excellentes suggestions à l'usage et au bénéfice du futur employeur.

Pourquoi se donner tant de mal pour trouver une situation? La réponse à cette question va droit au cœur parce qu'elle s'inscrit dans un contexte qui prend des allures de tragédie pour des millions de personnes dont les seules sources de revenus sont les services qu'elles fournissent à titre personnel.

Parce que ce n'est jamais perdre son temps que de faire une chose à fond. Le travail de sa mère et les prospections auxquelles il se livra aidèrent ce jeune homme à obtenir la situation qu'il souhaitait, et ce, dès la première entrevue et avec le salaire qu'il avait lui-même fixé.

De plus, et cela est très important, il n'eut pas à suivre la filière normale.

D'emblée, on le gratifia d'une place et d'un traitement de cadre.

Pourquoi se donner tant de peine demanderez-vous? D'abord, parce que cette présentation planifiée du jeune homme pour se trouver un emploi lui a probablement épargné dix ans de son temps compte tenu du fait qu'il aurait dû commencer au bas de l'échelle.

L'idée de commencer au bas de l'échelle pour s'élever peu à peu semble au premier abord tout à fait logique. Cependant, trop de personnes n'arrivent jamais à s'élever assez haut pour se faire remarquer et avoir la possibilité de tenter leur chance. Cela les décourage et tue en elles toute ambition. Finalement, elles se résignent à leur sort et font de leur travail une routine journalière si puissante qu'elles ne peuvent plus s'en affranchir. Voilà pourquoi il vaut mieux commencer en ayant déjà quelques longueurs d'avance. On prend ainsi l'habitude de regarder autour de soi, d'observer comment font les autres pour obtenir de l'avancement, de guetter sa chance et de la saisir sans l'ombre d'une hésitation.

Dan Halpin[52] est un magnifique exemple de ce que j'essaie de démontrer. Étudiant à l'université, il avait été choisi comme capitaine de la célèbre équipe de football Notre Dame, championne nationale en 1930 sous la direction du regretté Knute Rockne.

Il avait peut-être été inspiré par le grand entraîneur de football à viser haut et à ne pas faire l'erreur de prendre une défaite temporaire pour un échec, à l'instar d'Andrew Carnegie, le grand magnat industriel, qui avait été pour ses jeunes lieutenants d'affaires une source d'inspiration à viser toujours plus haut. Quoi qu'il en soit, le jeune Halpin termina ses études au moment où la crise réduisait tout le monde au chômage. Aussi, après avoir tâté de la Bourse et du cinéma, sauta-t-il sur la première situation qui lui parut d'avenir: la vente des appareils auditifs pour les sourds. Il était payé à la commission. N'importe qui aurait pu faire ce genre de travail, ce qu'Halpin était loin d'ignorer, mais c'était le petit coup de pouce qu'il lui fallait.

Il travailla presque deux ans sans plaisir. Il n'aurait probablement jamais eu d'avancement s'il n'avait voulu vaincre son insatisfaction. Pour ce faire, il visa le poste de directeur adjoint des ventes et l'obtint. Bien placé pour saisir l'occasion de s'élever davantage, il réalisa un tel chiffre d'affaires qu'il ne passa pas inaperçu.

A. M. Andrews, président du conseil d'administration de la Dictograph Products Company, voulut connaître ce champion d'une firme concurrente. À l'issue de leur entrevue, Halpin devenait directeur commercial chez Dictograph Products. Pour le mettre à l'épreuve, Andrews partit en Floride pour trois mois, le laissant se débrouiller seul dans ses nouvelles fonctions. Fort des mots de Knute Rockne: «Le monde a besoin de vainqueurs et n'a que faire des vaincus», Halpin se donna tellement à son travail qu'il fut élu vice-président de la compagnie et directeur général de la division Acousticon and Silent Radio, situation à laquelle beaucoup d'hommes seraient fiers de prétendre après dix ans de loyaux services. Halpin, lui, l'eut en six mois!

Je ne saurais dire qui, de M. Andrews ou de M. Halpin, mérite le plus d'éloges, pour la bonne raison que les deux ont fait preuve de cette trop rare qualité qu'on appelle l'imagination. M. Andrews a droit à notre admiration pour avoir vu dans le jeune Halpin un fonceur de premier ordre. Quant à Dan Halpin, il la mérite tout autant pour avoir refusé de conserver un emploi qu'il n'aimait pas, et je voudrais insister sur ce point: le fait que nous atteignions des postes élevés ou que nous restions au bas de l'échelle dépend de circonstances que nous pouvons contrôler.

J'aimerais aussi vous souligner que le succès et l'échec sont tous deux, pour une très large part, les résultats de l'habitude!

Je suis persuadé que l'étroite association de Dan Halpin avec le meilleur entraîneur de football que les États-Unis aient jamais connu a implanté dans son cerveau ce désir de se surpasser qui rendit l'équipe de Notre Dame célèbre dans le monde entier. La foule adule le héros, elle aime en lui le vainqueur. Dan Halpin m'a confié un jour que Knute Rockne[53] était l'un des plus grands entraîneurs du monde.

Ma théorie sur l'importance de l'influence des associations d'affaires, tant sur le plan de l'échec que sur celui de la réussite, a été amplement démontrée lorsque mon fils Blair négociait un emploi avec Dan Halpin. M. Halpin lui offrit un salaire de base d'à peu près la moitié de ce qu'il aurait pu obtenir d'une société concurrente. Je le pressai d'accepter la proposition de M. Halpin parce que je crois qu'être étroitement lié à une personne qui refuse de transiger avec des circonstances qu'il n'aime pas est un atout d'une valeur incommensurable.

Commencer au bas de l'échelle n'est pas particulièrement agréable ni intéressant. C'est pourquoi j'ai pris le temps de décrire comment ces situations peuvent être court-circuitées par une planification adéquate. Et c'est pourquoi j'ai consacré tant d'espace à l'histoire de cette femme qui finit par créer une nouvelle entreprise grâce au travail de planification qu'elle effectua pour que son fils puisse trouver un emploi qui lui convenait[54].

Certains trouveront peut-être dans le genre d'idées que nous abordons ici brièvement la graine qui les rapprochera de leur désir de richesse! Des fortunes colossales ont été bâties à partir de simples idées aux États-Unis. L'idée d'offrir de la marchandise à bas prix, qui était si simple qu'elle apparaissait même simpliste, fit la fortune de la chaîne de magasins Woolworth et de son propriétaire[55].

Les bonnes idées n'ont pas de prix!

Derrière toute bonne idée, il y a des connaissances spécialisées. Malheureusement pour les détenteurs d'un tel ensemble de connaissances, le savoir spécialisé est moins rare et s'acquiert plus facilement que les idées. L'imagination, qui se présente sous forme de plans organisés, est le pont qui relie le savoir spécialisé aux idées.

Si vous avez de l'imagination, les exemples donnés dans ce chapitre pourront peut-être vous inciter à trouver l'idée qui servira d'assise à la fortune que vous désirez. Souvenez-vous, c'est l'idée qui compte. Le savoir spécialisé se trouve partout à portée de main, tandis que l'imagination est le catalyseur qui unit une bonne idée avec le savoir requis pour transformer le tout en une réussite.

■■■

La plupart des gens souhaitent s'enrichir, mais rares sont ceux qui savent qu'un plan bien défini jumelé à un désir brûlant de devenir riche constitue la voie royale pour y arriver.

■■■

Les seules limites sont celles que nous nous imposons nous-mêmes.

■■■

Chapitre 5 L'imagination

L'atelier de l'esprit

Cinquième étape vers la richesse

L'imagination est véritablement l'atelier où se développent tous les plans de l'homme. Le désir est formé, sculpté, alimenté par les facultés imaginatives de l'esprit.

On dit volontiers que l'homme peut créer tout ce que son imagination lui suggère.

De toutes les époques de l'histoire, celle dans laquelle nous vivons est la plus propice au développement de l'imagination à cause des changements rapides et des stimuli incessants qui la caractérisent.

Ainsi, au cours des 50 dernières années, l'homme a-t-il découvert et maîtrisé plus de forces naturelles que pendant toute l'histoire de l'humanité. Nous avons conquis le ciel d'une façon telle que nous n'avons plus rien à envier aux oiseaux en matière de vol. Nous nous sommes rendus maîtres du spectre électromagnétique, rendant ainsi possible la communication instantanée partout dans le monde. Nous avons mesuré la distance qui nous sépare du Soleil et, avec l'aide de l'imagination, avons déterminé ses composantes. Nous avons découvert que notre cerveau est à la fois un émetteur et un récepteur « d'idées sous forme de vibrations », bien que nous en soyons encore aux balbutiements dans notre utilisation pratique de cette découverte. Nous nous déplaçons à une vitesse telle que nous pouvons déjeuner à New York et dîner à San Francisco.

Nos seules limites, dans le cadre du raisonnable, résident dans le développement et l'usage de notre imagination. Nous n'avons toujours pas atteint le summum de notre développement de notre « faculté imaginative ». Nous venons tout juste de découvrir son existence et commençons à peine à en exploiter ses diverses facettes.

Deux formes d'imagination

L'imagination revêt deux formes : l'imagination synthétique et l'imagination créative.

L'imagination synthétique nous permet de recomposer en de nouvelles combinaisons les vieux concepts, les vieilles idées et les vieux plans. Elle ne crée pas. Elle s'appuie sur l'expérience, l'instruction et l'observation. C'est à elle que fait le plus souvent appel l'inventeur – à l'exception du génie qui s'appuie sur l'imagination créative lorsqu'il ne parvient pas à trouver la solution avec sa seule imagination synthétique.

Grâce à l'imagination créatrice, l'esprit de l'homme communique directement avec l'Intelligence infinie. Nous lui devons nos « inspirations », nos idées neuves et c'est par son intermédiaire que nous communiquons avec le subconscient d'autrui[56].

Nous décrirons dans les pages suivantes comment travaille l'imagination créatrice. Elle ne fonctionne que lorsque le conscient travaille très rapidement, par exemple lorsqu'il est stimulé par l'émotion d'un *désir ardent*. Plus cette faculté est utilisée, plus elle reste vive. Cet énoncé est d'une importance capitale ! Prenez quelques instants pour y réfléchir avant de poursuivre votre lecture.

N'oubliez pas que les principes grâce auxquels nous pouvons transformer le désir en richesse ne se réduisent pas qu'à une simple petite phrase. La compréhension sera complète lorsque la personne aura maîtrisé, assimilé et commencé à se servir de *tous* les principes expliqués dans ce livre.

Les grands hommes (de l'industrie, des affaires, de la finance et des arts) sont devenus célèbres parce qu'ils ont mis à contribution leur imagination créatrice.

Les deux formes d'imagination se développent à l'usage, comme n'importe quel muscle se développe sous l'effet d'une gymnastique appropriée.

Le désir n'est qu'une pensée, une impulsion. Il est nébuleux et éphémère, abstrait et sans valeur jusqu'à ce qu'il soit transformé en son équivalent physique. Bien que l'imagination synthétique soit celle que l'on utilise le plus couramment dans la concrétisation du désir, il ne faut pas oublier que très souvent les circonstances et la situation exigent que l'on se serve de l'imagination créatrice.

Dans l'inaction, l'imagination s'appauvrit. En la faisant travailler, on la rend plus vive et on la développe. Elle ne meurt jamais, mais peut rester en veilleuse chez celui qui ne s'en sert pas.

En premier, occupons-nous de l'imagination synthétique et de son développement puisque c'est celle que vous utiliserez le plus souvent en concrétisant votre désir en argent. Cette transformation requiert un ou plusieurs plans qui doivent être développés à l'aide de cette imagination.

Lisez tout le livre, puis revenez à ce chapitre et commencez immédiatement à faire travailler votre imagination afin qu'elle vous élabore *un* ou *plusieurs plans* qui transformeront votre désir en argent comptant. Dans presque tous les chapitres, vous relèverez des instructions qui vous permettront de concevoir des plans. Suivez celles qui conviennent le mieux à vos besoins et, si ce n'est déjà fait, résumez votre plan par écrit.

Ainsi, vous donnerez une forme concrète à votre désir intangible. Relisez la phrase précédente à haute voix, très lentement, et souvenez-vous qu'en exprimant par écrit votre désir vous avez fait le premier pas vers une série d'étapes qui vous aideront à convertir la pensée en sa contrepartie matérielle.

Notre monde actuel et les êtres qui le peuplent sont le résultat d'une lente évolution au cours de laquelle des particules microscopiques de matière se sont groupées dans un ordre parfait.

En outre, et cela est d'une importance primordiale, cette terre, les cellules qui composent notre corps et chaque atome de matière *ne furent au début qu'une forme intangible d'énergie.*

Le désir est un élan de la pensée! Les élans de la pensée sont des *formes d'énergie.* Déjà avec votre désir, vous commencez à accumuler de l'argent, vous utilisez alors le même processus que la nature a utilisé en créant chaque forme matérielle de l'univers, y compris le corps et le cerveau où naissent ces pensées.

Selon la science, l'univers entier est formé de deux éléments: la matière et l'énergie.

En se combinant, la matière et l'énergie produisent tout ce que nous percevons à l'aide de nos sens, de la plus lointaine étoile qui flotte dans la nuit jusqu'à nous-mêmes.

Vous avez la tâche de mettre à profit la méthode de la nature. Vous essayez (de façon sincère et fervente, nous l'espérons) de vous adapter aux lois de la nature afin de convertir le désir en son équivalent matériel ou financier. Vous pouvez y arriver, d'autres l'ont fait avant vous!

Vous pouvez amasser une fortune à l'aide de lois immuables. Mais il faut d'abord apprendre à les connaître et à les utiliser. Par la répétition et la description de certains principes, j'espère vous révéler le secret des grandes fortunes.

Aussi étrange et paradoxal que cela puisse paraître, ce secret n'en est pas un: les mille et une merveilles de la nature l'affichent, sur les étoiles, les planètes, les éléments qui nous entourent, chaque brin d'herbe et toute forme de vie perceptible.

La nature révèle ce secret par l'entremise de la biologie, dans la conversion d'une minuscule cellule, si petite qu'elle est invisible sur la pointe d'une aiguille, en un être humain, celui-là même qui est en train de lire cette phrase. La conversion du désir en son équivalent physique n'est certainement pas moins miraculeuse!

Ne vous découragez pas si vous ne saisissez pas tout ce que nous avons avancé jusqu'ici. À moins que vous ne soyez déjà un érudit de l'âme, nous ne nous attendons pas à ce que vous assimiliez immédiatement le contenu de ce chapitre après une seule lecture.

Mais avec le temps, vous ferez de grands progrès.

Les paragraphes suivants vous aideront à comprendre comment fonctionne l'imagination. Même si vous n'en saisissez pas tout de suite l'essence, ne cessez cependant pas de vous en imprégner en lisant ce livre au moins trois fois. Alors, parvenu à ce point de votre étude, vous ne voudrez plus arrêter.

Comment user d'imagination

À la source de toute fortune, il y a une idée. C'est un produit de l'imagination. Dans l'espoir qu'à votre tour vous en tirerez profit, voici quelques idées qui furent à l'origine d'immenses fortunes.

La bouilloire magique

Il y a une cinquantaine d'années, un vieux médecin de campagne se rendit à la ville. Il attacha son cheval devant la pharmacie et y entra par la porte de derrière, silencieusement; à voix basse, il parla ensuite au jeune employé.

La transaction qu'il s'apprêtait à conclure fera la fortune de beaucoup de gens et deviendra la plus grande source de profits pour les États du Sud depuis la guerre civile.

Pendant plus d'une heure, ils discutèrent derrière le comptoir, puis le docteur sortit, se dirigea vers sa carriole, en retira une grande bouilloire démodée, un long morceau de bois destiné à en remuer le contenu et remit tout cela à l'employé.

Ce dernier examina la bouilloire, la renifla, tira de sa poche intérieure un rouleau de billets de banque, soit toutes ses économies, et le tendit au vieil homme. Il y avait 500 dollars.

Le médecin lui remit aussi une petite feuille de papier sur laquelle était inscrite une formule secrète. Ni l'un ni l'autre ne pouvaient se douter que des fortunes fabuleuses allaient sortir de cette vieille bouilloire.

Le médecin était enchanté de sa vente. L'employé prenait un gros risque en décidant de jouer ainsi toutes ses économies. Jamais il n'aurait pu supposer que son investissement lui vaudrait des ruissellements d'or et que la bouilloire se transformerait en une lampe merveilleuse d'Aladin!

Ce que le jeune homme avait en fait acheté, c'était une idée!

La bouilloire, le morceau de bois et le message secret n'étaient qu'accessoires. Ce ne fut que plus tard, quand le nouveau propriétaire eut l'idée d'ajouter un nouvel ingrédient, que l'ensemble prit toute sa valeur.

Lisez cette histoire avec attention et mettez votre imagination au travail! Essayez de découvrir quel est cet ingrédient qui fit déborder l'or de la bouilloire et voyons ensemble les fortunes immenses que cette idée engendra.

Métamorphosée, la vieille bouilloire est actuellement l'une des plus grandes consommatrices de sucre, fournissant ainsi à des milliers d'hommes et de femmes du travail dans la culture de la canne à sucre, les raffineries et le marché du sucre.

Elle remplit annuellement des millions de bouteilles, procurant ainsi du travail aux verriers.

Elle utilise dans le monde entier une armée d'employés, de secrétaires, de rédacteurs et de publicistes. Elle a valu renommée et fortune aux artistes qui ont créé ses affiches.

Elle a transformé une petite ville du Sud en une grande cité où toutes les affaires sont reliées à elle et où pratiquement tous les habitants en vivent.

L'influence de cette idée s'étend maintenant à tous les pays du monde, qu'elle ne cesse d'enrichir.

L'or qui provient de cette bouilloire a permis de construire et de financer l'une des facultés les plus importantes du Sud où des milliers de jeunes gens reçoivent l'enseignement qui les prépare au succès.

Et ce n'est pas tout. Tout au long de la grande dépression, lorsque les manufactures, les banques et les commerces fermaient les uns après les autres, le propriétaire de cette bouilloire enchantée poursuivit ses opérations, assurant ainsi l'emploi d'une armée de femmes et d'hommes partout dans le monde, tout en offrant de l'or à ceux qui avaient, depuis longtemps, *fait confiance à cette idée.*

Si le contenu de cette vieille bouilloire en cuivre pouvait parler, il conterait des histoires passionnantes dans toutes les langues. Des histoires d'amour, des histoires d'affaires d'hommes et de femmes qui ont fait de cette boisson une habitude de vie.

Je connais au moins une de ces histoires puisque je suis concerné. Tout a commencé non loin de l'endroit où le pharmacien acheta la vieille bouilloire. C'est là que j'ai rencontré ma femme et c'est elle qui m'a raconté l'histoire de la bouilloire enchantée. Nous étions d'ailleurs en train de boire cet élixir lorsque je lui ai demandé de m'épouser[57].

Qui que vous soyez, où que vous viviez, quoi que vous fassiez, souvenez-vous dorénavant, chaque fois que vous verrez le mot « Coca-Cola », que ce vaste et riche empire est né d'une seule idée et que le mystérieux ingrédient que l'employé, Asa Candler, ajouta à la formule secrète était l'imagination[58] !

Arrêtez votre lecture et réfléchissez-y un instant.

Rappelez-vous ceci : *les 13 étapes vers la richesse* décrites dans ce livre constituent les moyens qui conduisent au succès. Ces mêmes moyens permirent à Coca-Cola d'affirmer sa popularité dans les villages et les villes du monde entier. Or, sachez que n'importe laquelle de vos IDÉES, si elle est *valable et percutante*, peut vous rendre aussi riche que le fabricant de cette boisson mondialement rafraîchissante.

Les idées sont vraiment des choses et leur champ d'application est le monde lui-même.

Que ferais-je avec un million de dollars?

L'histoire suivante démontre la véracité du vieil adage qui dit que: « Lorsqu'on veut, on peut. » Cette dernière m'a été racontée par ce cher pasteur Frank W. Gunsaulus, aujourd'hui décédé, qui débuta à Chicago dans sa carrière de prédicateur.

Professeur à l'université, il se rendit compte des nombreuses lacunes de notre système d'enseignement, lacunes qu'il pensait combler en devenant recteur d'une faculté. Son plus cher désir était de devenir recteur afin de préparer les jeunes hommes et les jeunes femmes au monde du travail.

Il décida que la meilleure façon d'atteindre son but était de créer une université où il ne serait pas gêné par les méthodes traditionnelles.

Pour mener à bien son projet, il lui fallait un million de dollars! Où les trouver? Cette question hantait l'esprit du jeune prédicateur qui ne pouvait y répondre.

Il s'endormait et se réveillait avec elle. Elle le suivait partout où il allait.

Il la tourna et la retourna dans sa tête jusqu'à ce qu'elle devînt une *obsession dévorante*. Un million de dollars, c'est beaucoup d'argent. Il le reconnaissait volontiers tout en sachant que *nos seules limites sont celles que l'on s'impose*.

Philosophe en même temps que prédicateur, le docteur Gunsaulus savait qu'un but bien défini est le point de départ de toute chose. Il savait aussi qu'un but précis s'anime, prend vie et vigueur lorsqu'il est assorti d'un brûlant désir de traduire ce but en son équivalent matériel.

Il connaissait toutes ces grandes vérités, mais il ne voyait pas du tout comment il pourrait se procurer un million de dollars. L'issue la plus classique aurait été l'abandon. Il aurait pu dire: « Mon idée est bonne, mais je ne peux rien en faire, car jamais je ne trouverai le million qu'il me faut. » C'est ainsi qu'auraient agi la plupart des gens. Ce qu'il dit et ce qu'il fit sont deux choses si importantes que je lui laisse le soin de les rapporter:

« Un samedi après-midi, j'étais assis dans ma chambre, réfléchissant une fois de plus au moyen d'obtenir l'argent dont j'avais besoin. J'y réfléchissais depuis deux ans, mais jusqu'ici *c'est tout ce que j'avais pu faire*!

Je devais passer à l'action!

Je décidai d'avoir ce million d'ici une semaine. Comment ? Je ne le savais pas. L'important était d'avoir pris cette *décision* et fixé un délai ; et dès que je l'eus fait, je fus envahi par un nouveau et délicieux sentiment de confiance. Quelque chose en moi semblait me dire : « Pourquoi n'as-tu pas pris cette décision plus tôt ? L'argent était là, il t'attendait. »

Les événements se précipitèrent. J'avertis les journaux que je prêcherais le lendemain matin sur le thème suivant : « Ce que je ferais si j'avais un million de dollars. »

Je me mis immédiatement à travailler mon sermon, mais je dois vous avouer que la tâche fut facile, car en deux ans j'avais eu largement le temps de m'y préparer !

Bien avant minuit, je me couchai et m'endormis, confiant en l'avenir, car *je me voyais déjà en possession du million.*

Le lendemain matin, je me levai tôt, relus mon sermon, puis m'agenouillai et demandai à Dieu d'être entendu par quelqu'un qui serait en mesure de me donner cet argent.

Tandis que je priais, je sentis à nouveau la confiance m'envahir. Dans mon euphorie, je partis en oubliant mes notes et ne m'en rendis compte qu'en chaire au moment même où j'allais commencer à parler.

Il était trop tard pour que je retourne les chercher et finalement ce fut beaucoup mieux ainsi ; mon subconscient me tint lieu d'aide-mémoire ! Je fermai les yeux et parlai de tout mon cœur et de toute mon âme. Je crois pouvoir dire que je m'adressai autant à Dieu qu'à mon auditoire. J'exposai ce que je ferais d'un million de dollars. Je décrivis le plan que j'avais imaginé pour organiser un grand centre d'enseignement où les jeunes développeraient à la fois leur sens pratique et leur esprit.

Ayant terminé, je m'assis et vis alors un homme, au troisième rang, se lever lentement et se diriger vers la chaire. Il gravit les escaliers, me tendit la main et me dit : « Mon révérend, j'ai aimé votre sermon, je crois en vous et en votre idée. Pour vous le prouver, si vous venez demain matin à mon bureau, je vous donnerai ce million. Je m'appelle Phillip D. Armour[59]. »

Le jeune Gunsaulus se rendit au bureau de M. Armour et reçut l'argent avec lequel il fonda l'Armour Institute of Technology.

C'est plus d'argent que la majorité des pasteurs verront probablement au cours de toute leur vie, et pourtant cette idée de l'argent ne mit qu'une minute à s'implanter dans la tête du jeune pasteur.

Le million de dollars découle d'une simple idée. Derrière cette idée, un désir que le jeune Gunsaulus avait entretenu dans son esprit depuis presque deux ans.

Notez bien ceci: il entra en possession de l'argent dans les 36 heures qui suivirent sa décision et l'élaboration de son plan précis pour y arriver.

Penser vaguement à un million et espérer mollement qu'on l'obtiendra un jour n'a rien d'original, d'autres le firent avant et après F. W. Gunsaulus. Ce qui sort de l'ordinaire, c'est la ferme décision qu'il prit, ce fameux samedi, d'avoir son argent d'ici huit jours.

Dieu semble toujours se ranger derrière les gens qui savent exactement ce qu'ils veulent.

De plus, le principe qui permit au docteur Gunsaulus d'acquérir son million est toujours valable et il est à votre portée! La loi universelle est toujours aussi efficace qu'à l'époque où le jeune prédicateur l'utilisa avec tant de bonheur. Ce livre décrit, étape par étape, les 13 éléments de cette grande loi et montre comment la mettre en pratique[60].

Asa Candler et le docteur Frank Gunsaulus avaient quelque chose en commun: ils savaient que les idées peuvent se transformer en argent grâce au pouvoir qui découle d'un but et de plans précis.

Si vous êtes de ceux qui croient que seuls un dur labeur et une honnêteté foncière mènent à la richesse, détrompez-vous, il n'en est rien! Les grosses fortunes ne viennent jamais uniquement à la suite d'un dur labeur. Elles viennent en réponse à des demandes précises, basées sur l'application de lois et non par chance ou par hasard.

En général, une idée est un élan de la pensée qui incite à l'action par l'entremise de l'imagination. Tous les vendeurs passés maîtres dans leur profession savent qu'une idée peut se vendre là où on ne peut vendre des marchandises. Les mauvais vendeurs l'ignorent, c'est pourquoi ils resteront de mauvais vendeurs!

Un éditeur de livres bon marché fit une découverte valable pour l'ensemble de sa profession. Il se rendit compte que beaucoup de gens achètent un livre pour son titre et non pour son contenu. En changeant uniquement le titre d'un livre qui ne se vendait pas, il en écoula plus d'un million d'exemplaires!

Aussi simple que cela puisse paraître, voilà une bonne idée! Une idée jaillie de l'imagination.

Pour les idées, il n'existe pas de prix standard. Le créateur d'idées fait son prix et s'il sait s'y prendre, il gagnera beaucoup d'argent.

L'industrie du cinéma créa une nouvelle vague de millionnaires. La plupart d'entre eux étaient des individus qui n'étaient pas des créateurs d'idées, mais ils avaient la capacité de reconnaître une bonne idée lorsqu'ils la voyaient[61].

L'histoire de presque toutes les grosses fortunes a commencé le jour où un créateur d'idées et un vendeur d'idées se sont rencontrés et ont travaillé de concert. Carnegie s'entourait d'hommes chargés d'accomplir ce qui lui échappait, d'hommes qui forgeaient des idées et les réalisaient, échafaudant ainsi sa fortune et celle de ses collaborateurs.

Des millions de gens attendent toute leur vie un « coup de chance », une occasion. Or, il est plus sûr de ne pas dépendre de la chance. Bien que ce soit à cette dernière que je doive l'événement le plus important de ma vie, ma rencontre avec Andrew Carnegie, il me fallut malgré tout 25 ans d'*efforts incessants* pour faire de cet événement un atout.

Ma bonne fortune a été de rencontrer et de gagner la confiance d'Andrew Carnegie. À cette occasion, il a instillé dans mon esprit l'idée d'ordonner les principes de l'accomplissement en une philosophie du succès. Des milliers de gens ont profité des découvertes accumulées durant 25 ans de recherches et bon nombre de fortunes ont été amassées grâce à l'application de cette philosophie. Tout a commencé par une simple idée que n'importe qui aurait pu développer.

Andrew Carnegie a été ma chance, mais qu'en est-il de la détermination, de la justesse du but, du désir d'atteindre ce but et de l'effort constant durant ces 25 années ? Un simple désir aurait-il résisté à 25 ans de déception, de découragement, de défaites temporaires, de critiques et à l'impression constante de « perdre mon temps » ? Mon désir de constituer une philosophie du succès était un désir ardent, une obsession !

À peine cette idée était-elle née en moi que je la cajolai, la berçai et la flattai *pour qu'elle demeure en vie*. Peu à peu, elle devint un géant puissant qui me cajola, me berça et me mena par le bout du nez. Les idées sont ainsi. Vous les faites vivre, agir, vous les guidez jusqu'à ce qu'elles deviennent puissantes et balaient toute opposition.

Les idées sont des forces intangibles, mais elles ont plus de pouvoir que le cerveau qui leur donna naissance. Elles ont le pouvoir de lui survivre. Prenez l'exemple du christianisme qui se base sur cette idée bien simple : « Ne fais pas aux autres ce que tu ne veux pas que l'on te fasse. » Le Christ est retourné depuis longtemps vers son Créateur, mais son idée continue de faire son chemin. Un jour viendra où elle prendra toute sa dimension et exaucera le désir le plus profond du Christ.

■■■

Les grosses fortunes ne viennent jamais uniquement à la suite d'un dur labeur. Elles viennent en réponse à des demandes précises, basées sur l'application de lois et non par chance ou par hasard.

■■■

Le succès ne s'explique pas, l'échec ne s'excuse pas.

■■■

Chapitre 6 L'élaboration de plans

La cristallisation du désir en action
Sixième étape vers la richesse

Vous savez maintenant que le désir est à l'origine de tout ce que l'homme crée ou acquiert, que la première phase de ce désir, passant de l'*abstrait* au *concret*, se déroule dans l'atelier de l'imagination où des plans nécessaires à cette transformation sont élaborés et organisés.

Dans le premier chapitre, on vous a dit que pour transformer votre désir de richesse en son équivalent matériel, vous devez en tout premier lieu mettre en pratique six instructions précises et faciles à suivre. L'une d'elles incite à construire en imagination un ou plusieurs plans, à les cerner minutieusement, toujours en esprit, afin de déclencher le processus de leur transformation.

Apprenez maintenant à élaborer ces plans :

a) Réunissez toutes les personnes qui seront nécessaires à la création et au développement de votre ou de vos plans pour devenir riche. Vous mettrez ainsi en application le principe du « cerveau collectif » décrit au chapitre 9. (Il est *absolument essentiel* que cette instruction soit *respectée.*)

b) Avant de constituer votre « cerveau collectif », décidez des avantages et des bénéfices que *vous* pourrez offrir à chacun des membres en échange de leur coopération.

Personne ne travaillera indéfiniment pour vous sans en retirer une compensation. Aucune personne sensée ne demandera ni n'attendra qu'une autre travaille pour elle sans compensation, qu'elle soit d'ordre financier ou non.

c) Jusqu'à ce que vous ayez parfaitement mis au point le ou les plans nécessaires, organisez des réunions avec les membres de votre « cerveau collectif » au moins deux fois par semaine et plus souvent si possible.

d) Maintenez une entente parfaite entre chaque membre de votre « cerveau collectif ». Si vous ne le faites pas, vous irez au-devant d'un échec. Le principe du cerveau collectif ne peut être atteint sans une entente parfaite.

N'oubliez pas que :

1. Vous êtes engagé dans une entreprise qui revêt pour votre avenir une importance capitale. Si vous voulez réussir, il vous faut des plans parfaits.
2. Vous avez un atout : l'expérience, l'instruction, les talents et l'imagination des autres. Profitez-en à l'instar de tous ceux qui ont réussi.

Aucun être humain n'a assez d'expérience, d'instruction, de talents personnels pour faire fortune sans l'aide des autres. Tout plan d'enrichissement devrait être à la fois votre création et celle de votre « cerveau collectif ». Vous pouvez créer vos plans, entièrement ou en partie, mais il faut qu'ils soient approuvés par les membres de votre « cerveau collectif ».

Si le premier plan que vous adoptez échoue, imaginez-en un deuxième ; si celui-ci ne réussit pas mieux, élaborez-en encore un et ainsi de suite jusqu'à ce que vous trouviez celui qui convient. C'est ici que la plupart des gens se découragent et échouent à cause de leur manque de persévérance à créer de nouveaux plans.

Le plus intelligent des hommes échouera dans toutes ses entreprises s'il ne trace pas des plans précis et facilement réalisables. N'oubliez pas, si votre plan échoue, qu'une défaite temporaire n'est pas un échec permanent. Elle signifie seulement que votre plan était mal conçu. Recommencez autant de fois qu'il le faudra.

Thomas A. Edison « échoua » 10 000 fois avant d'inventer l'ampoule électrique à incandescence – c'est-à-dire qu'il a rencontré l'échec temporaire 10 000 fois avant que ses efforts ne soient récompensés par le succès.

L'échec temporaire ne doit signifier qu'une seule chose : que votre plan est inadéquat. Des millions de gens vivent toute leur vie dans la misère et la pauvreté parce qu'ils n'ont pas su élaborer un plan valable pour amasser une fortune.

Henry Ford fit fortune non pas à cause de son intelligence supérieure, mais parce qu'il a adopté et suivi un plan qui s'est avéré sensé. Nous pourrions sélectionner mille individus, tous plus instruits que Henry Ford, mais qui vivent dans la pauvreté parce qu'ils ne possèdent pas le bon plan pour accumuler de l'argent.

La valeur de vos réalisations ne peut outrepasser la justesse de vos plans. Cette déclaration peut sembler axiomatique, mais elle est véridique. Rien n'est jamais perdu pour celui qui refuse d'abandonner.

Nous allons répéter cette vérité à plusieurs reprises parce qu'il est si facile de déclarer forfait au premier signe de défaite.

James J. Hill subit un échec temporaire la première fois qu'il tenta de réunir le capital nécessaire à la construction d'une ligne de chemin de fer entre l'Est et l'Ouest, mais *en établissant d'autres plans* il transforma sa défaite en victoire.

Henry Ford essuya un échec alors qu'il était au faîte de sa carrière. Il créa de nouveaux plans et poursuivit sa marche victorieuse vers la fortune.

Des hommes riches, nous ne connaissons souvent que leurs triomphes et nous ignorons les défaites passagères qu'ils durent surmonter.

Personne ne peut prétendre faire fortune sans rencontrer l'échec sur sa route. Lorsque vous en subirez un, acceptez-le comme l'indice d'un plan faible : refaites ce dernier et repartez à la conquête du but convoité. Si vous abandonnez la partie avant d'avoir atteint ce but, vous êtes un « lâcheur ». Un lâcheur ne gagne jamais et un vainqueur n'abandonne jamais. Écrivez cette phrase en lettres majuscules sur une feuille blanche que vous mettrez chez vous bien en évidence.

Lorsque vous choisirez les membres de votre « cerveau collectif », jetez votre dévolu sur ceux qui ne se laissent pas abattre.

On entend dire assez souvent que seul l'argent appelle l'argent. C'est faux ! L'argent s'obtient par l'intermédiaire de cet argent qu'est le désir changé en son équivalent palpable. L'argent en soi est un objet inerte. Il ne peut bouger, penser, parler, mais il peut «entendre» l'appel de l'homme qui le désire et y répondre!

Vous pouvez vendre vos services et vos idées

Nous consacrerons le reste de ce chapitre à décrire les moyens de commercialiser les services personnels. L'information fournie sera d'une aide pratique pour tous ceux qui doivent vendre des services personnels et tout aussi précieuse pour ceux qui aspirent à devenir des chefs de file dans leurs professions respectives.

Pour réussir, il est indispensable de dresser des plans intelligents. Ceux qui doivent amasser leur fortune en monnayant leurs propres services trouveront ici des instructions détaillées.

À la base de toute fortune importante, il y a le salaire que son détenteur a touché en échange de ses services et de ses idées. D'ailleurs, que peut-on vendre d'autre?

Il y a dans le monde deux types d'individus: ceux qui dirigent et ceux qui sont dirigés.

À vous de choisir à laquelle de ces deux catégories vous désirez appartenir. La différence de rémunération est très grande. Celui qui est dirigé ne peut raisonnablement espérer obtenir autant que celui qui dirige, mais très souvent il commet l'erreur de le croire.

Il n'y a aucun déshonneur à faire partie de la seconde catégorie. Mais on ne gagne rien à y rester. La plupart des grands dirigeants ont d'abord été ceux qui obéissent; ils devinrent des chefs parce qu'ils étaient d'intelligents subordonnés. À part quelques exceptions, l'homme qui est incapable d'obéir intelligemment à son chef ne sera jamais un bon dirigeant. Celui qui est capable d'obéir à son chef avec grande efficacité a les qualités pour devenir lui-même un bon dirigeant. Un subordonné intelligent a beaucoup d'avantages, dont celui de tirer un enseignement de la conduite de son chef.

Les 11 secrets qui font un bon dirigeant

1. LE COURAGE À TOUTE ÉPREUVE. Aucun subordonné ne désire être dirigé par un chef qui manque de confiance en soi et de courage. Aucun subordonné intelligent ne sera dominé longtemps par un tel dirigeant.
2. LA MAÎTRISE DE SOI. Celui qui n'est pas capable de se maîtriser ne pourra jamais maîtriser les autres. La maîtrise de soi est un puissant exemple que le plus intelligent des subordonnés voudra retenir.
3. UN SENS AIGU DE LA JUSTICE. S'il n'a pas un sens aigu de la justice et de l'équité, un dirigeant ne pourra commander longtemps ni conserver le respect de ceux qu'il dirige.
4. LA SÛRETÉ DANS LA DÉCISION. Celui qui hésite à prendre une décision montre qu'il n'est pas sûr de lui et ne peut donc diriger les autres avec succès.
5. LA PRÉCISION DES PLANS. Le bon dirigeant doit planifier son travail et travailler son plan. Un patron qui agit à l'aveuglette, sans plan précis et facile à exécuter, est semblable à un bateau sans gouvernail. Tôt ou tard, il s'échouera.
6. L'HABITUDE D'EN FAIRE PLUS QUE LES AUTRES. Un bon dirigeant désire toujours en faire plus qu'il n'en demande à ses subordonnés.
7. UNE PERSONNALITÉ IRRÉPROCHABLE. La fonction de dirigeant exige le respect. Les subordonnés ne respecteront pas celui dont la personnalité n'est pas irréprochable.
8. LA SYMPATHIE ET LA COMPRÉHENSION. Le bon dirigeant doit éprouver de la sympathie pour ceux qu'il dirige et essayer de comprendre leurs problèmes.
9. LE RESPECT DU DÉTAIL. Pour réussir, un bon dirigeant ne devra négliger aucun des détails inhérents à sa charge.
10. LA VOLONTÉ D'ASSUMER TOUTE LA RESPONSABILITÉ. Un dirigeant est responsable des erreurs et des fautes de ses subordonnés. S'il essaie d'esquiver cette responsabilité, il ne restera pas longtemps en place. Si un subordonné commet une erreur et se montre incompétent, son patron doit se considérer lui-même comme fautif.
11. LA COOPÉRATION. Un patron, pour réussir, doit comprendre et appliquer le principe de l'effort en commun, être capable d'obtenir de ses subordonnés qu'ils fassent de même. La direction appelle le pouvoir, et le pouvoir demande la coopération.

Il y a deux façons de diriger : la première, et de loin la plus efficace, s'exerce avec le consentement et la sympathie des dirigés ; la seconde est imposée par la force, sans consentement ni sympathie.

À maintes reprises, l'histoire a prouvé que la dictature est éphémère.

La chute et la disparition des dictateurs et des rois signifient que le peuple n'accepte pas indéfiniment un pouvoir abusif.

Le monde vient d'entamer une nouvelle ère où les relations entre dirigeants et dirigés sont redéfinies, ce qui exige à la fois de nouveaux dirigeants et une nouvelle forme de direction commerciale et industrielle. Ceux qui appartiennent à la vieille école de la gouvernance par la force doivent acquérir une compréhension de la nouvelle forme de direction (coopération) ou se voir reléguer au rang des dirigés. Ils n'auront pas le choix.

La relation entre employeur et employé, ou celle entre dirigeant et dirigé, en sera une de coopération mutuelle, basée sur un partage équitable des profits de l'entreprise. Dans un futur rapproché, la relation entre employeur et employé tiendra plus de l'association que par le passé. Napoléon, Guillaume II d'Allemagne, Le tsar de Russie et le roi d'Espagne sont tous des exemples de gouvernance par la force[62]. Leur règne a connu une fin souvent abrupte. Sans trop de difficultés, nous pouvons montrer du doigt les dirigeants d'affaires, financiers et syndicaux dont la gouvernance s'apparente à celles de ces ex-dirigeants et qui ont été détrônés ou évincés. La gouvernance par consensus (des dirigés) est le seul type d'alliance qui peut résister au temps !

Les gens peuvent se rallier à une gouvernance forcée durant un certain temps, mais s'ils le font, ce n'est jamais de gaieté de cœur.

Le nouveau type de gouvernance décrit dans ce chapitre englobe, entre autres, les 11 secrets qui font un bon dirigeant. Le dirigeant qui s'en inspire trouvera plusieurs occasions d'exercer son pouvoir dans n'importe quel domaine de la vie. Les temps difficiles que nous venons de vivre doivent leur prolongation en grande partie au manque de dirigeants de la nouvelle mouture. Aujourd'hui, la demande pour des dirigeants qui sont aptes à appliquer les nouvelles méthodes de gouvernance dépasse largement l'offre. Certains tenants de l'ancienne école se réformeront et s'adapteront au nouveau type de gouvernance, mais en général, le monde devra trouver de nouveaux dirigeants.

Ce qui est peut-être, pour vous, une chance à saisir !

Les 10 principales causes d'échec des dirigeants

Il est aussi utile de savoir ce qu'il ne faut pas faire que ce qu'il faut faire. Voyons les erreurs fondamentales qui mènent les dirigeants à l'échec.

1. *La négligence des détails.* Un dirigeant efficace doit savoir organiser et maîtriser les fonctions inhérentes à sa charge. Pour pouvoir modifier ses plans ou accorder toute son attention à quelque événement urgent, il ne doit pas être « trop occupé ». Il doit prendre l'habitude de se décharger de tous les détails sur des collaborateurs efficaces[63].
2. *Le refus de rendre d'humbles services.* Le bon dirigeant doit accepter, si les circonstances l'exigent, d'exécuter n'importe quelle sorte de travail qu'en temps normal il demanderait à d'autres. « Les plus grands d'entre vous seront les serviteurs de tous » est une vérité que tous les dirigeants compétents observent et respectent.
3. *L'erreur de vouloir être payé pour ce que l'on sait et non pour ce que l'on fait.* On ne paie pas les gens pour ce qu'ils savent, mais pour ce qu'ils font ou font faire aux autres.
4. *La peur d'être concurrencé par ses subordonnés.* Le dirigeant qui craint qu'un de ses subordonnés ne prenne sa place est pratiquement sûr de voir son appréhension se justifier tôt ou tard. Le bon patron forme des collaborateurs capables de le seconder efficacement. C'est seulement ainsi qu'il peut remplir avec succès les nombreux devoirs de sa charge. Il est de notoriété publique que les gens reçoivent plus d'argent pour leur aptitude à faire exécuter des tâches par les autres.

   Un bon dirigeant peut, grâce à sa connaissance approfondie de son travail et le magnétisme de sa personnalité, accroître l'efficacité de ses subordonnés et les encourager à travailler davantage et mieux qu'ils ne le feraient sans son aide.
5. *Le manque d'imagination.* Sans imagination, un dirigeant est incapable de parer aux tâches urgentes et de créer des plans pour guider efficacement ses subordonnés.
6. *L'égoïsme.* Le dirigeant qui revendique tout l'honneur du travail accompli par ses subordonnés peut être certain qu'on lui en tiendra rigueur. Le dirigeant vraiment digne de ce nom ne revendique aucune louange, il est plutôt heureux de voir ses subordonnés à l'honneur, car il sait que la plupart des gens travaillent avec plus de cœur s'ils peuvent espérer félicitations et avancements[64].

7. *L'intempérance.* Les subordonnés ne respecteront pas un dirigeant intempérant. De plus, l'intempérance, sous toutes ses formes, détruit l'endurance et la vitalité.
8. *La trahison.* Peut-être aurais-je dû mettre cette cause en tête de liste. Le dirigeant qui manque aux devoirs de sa fonction et qui trahit ses associés, ses supérieurs et ses subordonnés, celui-là ne peut se maintenir longtemps au pouvoir. La trahison n'appelle que le mépris. Le manque de loyauté est la cause la plus courante de l'échec.
9. *Mettre l'accent sur l'autorité que confère le pouvoir.* Les dirigeants dignes de ce nom encouragent les membres de leur personnel et n'essaient pas d'instiller de la peur chez ces derniers. Le dirigeant qui abuse de son « autorité » tombe dans la catégorie des dictateurs. Un bon dirigeant se fera respecter par sa compréhension, sa loyauté et la connaissance qu'il montrera de son métier.
10. *Mettre l'accent sur son titre.* Un dirigeant compétent n'a pas besoin de « titre » pour se faire respecter de ses subordonnés. On peut penser de celui qui ne cesse d'afficher son titre qu'il n'a pas d'autre qualité à mettre en avant. Le bureau du vrai dirigeant est toujours ouvert au collaborateur et ce lieu de travail doit être dénué de toute ostentation.

Nous venons de voir les causes d'échec les plus courantes chez les dirigeants. Chacune de ces erreurs de comportement est susceptible de provoquer l'échec. Afin de les éviter, étudiez-les soigneusement si vous briguez un poste de direction.

Dirigeants recherchés

Avant de passer à un autre sujet, examinons quels sont les domaines où un bon dirigeant aura mille occasions de prouver sa valeur.

1. Dans le monde de la politique où le besoin d'hommes politiques est criant. La majorité des politiciens semblent être tous devenus des fricoteurs de haut vol. Ils ont augmenté les taxes et la pression sur l'industrie et sur le commerce au point où les gens d'affaires n'arrivent plus à supporter ce fardeau.
2. Dans le domaine bancaire, qui est en pleine réforme. Les dirigeants dans ce secteur ont presque entièrement perdu la confiance du public. Déjà, les banquiers ont senti qu'ils devaient faire des réformes, ce qu'ils ont effectivement commencé à faire.

3. L'industrie requiert de nouveaux dirigeants. La vieille garde pensait et agissait en fonction des dividendes plutôt que de penser et d'agir selon des critères humains ! Les futurs dirigeants de l'industrie devront, s'ils veulent perdurer, se considérer presque comme des fonctionnaires dont le travail consiste à ne pas pénaliser indûment un individu ou un groupe d'individus. L'exploitation des gens est chose du passé. Il est de la plus haute importance que la personne qui aspire à diriger retienne bien cette leçon.
4. Les dirigeants religieux du futur devront accorder plus d'importance aux besoins temporels de leurs ouailles dans le but de résoudre leurs problèmes financiers et personnels actuels, et mettre moins l'accent sur le passé et sur l'avenir.
5. Dans les professions libérales comme le droit, la médecine et l'éducation, un nouveau type de gouvernance et, par voie de conséquence, une nouvelle catégorie de dirigeants sont nécessaires. C'est particulièrement vrai dans l'enseignement. L'enseignant devra à l'avenir trouver des façons de rendre la matière enseignée plus facilement applicable au monde du travail. L'enseignant doit miser sur la pratique plutôt que sur la théorie.
6. Dans le journalisme, de nouveaux cadres sont également requis. Les journaux du futur devront, pour réussir, ne plus être à la remorque de la publicité, cesser d'être les outils de propagande à la solde de ceux qui achètent leurs pages de publicité. Le type de journal à potins et à scandales connaîtra en fin de compte le même sort que toutes les forces qui sapent l'esprit humain[65].

Ce ne sont que quelques-uns des domaines où le besoin de nouveaux dirigeants et d'un nouveau type de gouvernance se fait sentir. Le monde évolue très rapidement et il faudra bientôt s'adapter à ces changements. Les médias décrits plus avant sont ceux qui sont à la proue des changements de société.

Nous abordons maintenant la question de savoir quand et comment faire une demande d'emploi. Ces énoncés sont le fruit de nombreuses années d'expérience dans ce domaine et grâce à ceux-ci, plusieurs milliers de personnes ont appris à offrir leurs services de façon efficace.

À qui offrir ses services ?

L'expérience a prouvé que les méthodes qui suivent sont les plus directes et les plus efficaces pour amener l'acheteur et le vendeur de services personnels à travailler ensemble.

1. LES BUREAUX PRIVÉS DE PLACEMENT. Il faut avoir soin de ne choisir que des maisons de bonne réputation, qui obtiennent des résultats satisfaisants grâce à leur bonne administration.
2. LES PETITES ANNONCES dans les journaux, les bulletins commerciaux et les revues. L'annonce classique dans les colonnes des petites annonces donne généralement de bons résultats pour ceux qui recherchent un emploi de bureau, entre autres. L'annonce originale doit être placée là où elle attirera l'attention de l'employeur. Elle avantage ceux qui cherchent un poste à responsabilités. Dans tous les cas, elle devra être rédigée par un expert qui sait comment mettre en valeur les qualités des services proposés.
3. LETTRES PERSONNELLES DE DEMANDE D'EMPLOI. On les adresse à des entreprises ou à des personnes susceptibles d'avoir besoin des services que l'on offre. Ces lettres seront toujours *sans fautes et signées à la main*. On y joint un curriculum vitæ. La lettre et le curriculum vitæ auront été préparés par un expert (voir plus loin les instructions à ce sujet).
4. DEMANDE D'EMPLOI PAR PERSONNE INTERPOSÉE. Dans la mesure du possible, le postulant doit s'efforcer de toucher, par personne interposée, l'employeur pressenti. C'est une méthode d'approche particulièrement avantageuse pour ceux qui recherchent un poste à responsabilités et qui seraient gênés de faire leur propre éloge[66].
5. DEMANDE FAITE DIRECTEMENT. La demande peut être plus efficace parfois si le postulant offre personnellement ses services à l'employeur. Dans ce cas, il laissera un curriculum vitæ à l'employeur pour qu'il puisse, s'il le désire, en discuter avec ses associés.

Huit points incontournables pour un curriculum vitæ efficace

Il faut le préparer avec autant de soins qu'un avocat prépare le dossier d'un accusé qu'il doit défendre en cour d'assises. Si le postulant n'a pas une certaine expérience en la matière, il sera sage de s'adresser à un expert. Des commerçants font appel, pour vanter les mérites de leurs marchandises, à des psychologues rompus à l'art de la publicité. Celui qui veut vendre ses services personnels doit faire de même. Le curriculum vitæ donne les précisions suivantes :

1. *Instruction.* Établissez brièvement mais clairement une liste des écoles où vous avez fait vos études, votre spécialisation et les raisons de votre choix.
2. *Expérience.* Si vous avez déjà occupé des postes semblables à celui que vous sollicitez, décrivez-les et donnez les noms et adresses des employeurs. Si vous avez déjà acquis de l'expérience dans une discipline, n'oubliez pas de le mentionner clairement.
3. *Références.* Pratiquement toutes les entreprises veulent connaître les antécédents d'un éventuel employé. Joignez à votre curriculum vitæ des photocopies de lettres de :
   a) vos précédents employeurs ;
   b) vos professeurs ;
   c) personnes dignes de foi au jugement équitable.
4. *Photographie.* Joignez-y aussi une photographie récente (ou si votre curriculum vitæ est imprimé professionnellement, assurez-vous que la photographie est reproduite convenablement).
5. *Sollicitez un emploi précis.* Évitez de solliciter un emploi sans préciser quel est EXACTEMENT celui que vous recherchez. Ne demandez jamais « n'importe quel emploi », on en déduirait que vous n'avez pas de compétences précises.
6. *Indiquez les compétences que vous possédez pour cet emploi.* Détaillez amplement la raison qui vous pousse à croire que vous êtes qualifié pour le poste que vous briguez. C'est l'élément le plus important de votre candidature. Plus que tout autre, il retiendra l'attention.
7. *Offrez de travailler à l'essai.* Dans la majorité des cas, si vous êtes déterminé à décrocher cet emploi, proposez à l'employeur potentiel de travailler sans être rémunéré durant une semaine ou un mois ou pendant une période suffisante pour lui donner la possibilité de juger de votre valeur. Cela peut sembler assez radical comme proposition, mais l'expérience démontre que c'est le plus souvent rentable. Si vous êtes sûr de vos compétences, proposez un essai. Cette suggestion montrera que vous avez confiance en vos possibilités et que vous vous savez à la hauteur de l'emploi. L'expérience a démontré que ce dernier argument est convaincant. Indiquez clairement que vous faites cette offre parce que :

a) vous êtes sûr que vous ferez l'affaire ;
b) vous êtes sûr qu'après la période d'essai votre employeur décidera de vous garder ;
c) vous êtes déterminé à obtenir cet emploi.

8. *Connaissance de votre employeur éventuel.* Avant de solliciter un emploi dans une entreprise, renseignez-vous sur cette dernière et précisez dans votre curriculum vitæ ce que vous avez appris à ce sujet. Votre futur patron en sera impressionné et verra que vous portez un réel intérêt à son entreprise.

Rappelez-vous que l'avocat qui gagne n'est pas celui qui connaît le mieux la loi, mais bien celui qui a le mieux étudié sa cause. Si vous préparez et présentez bien votre « cause », vous aurez déjà fait la moitié du chemin.

N'ayez pas peur d'un curriculum détaillé, car les employeurs recherchent les services d'un employé compétent. En fait, la plupart des employeurs qui ont réussi doivent leur succès en grande partie à leur choix de collaborateurs hautement compétents.

Rappelez-vous aussi que la netteté de votre curriculum montrera que vous êtes soigneux. J'ai aidé à préparer des curriculums qui étaient si originaux et si bien présentés que mes clients obtinrent l'emploi désiré sans même une entrevue préalable avec le directeur.

Une fois votre curriculum vitæ terminé, faites-le relier et imprimer par un professionnel. La page couverture devra être présentée de la manière suivante :

Curriculum vitæ de
Louis Dupont
qui sollicite l'emploi de
secrétaire particulier
du président de
NOM DE L'ENTREPRISE

Cette touche personnelle attirera l'attention à coup sûr. Faites dactylographier ou imprimer votre curriculum sur un papier de grande qualité avant de le relier et de le placer dans une pochette de présentation. La couverture doit, bien sûr, être modifiée en fonction de la firme et de l'emploi visé si vous devez le présenter à plusieurs entreprises. Votre photographie doit être collée ou imprimée sur l'une des pages de votre curriculum vitæ.

Suivez ces instructions à la lettre en apportant à votre curriculum vitæ toute amélioration que vous jugerez nécessaire.

Les vendeurs qui réussissent sont ceux qui soignent leur présentation. Ils savent que la première impression est capitale. Votre curriculum vitæ est votre vendeur, présentez-le bien et il sera votre meilleur atout. Plus l'emploi que vous voulez en vaut la peine, plus les efforts que vous déployez pour l'obtenir se justifient. En outre, si vous impressionnez votre employeur avec votre demande d'emploi, vous serez mieux payé qui si vous aviez brigué le poste de manière très conventionnelle.

Si vous vous adressez à un bureau privé de placement, donnez-leur votre curriculum vitæ – ou produisez-en un qui satisfait à tous les critères cités plus haut –; ces employés ainsi que vos employeurs potentiels n'en seront que mieux disposés à votre égard.

Comment décrocher l'emploi que vous désirez

Il est plus agréable de travailler selon ses aptitudes. Un artiste peintre aime travailler avec ses pinceaux, un artisan avec ses mains, un écrivain avec sa plume. Ceux qui ont des talents moins précis ont quand même leurs préférences pour certains domaines commerciaux ou industriels. Notre pays offre de nombreux métiers allant du labourage de la terre à la fabrication de produits, en passant par leur commercialisation, sans oublier les professions libérales.

Voici sept gestes à poser qui vous garantiront l'obtention de l'emploi que vous convoitez :

1. Décidez exactement quel travail vous aimeriez accomplir. S'il n'existe pas, peut-être pourriez-vous l'inventer.
2. Choisissez l'entreprise ou l'homme avec qui vous désirez travailler.
3. Étudiez votre employeur éventuel, son caractère, son personnel, évaluez vos chances d'avancement.
4. En analysant vos qualités, voyez ce que vous pouvez offrir et quelle forme prendra votre contribution, c'est-à-dire quels sont les moyens, les services, les recherches et les idées que *vous croyez* être apte à mener à bien.
5. Oubliez la notion d'« emploi ». Oubliez qu'un poste est vacant. Oubliez même de demander s'il y a un emploi pour vous. Concentrez-vous sur ce que vous *pouvez offrir.*

6. Quand vous aurez votre plan en tête, confiez-en la rédaction à un spécialiste.
7. Présentez ce dernier à *la personne qui a autorité en la matière* et elle fera le reste. Toutes les entreprises cherchent des personnes qui peuvent leur apporter quelque chose de valable, que ce soit des idées ou des services. Elles ont toutes une place pour la personne qui a établi un plan d'action précis au service de leurs intérêts.

L'exécution de cette tâche prendra plusieurs jours ou plusieurs semaines, mais vous en bénéficierez en matière de gain, d'avancement, de considération, autant sinon plus qu'avec des années d'un travail pénible et peu rentable. Cette méthode présente de nombreux avantages. Le premier est de vous faire gagner de un à cinq ans.

Tous ceux qui ne commencent pas au bas de l'échelle y parviennent par une planification délibérée et soignée (à l'exception, bien sûr, du fils du patron).

La nouvelle façon de commercialiser les services

Les « emplois » sont aujourd'hui des « associations »

Les hommes et les femmes qui songent à offrir leurs services dans un avenir rapproché doivent tenir compte des changements prodigieux qui se sont produits dans la relation entre l'employeur et ses employés.

Dans le futur, ce ne sera pas « le règne de l'or », mais « la règle d'or » qui est appelée à dominer, et ce, tant dans la commercialisation d'un produit que dans les services personnels[67].

La relation entre les employeurs et leurs employés tiendra plus de l'association entre :

a) l'employeur ;
b) l'employé ;
c) la clientèle qu'ils desservent.

Cette nouvelle façon de voir les services personnalisés est « novatrice » à plus d'un égard. D'abord, l'employeur et les employés du futur seront considérés comme des « collègues de travail » dont le travail consiste à servir la clientèle avec efficacité. Par le passé, les employeurs et les employés ont négocié les uns avec les autres pour obtenir les meilleurs avantages possibles, sans percevoir qu'en fin de compte ils négociaient au détriment d'un tiers – la clientèle qu'ils desservent[68]. Le véritable employeur du futur sera donc la clientèle. Toute personne qui compte offrir ses services personnalisés de façon efficace doit toujours avoir cette réalité en tête[69].

Comme les temps ont changé ! C'est justement le but de mon propos, oui, les temps changent. De plus, le changement se reflète dans tous les emplois et toutes les circonstances de la vie. L'attitude de je-m'en-fichisme à l'égard de la clientèle est bel et bien révolue. Elle a été remplacée par la politique du « à votre service, monsieur, madame[70] ».

De nos jours, « courtoisie » et « service » sont les mots d'ordre du commerce et ils s'appliquent autant à la personne qui offre des services personnels qu'à l'employeur qui l'emploie parce qu'ils sont tous deux, en fin de compte, au service de la clientèle qu'ils desservent. S'ils échouent à bien servir leur clientèle, ils en paieront le prix en perdant le privilège de la servir[71].

Durant la dépression, j'ai passé plusieurs mois dans la région de l'anthracite, en Pennsylvanie, pour étudier les conditions qui avaient presque détruit l'industrie du charbon. Parmi les découvertes très significatives que j'y fis figurait l'appât du gain, tant de la part des exploitants que de leurs employés, qui s'est révélé la cause principale de la perte d'occasions d'affaires pour les exploitants et la perte d'emplois pour les mineurs.

À cause, d'une part, de la pression indue exercée par le syndicat représentant les employés et, d'autre part, de l'avidité manifestée par les exploitants, le marché de l'anthracite s'est soudainement mis à péricliter. Les exploitants miniers et leurs employés ont mené de dures négociations les uns avec les autres, ajoutant ainsi au prix du charbon jusqu'à ce que les parties en cause découvrent qu'ils avaient ainsi collaboré à l'essor des grandes pétrolières.

« Le salaire du péché, c'est la mort » ! Plusieurs connaissent cette phrase de la Bible, mais bien peu en ont découvert la signification. À partir d'aujourd'hui et pour plusieurs années à venir, l'Amérique et le monde seront à l'écoute d'un sermon qui pourrait s'intituler : « Ce que l'on sème, on le récolte ».

Il est impossible que le temps de crise économique généralisée que nous vivons actuellement soit le fait d'une « coïncidence ». Il existe une cause à ce phénomène. Rien n'arrive sans cause. Dans l'ensemble, la cause est en lien direct avec l'habitude économique de récolter sans semer.

Je ne veux pas dire que ces temps durs représentent une récolte que nous avons été forcés de vendanger. Il semble qu'il faille attribuer le problème au fait d'avoir planté le mauvais type de graines. Tous les cultivateurs savent qu'ils ne peuvent semer des graines de chardons et s'attendre à récolter du blé. Durant une très longue période, les gens des États-Unis et de quelques autres pays ont fourni des services inadéquats tant en qualité qu'en quantité ; à peu près tout le monde s'affairait à recevoir sans donner.

Nous sommes, individuellement et collectivement responsables de cette situation. S'il y a un principe de cause à effet qui gère les secteurs des affaires, de la finance et du transport, c'est le même qui s'applique aux individus et détermine leur statut économique.

Quelle est votre évaluation qualité-quantité ?

Les façons de commercialiser efficacement et durablement les services personnels ont déjà été bien répertoriées.

Tant que ces façons de faire ne seront pas étudiées, analysées, comprises et appliquées, personne ne pourra commercialiser des services personnels de manière efficace et durable. Toute personne doit « vendre » ses services. La qualité et la quantité des services rendus, ainsi que l'esprit dans lequel ils sont fournis, déterminent dans une grande mesure la rémunération et la durée de l'embauche. Une personne qui voudrait commercialiser ses services personnels de façon efficace (ce qui implique une permanence du marché, à un prix satisfaisant, dans des conditions agréables) devra adopter et appliquer la « formule qualité-quantité », dans un esprit de coopération. Souvenez-vous de cette formule qualité-quantité – et surtout, faites-en une habitude !

Procédons maintenant à l'analyse de cette formule q-q afin de s'assurer que nous en saisissons bien l'importance.

1. La QUALITÉ se rapporte à la maximisation de chaque détail en lien avec le service rendu de la manière la plus efficace possible, en ayant toujours en tête l'objectif d'être encore plus efficace.
2. La QUANTITÉ doit se comprendre comme l'habitude de rendre tous les services dont vous êtes capable, en tout temps, dans le but d'augmenter la somme des services rendus au fur et à mesure que

vous développez vos aptitudes grâce à la pratique et à l'expérience. L'accent est mis, une fois de plus, sur le mot *habitude*.

3. L'ESPRIT se rapporte à l'habitude d'une conduite agréable, harmonieuse qui incite à la coopération de la part de vos associés et collègues de travail. Le caractère adéquat de la qualité et de la quantité du service ne suffit pas pour maintenir la permanence d'un marché pour vos services. La conduite ou l'esprit dans lequel vous exécutez ledit service est un facteur déterminant, tant sur le plan de la rémunération que vous recevez que de la durée de l'emploi. Andrew Carnegie insistait beaucoup sur ce point lorsqu'il passait en revue les éléments qui favorisent une commercialisation réussie des services personnels. Il revenait sans cesse sur la nécessité d'avoir des relations harmonieuses. Il disait souvent qu'il ne garderait pas à son service quelqu'un, quelle que soit l'efficacité ou la qualité de son travail, si cette personne ne travaillait pas dans un esprit d'harmonie. M. Carnegie insistait beaucoup sur l'importance d'être agréable. Il montra d'ailleurs l'importance qu'il accordait à cette qualité en donnant la chance à plusieurs individus qui satisfaisaient à ce critère de devenir très riches. Ceux qui n'avaient pas ce profil durent céder leur place à d'autres.

L'importance d'avoir une personnalité affable a été soulignée parce qu'elle constitue un facteur qui permet à la personne ainsi dotée de fournir ses services dans un bon état d'esprit. Si la personne a une personnalité qui plaît et qu'elle fournit ses services dans un esprit d'harmonie, ces atouts compensent souvent les quelques lacunes sur le plan de la qualité et de la quantité des services rendus. Et rien ne remplace un comportement agréable.

La valeur en capital de vos services

Celui qui vend ses services est un commerçant, au même titre que celui qui vend des marchandises ; sa conduite est soumise aux mêmes lois.

Il est utile de le dire, car bien des gens qui monnayent leurs talents font l'erreur de se croire affranchis de toute règle de conduite et des responsabilités du commerçant.

La nouvelle façon de vendre les services personnels a pratiquement forcé à la fois l'employeur et l'employé à conclure des alliances qui permettent à chacune des parties de prendre en compte les droits d'un tiers, soit ceux de la clientèle qu'ils desservent.

Le temps où l'on « prenait » est révolu. Maintenant, il faut « donner ». Les méthodes de mise sous pression en affaires ont finalement fait sauter le couvercle.

Ces méthodes ont fait leur temps et seront remplacées par d'autres ne faisant pas appel à la coercition.

La valeur en capital de votre cerveau peut être déterminée par le revenu que vous gagnez en vendant vos services. Une juste estimation du capital que ceux-ci représentent se calcule en multipliant votre revenu annuel par 16 ⅔ (ou 16,667), car on estime que votre revenu annuel représente 6 % de votre capital. L'argent rapporte 6 % par an, il ne vaut pas plus que le cerveau, au contraire, il vaut souvent beaucoup moins.

Les « grands cerveaux » bien exploités représentent une forme de capital bien plus désirable que celle qui est nécessaire à la gérance d'une affaire commerciale : le « cerveau » est un capital qui ne se déprécie pas au moment des crises et que l'on ne peut ni voler ni dépenser. L'argent, de toute façon, s'il n'est pas administré par un cerveau, a aussi peu de valeur que du sable.

Trente (et une) façons d'échouer

Essayer de toutes ses forces et échouer, voilà l'une des plus grandes tragédies humaines ! Tragédie en effet si l'on compare le très grand nombre de gens qui échouent à celui, très limité, de ceux qui réussissent. J'ai pu étudier le comportement de plusieurs milliers d'hommes et de femmes dont 98 % étaient considérés comme des ratés. Il y a quelque chose de fondamentalement aberrant dans une société et un système d'éducation qui laisse 98 % de ses membres sur la touche. Cela dit, loin de moi l'idée de coucher sur papier toutes les absurdités de ce monde qui sont, vous vous en doutez bien, fort nombreuses.

J'en ai conclu qu'il existe 31 grandes raisons d'échec et 13 principes primordiaux qu'il faut connaître et appliquer pour faire fortune. Voici la liste des 31 causes d'échec. Analysez-la, point par point, et tâchez de découvrir parmi ces causes celles qui vous barrent la route du succès.

1. *Un terrain héréditaire peu favorable.* Malheureusement, on ne peut rien faire, ou si peu, pour ceux qui naissent avec une déficience mentale.

Ce livre n'offre qu'un moyen d'y remédier: le «cerveau collectif». Notez cependant que cette cause d'échec est la seule des 31 à ne pouvoir être facilement éliminée par l'individu qui en est victime.

2. *Pas de but bien défini.* Il n'y a aucun espoir de succès pour celui qui n'a pas de but bien défini: 98% des personnes dont j'ai étudié le cas n'en avaient pas. C'était probablement la cause directe de leur échec.
3. *Le manque d'ambition pour s'élever au-dessus de la médiocrité.* Celui dont l'indifférence est telle qu'il ne désire ni se dépasser ni payer le prix de l'effort, celui-là n'a aucune chance de réussir.
4. *Une instruction insuffisante.* C'est un handicap auquel on peut facilement remédier. L'expérience a prouvé que les personnes les plus instruites étaient souvent des autodidactes. Pour avoir de l'instruction, il faut plus qu'un diplôme universitaire. Est instruit celui qui a appris à obtenir ce qu'il veut de la vie sans pour autant léser les intérêts d'autrui. L'instruction est moins une question de connaissances théoriques que de connaissances pratiques et efficaces. Les hommes sont payés pour ce qu'ils savent, mais surtout pour ce qu'ils font de leur savoir.
5. *Le manque d'autodiscipline.* La discipline vient de la maîtrise de soi. Avant de pouvoir contrôler les circonstances, vous devez savoir vous contrôler vous-même. La maîtrise de soi reste le travail le plus dur de tout homme. Si vous ne conquérez pas votre être, vous serez conquis par lui. Vous verrez dans votre miroir à la fois votre meilleur ami et votre pire ennemi.
6. *La mauvaise santé.* La vraie réussite appartient à ceux qui sont en bonne santé. La maîtrise et le contrôle de soi peuvent éliminer de nombreuses causes de maladie, dont:
   a) une alimentation pauvre en éléments nutritifs;
   b) la mauvaise habitude de penser négativement;
   c) l'abus de sexe;
   d) le manque d'exercice physique;
   e) une mauvaise respiration empêchant une oxygénation adéquate.
7. *Les mauvaises influences pendant l'enfance.* Dans la plupart des cas, la tendance au crime se développe pendant l'enfance au contact d'un entourage malsain et par de mauvaises fréquentations.
8. *La procrastination.* C'est l'une des causes les plus courantes d'échec. La procrastination veille en chaque individu, prête à gâcher toute chance de succès. La plupart des êtres arrivent au bout de leur vie

sans avoir entrepris quoi que ce soit, car, en vain, ils ont attendu le « bon moment ». Ne les imitez pas ! Le « bon moment » ne vient jamais ! Mettez-vous immédiatement à l'ouvrage avec les outils dont vous disposez ; peu à peu, vous en trouverez de meilleurs.

9. *Le manque de persévérance.* En général, nous commençons assez bien ce que nous entreprenons, mais nous le finissons mal. Nous avons tendance à abandonner prématurément. Rien ne peut remplacer la persévérance. Celui qui en fait son mot d'ordre découvre que l'échec se fatigue à la longue et s'efface. L'échec ne peut rivaliser avec la persévérance.
10. *Une personnalité négative.* Une personnalité négative repousse plutôt qu'elle n'attire. Comment pourrait-elle attirer la réussite ? Le succès vient par l'application du pouvoir et le pouvoir s'obtient grâce à la coopération de tous. Or, une personnalité négative n'incite pas à la coopération.
11. *L'incapacité à contrôler ses instincts sexuels.* L'énergie sexuelle est le plus puissant de tous les stimulants. Il faut apprendre à la contrôler par la transmutation et à l'utiliser à d'autres fins. (Plus de détails à ce sujet au chapitre 10.)
12. *Le désir incontrôlé de gains faciles.* L'instinct du jeu conduit des millions de gens à leur perte. Une étude du krach de 1929 montre que des millions de personnes essayèrent à ce moment-là de gagner de l'argent en jouant le profit de leurs actions.
13. *Le manque de décision.* Les hommes qui réussissent prennent leurs décisions rapidement. Ceux qui hésitent vont d'échec en échec. L'indécision et l'hésitation sont deux sœurs jumelles. Quand on trouve l'une, on trouve l'autre. Détruisez-les avant qu'elles ne vous mènent à l'échec.
14. *Les six formes fondamentales de la peur.* Elles seront analysées dans un chapitre ultérieur. Pour pouvoir offrir des services efficaces, il faut absolument les maîtriser.
15. *Mal choisir son partenaire dans le mariage.* C'est encore une des causes d'échec les plus courantes. Les relations entre deux êtres mariés sont très intimes. Si elles sont inharmonieuses, elles peuvent être un facteur d'échec qui entraîne souvent la misère et le malheur, et qui détruit toute ambition.
16. *Trop de circonspection.* Celui qui n'ose saisir la chance devra se contenter des miettes laissées par les autres. L'excès de prudence

est aussi dangereux que le manque de prudence. Gardez-vous de ces deux extrêmes.

17. *Mal choisir ses associés.* Voilà bien une des causes d'échec les plus courantes en affaires. Ayez soin, lorsque vous proposez vos services, de choisir un employeur intelligent et heureux en affaires. Nous avons tendance à imiter ceux avec qui nous sommes le plus intimement associés. Choisissez un employeur qui pourra être un exemple pour vous.
18. *La superstition et les préjugés.* La superstition est une forme de peur et d'ignorance. Celui qui réussit a l'esprit ouvert et n'a peur de rien.
19. *Se tromper de profession.* Personne ne peut réussir dans une entreprise qui ne lui plaît pas et où il ne se sent pas à l'aise. Il est essentiel de choisir une profession ou un métier auquel vous vous consacrerez de gaieté de cœur.
20. *La dispersion des efforts.* Le «touche-à-tout» est finalement incapable de faire quelque chose convenablement. Concentrez tous vos efforts sur un but unique et précis.
21. *L'habitude de dépenser sans compter.* Le prodigue ne peut réussir parce qu'il sera éternellement pauvre. Prenez l'habitude d'économiser systématiquement une partie de votre revenu. Un compte en banque donne assurance et courage. Sans argent, on est obligé d'accepter la première offre en se trouvant bien heureux de l'avoir.
22. *Le manque d'enthousiasme.* Sans enthousiasme, on ne peut convaincre personne. De plus, il est contagieux et celui qui en est animé est généralement bien accueilli dans n'importe quel milieu.
23. *L'intolérance.* Celui qui est étroit d'esprit n'ira jamais loin. L'intolérance est intransigeante et s'oppose à toute nouvelle connaissance. La forme d'intolérance la plus néfaste s'exerce au nom de la religion, de la race et des opinions politiques.
24. *L'intempérance.* La pire forme d'intempérance concerne les aliments, la boisson, la drogue et la vie sexuelle. Y succomber est se vouer à l'échec.
25. *Être incapable de coopérer.* C'est ainsi que l'on perd sa situation et la chance de sa vie. C'est une faute qu'aucun homme d'affaires averti ne tolérera.
26. *La possession d'un pouvoir non acquis par ses propres efforts* (fils et filles d'hommes riches qui héritent de l'argent qu'ils n'ont pas

gagné). Le pouvoir est souvent une cause d'échec s'il n'est pas gagné petit à petit. La richesse obtenue d'un seul coup est plus dangereuse que la pauvreté.

27. *La malhonnêteté consciente.* Rien ne remplace l'honnêteté. Il peut arriver que l'on soit malhonnête temporairement, à la suite de circonstances incontrôlables et fortuites. Mais la personne qui a choisi d'être malhonnête sera tôt ou tard trahie par ses actes et elle les paiera par la perte de sa réputation ou de sa liberté.
28. *L'égoïsme et la vanité.* Ces défauts représentent un danger pour les autres. Ils sont incompatibles avec le succès.
29. *Deviner au lieu de réfléchir.* La plupart des gens sont trop indifférents ou paresseux pour juger par eux-mêmes de la réalité. Ils préfèrent adopter des opinions toutes faites sur lesquelles ils fondent des appréciations artificielles.
30. *L'insuffisance de capitaux.* C'est une cause d'échec courante chez ceux qui se lancent dans les affaires pour la première fois sans avoir prévu une réserve de capitaux suffisante pour réparer les erreurs et continuer à opérer jusqu'à ce que la réputation de leur entreprise soit établie.
31. *Autres causes.* N'importe quelle cause d'échec dont vous avez été victime et qui ne figure pas sur cette liste.

Ces causes d'échec résument la tragédie de tous ceux qui ont essayé de faire fortune et qui ont échoué. Demandez à quelqu'un qui vous connaît bien de revoir cette liste avec vous et de vous aider à trouver la cause d'échec qui vous concerne particulièrement. Si vous êtes de ceux qui se voient tels que les autres les voient, vous pouvez, bien entendu, étudier seul cette liste.

« Connais-toi toi-même » est le plus ancien des préceptes philosophiques. Pour vendre des marchandises avec succès, vous devez bien les connaître. C'est également vrai lorsque vous vendez vos propres services. Vous devriez savoir exactement quels sont vos points faibles, de façon à pouvoir y remédier peu à peu pour finalement les éliminer. Vous devriez aussi connaître vos atouts, et les faire valoir devant votre employeur éventuel. Or, vous ne pourrez vous connaître qu'après vous être analysé longuement et soigneusement.

Ce manque de connaissance de soi est illustré par l'anecdote suivante : un jeune homme à la recherche d'un emploi rencontra le gérant d'une entreprise bien connue. Il fit une excellente impression jusqu'à ce que le gérant lui demande quel était le salaire qu'il s'attendait à recevoir. Le jeune homme lui répondit qu'il n'avait pas de montant précis en tête. Le gérant lui répondit alors qu'il lui paierait la somme qu'il valait après une semaine de travail.

« Je refuse, lui répondit le jeune homme, je gagne déjà plus que ce que je vaux à l'endroit où je travaille à l'heure actuelle. »

Avant de demander une hausse de salaire ou de solliciter un autre emploi, persuadez-vous que vous valez plus que ce que vous recevez actuellement.

Vouloir plus d'argent est une chose, tout le monde en veut davantage, mais valoir plus en est une autre ! Et souvent, on confond les deux. Vos revendications en matière de salaire n'ont rien à voir avec votre valeur. Celle-ci est basée uniquement sur votre aptitude à rendre des services ou à inciter les autres à les rendre.

Faire son autocritique

En 28 questions

Lorsqu'on monnaye ses services, il est important de faire sa propre analyse au même titre qu'on fait un inventaire annuel quand il s'agit de marchandises. L'analyse annuelle vous révélera peut-être une atténuation de vos défauts et une augmentation de vos qualités. Dans la vie, on avance, on fait du surplace ou on recule. Notre objectif devrait toujours être, bien sûr, d'avancer. L'analyse de soi dévoilera si l'on a « avancé ».

Si tel est le cas, de combien est cette avance ? Elle mettra également en lumière le plus petit pas en arrière. Même lentement, il faut toujours avancer !

Vous avez intérêt à faire cette analyse à la fin de l'année ; ainsi vous pourrez inclure dans les bonnes résolutions du jour de l'An celle de corriger vos points faibles. Faites cet inventaire en vous posant les questions suivantes et en y répondant avec l'aide d'une personne qui ne vous laissera pas tricher et vous forcera à dire la vérité.

Questions très personnelles à se poser

1. Ai-je atteint le but que je m'étais fixé cette année ? (Le but annuel ne doit être qu'une étape de votre vie, axée vers un but plus élevé.)

2. Ai-je fait de mon mieux ou aurais-je pu améliorer la qualité de mes services?
3. Ai-je rendu tous les services dont j'étais capable?
4. Ai-je toujours été animé par un esprit d'harmonie et de coopération?
5. Ai-je laissé, par manque de décision, amoindrir mon efficacité et, si c'est le cas, jusqu'à quel point?
6. Ai-je amélioré mon caractère et, si oui, de quelle façon?
7. Ai-je été assez persévérant pour faire aboutir mes plans?
8. Ai-je toujours promptement et assurément pris les décisions qui m'incombaient?
9. Ai-je permis à la peur, sous toutes ses formes, d'amoindrir mon efficacité?
10. Ai-je été trop ou pas assez prudent?
11. Mes relations avec mes associés ont-elles été harmonieuses ou non? Si elles ont été désagréables, suis-je fautif, en partie ou entièrement?
12. Ai-je gaspillé mon énergie par manque de concentration dans l'effort?
13. Ai-je été ouvert et ai-je été tolérant en toutes choses?
14. De quelle façon ai-je amélioré mon aptitude à rendre service?
15. Ai-je été trop loin dans l'une ou l'autre de mes habitudes?
16. Ai-je exprimé, ouvertement ou même secrètement, une forme quelconque d'égoïsme?
17. Ma conduite envers mes associés leur impose-t-elle le respect?
18. Mes opinions et mes décisions ont-elles été basées sur des idées préconçues ou sur une réflexion et une étude approfondie?
19. Ai-je pris l'habitude d'établir un budget pour tout: mon temps, mes dépenses, mon revenu, et m'y suis-je conformé?
20. Combien de temps ai-je consacré à des efforts inutiles alors que j'aurais pu l'utiliser à d'autres fins?
21. Comment, pour être plus efficace, puis-je réorganiser mon temps et changer mes habitudes?
22. Ai-je été coupable d'une action réprouvée par ma conscience?
23. Ai-je rendu gratuitement des services et, si tel est le cas, comment m'y suis-je pris?
24. Ai-je été injuste envers quelqu'un et, dans l'affirmative, de quelle façon?

25. Si, pour l'année qui s'achève, j'avais été l'acheteur de mes propres services, aurais-je été satisfait?
26. Ai-je choisi la profession qui me convient? Dans la négative, pourquoi?
27. L'acheteur de mes services a-t-il été satisfait et, dans la négative, pour quelle raison?
28. Si, en prenant pour repère les principes fondamentaux du succès, je fais le point de ma situation actuelle, quelle est-elle? (Faites-le en toute franchise et demandez à quelqu'un d'assez courageux et impartial pour le vérifier.)

Vous avez lu et assimilé ce chapitre, vous voilà prêt à élaborer un plan qui vous permettra de négocier vos propres services. Vous y trouverez également une description détaillée des principes essentiels à la vente de vos services personnels, y compris les principales caractéristiques d'une bonne gestion, les causes les plus courantes d'échec dans ce domaine et dans toutes les sphères de la société ainsi que les questions à se poser pour mieux se connaître.

Cette somme systématique et circonstanciée de renseignements a été intégrée pour répondre aux besoins de tous ceux qui doivent gagner leur vie en monnayant leurs services. Sont concernés ceux qui ont perdu leur emploi, leur maison ou leurs économies et ceux qui commencent tout juste à gagner de l'argent et qui n'ont que leurs services personnels à proposer en échange d'une rémunération; il est essentiel que tous ces gens aient accès à un tel répertoire d'informations pratiques sur les meilleures façons de vendre ses services.

L'enseignement contenu dans ce chapitre est très précieux pour ceux qui aspirent à devenir des dirigeants et particulièrement utile à ceux qui veulent devenir chefs d'entreprise.

La compréhension et l'assimilation complète de l'enseignement que nous vous proposons vous aideront à monnayer vos services et à affiner votre capacité d'analyse ainsi que votre capacité à juger les gens. Il est particulièrement efficace pour les directeurs du personnel et pour les cadres chargés de recruter des employés. Si vous doutez de cet enseignement, éprouvez-le en répondant par écrit aux 28 questions énoncées ci-dessus.

Où et comment pouvons-nous trouver les occasions de s'enrichir ?

Comme nous venons d'analyser 6 des 13 étapes qui mènent à la richesse, posons-nous la question : « Où trouver les occasions favorables à l'application de ces principes ? » Commençons par inventorier ce que les États-Unis d'Amérique offrent à la personne qui voudrait s'enrichir.

D'abord, je voudrais souligner le fait que nous vivons dans un pays où tout citoyen respectueux des lois jouit d'une liberté de pensée et de mouvement, souvent sans équivalent dans le reste du monde. La plupart d'entre nous n'avons jamais mesuré les avantages de cette liberté ni jamais comparé notre liberté illimitée à celle plutôt restreinte que bien des pays imposent à leurs citoyens.

Nous jouissons dans ce pays de la liberté de pensée et d'expression, d'éducation, de religion, d'association, de choisir une entreprise, une profession ou un métier, nous sommes libres d'engranger des richesses, à condition toutefois de ne pas léser autrui, de voyager, d'élire domicile où nous le souhaitons, d'épouser qui nous voulons, de nous alimenter à notre guise et de viser n'importe quelle fonction pour laquelle nous nous sommes préparés – même la présidence des États-Unis.

Nous jouissons aussi de plusieurs autres formes de liberté, mais ce survol vous donnera une bonne idée de ce qui constitue réellement une « chance à saisir ». Cette liberté est encore plus manifeste parce que les États-Unis sont le seul pays qui garantisse une liste de libertés aussi larges et variées à chacun de ses citoyens, de naissance ou naturalisés.

Rappelons certains des bienfaits qu'engendre notre liberté. Prenons l'exemple d'une famille américaine de classe moyenne et résumons les avantages dont chacun de ses membres profite dans ce pays d'abondance !

a) *Nourriture.* Après la liberté de penser et d'agir viennent les trois besoins fondamentaux, soit manger, se vêtir et se loger.

Grâce à la liberté universelle dont nous jouissons, la famille moyenne américaine a accès dans son voisinage à une vaste sélection d'aliments en provenance de partout dans le monde et à des prix abordables.

Une famille de quatre personnes, vivant dans une petite ou moyenne ville des États-Unis, éloignée des sources de production alimentaire, a scrupuleusement calculé ce que lui coûte un simple petit déjeuner.

Aliments	Prix (actuels)
Jus d'orange (de la Floride)	0,56 $
Céréales (blé du Kansas)	0,44 $
Thé (de Chine)	0,20 $
Bananes (d'Amérique du Sud)	0,28 $
Pain rôti (blé du Kansas)	0,19 $
Œufs frais (ferme avoisinante)	0,18 $
Sucre (de l'Utah ou du Texas)	0,01 $
Margarine (de l'Illinois)	0,16 $
Lait (d'une ferme locale)	0,74 $
Total	**2,76 $**

Il n'est pas très difficile de se nourrir dans un pays où quatre personnes peuvent déjeuner à un coût de 0,69 $ par personne ! Remarquez que ce petit déjeuner en provenance de Chine, d'Amérique du Sud, de l'Utah, du Kansas et de l'Illinois a été assemblé comme par magie et déposé sur la table, prêt à être consommé au cœur même d'une ville américaine à un prix à la portée du plus humble des ouvriers.

Le prix en question comprend toutes les taxes[72].

b) *Le logement.* Cette famille habite un appartement confortable, chauffé au gaz naturel, équipé d'une gazinière, éclairé à l'électricité, le tout pour 800 dollars par mois. Dans une ville plus petite, un tel appartement se loue autour de 685 dollars par mois.

Le pain rôti qu'ils ont mangé au petit déjeuner a été grillé dans un grille-pain électrique d'une valeur de 15 dollars. Le ménage de l'appartement se fait à l'aide d'un aspirateur électrique. L'eau chaude et l'eau froide sont à portée de la main en tout temps, dans la cuisine et la salle de bain. La nourriture est conservée au froid dans le réfrigérateur qui fonctionne à l'électricité. La femme du foyer se fait une mise en plis, lave le linge et le fait sécher en se servant d'appareils électriques conçus à cet effet. L'homme de la maison se rase au moyen d'un rasoir électrique et les membres de la famille peuvent se divertir 24 heures sur 24 s'ils le souhaitent en appuyant simplement sur un bouton pour ouvrir la télévision ou la radio. Il y a bien d'autres commodités dans cet appartement, mais l'énumération précédente donne une très bonne idée de la liberté dont on jouit aux États-Unis[73].

c) *Les vêtements.* Aux États-Unis, une femme qui a des exigences raisonnables peut très bien s'habiller pour moins de 1500 dollars par année ; il en coûte sensiblement la même chose annuellement à un homme pour se vêtir.

Et nous n'avons abordé que ces trois besoins fondamentaux. Le citoyen américain appartenant à la classe moyenne a d'autres privilèges et avantages en échange d'un modeste effort, qui n'excède pas huit heures de labeur par jour. Parmi ceux-ci, mentionnons celui du transport automobile, grâce auquel on peut se déplacer en tout temps, à notre guise, à un coût relativement bas.

Les Américains disposent d'une sécurité sur leurs biens qu'on ne retrouve pas ailleurs dans le monde. Ils ont le loisir de placer leurs économies dans une banque avec l'assurance que leur gouvernement protégera leurs avoirs advenant une faillite de cette dernière. Les Américains peuvent voyager d'un État à l'autre sans passeport et sans avoir à obtenir la permission de quiconque. Ils peuvent aller et venir selon leur bon plaisir. De plus, ils peuvent voyager en automobile, par avion, par train ou bateau, selon leur inclination et leur budget[74].

Le miracle qui a rendu possibles ces bienfaits

Nous entendons souvent les politiciens proclamer les libertés dont profitent les Américains lorsqu'ils sollicitent leur vote, mais ces politiciens prennent rarement le temps et consacrent trop peu d'efforts à analyser la source ou la nature de cette liberté. N'ayant pas de cause à défendre, ni de méchants à pourfendre, je me permets donc de me lancer dans une analyse fouillée de ce « petit quelque chose » de si mystérieux, abstrait et grandement galvaudé qui donne à tout citoyen américain plus d'occasions et de chances de s'enrichir et plus de libertés que partout ailleurs sur la planète.

Je m'accorde le droit de discourir sur la source et la nature de ce pouvoir invisible parce que je connais, et ce, depuis plus d'un quart de siècle, les personnes qui ont mis ce pouvoir en place et dont plusieurs sont aujourd'hui responsables de sa prolongation.

Le capital, voici le nom du mystérieux bienfaiteur de l'humanité.

Par le mot « capital », il faut entendre non seulement l'argent, mais aussi les groupes d'hommes intelligents et parfaitement organisés qui élaborent des plans pour rendre cet argent profitable aux autres et à eux-mêmes.

Ces groupes réunissent des savants, des professeurs, des chimistes, des inventeurs, des publicistes, des experts-comptables, des juristes, des médecins, des hommes et des femmes qui sont hautement spécialisés dans le domaine des affaires et de l'industrie. Ils innovent, expérimentent et se fraient un chemin dans de nouveaux domaines d'activité. Ils financent les universités, les hôpitaux, les écoles publiques, construisent de bonnes routes, publient les journaux, soutiennent financièrement le gouvernement, et s'occupent d'une foule de détails essentiels au progrès de l'humanité. En bref, les capitalistes sont les cerveaux de la civilisation.

Sans maîtres pour l'administrer, l'argent est toujours dangereux. Mais, bien utilisé, il est un des facteurs primordiaux de la civilisation. Le simple petit déjeuner décrit plus tôt n'aurait pas pu se retrouver sur la table de cette famille de quatre au prix de 0,69 $ ni, d'ailleurs, à n'importe quel autre prix, n'eût été l'apport du capital organisé en machinerie, en bateaux, chemins de fer et camions ainsi que la mise en place des immenses armées de travailleurs spécialisés nécessaires à leur fonctionnement.

Pour estimer l'importance d'un capital organisé, imaginez-vous assumant seul la responsabilité entière du petit déjeuner familial.

Pour avoir du thé, vous devriez aller en Chine ou en Inde, ce qui fait un long voyage ! Et même avec l'endurance physique requise, vous n'auriez pas d'argent pour le payer.

Vous devriez aussi chercher très loin la matière première du sucre, dans les champs de betteraves à sucre de l'Utah ou dans les champs de la Louisiane ou du Texas. Et même alors, vous pourriez revenir bredouilles parce qu'il faut un effort concerté et de l'argent pour produire du sucre, sans parler de ce qui est nécessaire pour le raffiner, le transporter jusqu'à votre table.

Vous pourriez plus facilement vous procurer les œufs en provenance des petites fermes situées dans la campagne en bordure des villes, mais vous devrez vous astreindre à une très longue promenade pour atteindre la Floride et rapporter du jus d'orange. Quant au pain, vous devrez faire une autre très longue marche jusqu'au Kansas ou un autre État cultivant le blé pour vous en procurer.

Les céréales devront être éliminées du menu, car elles demandent une main-d'œuvre ainsi qu'une machinerie spécialisées, ce qui exige du capital.

Pour vous délasser, vous pourriez plonger et nager jusqu'en Amérique du Sud, histoire de vous rapporter des bananes, et sur le chemin du retour, faire un arrêt à cette ferme laitière et rapporter du lait (et peut-être du beurre, car la margarine à l'instar des céréales requiert du capital pour sa production). Vous pourrez alors vous asseoir et savourer votre petit déjeuner avec les membres de votre famille. Vous l'aurez bien mérité !

Cela semble absurde, n'est-ce pas ? Et pourtant, la procédure décrite serait la seule façon que ces aliments se retrouvent sur la table d'une famille au cœur de la ville – s'il n'y avait pas de système capitaliste.

La somme d'argent requise pour construire et maintenir les infrastructures ferroviaires, routières et portuaires nécessaires pour nous apporter les produits de ce simple petit déjeuner est si faramineuse que cela dépasse presque l'imagination. Ces coûts se chiffrent en milliards de dollars, sans parler des armées d'employés spécialisés indispensables pour faire fonctionner ces trains, camions et bateaux.

Mais le transport n'est qu'un rouage de notre civilisation moderne capitaliste. Avant de les transporter, il a fallu cultiver, fabriquer et lancer les produits sur le marché, ce qui représente des milliards de dollars supplémentaires en équipements, machines et salaires d'une légion d'hommes et de femmes.

Ces infrastructures ne sont pas sorties de terre toutes seules et ne fonctionnent pas automatiquement. Elles sont le résultat du travail, de l'ingéniosité et de l'habileté d'hommes débordant d'imagination, de foi, d'enthousiasme, et qui possèdent un esprit de décision et une persévérance à toute épreuve. Ces hommes, on les appelle des capitalistes. Ils sont mus par le désir de construire, d'entreprendre, de rendre des services utiles, de gagner de l'argent, de faire fortune. Et parce qu'ils rendent des services indispensables à la société, ils se placent eux-mêmes sur le chemin de la fortune.

J'ajouterais que ces capitalistes sont les mêmes qui sont pris à partie par les débatteurs du dimanche. Ce sont les mêmes que les radicaux, les resquilleurs, les politiciens véreux et les chefs syndicaux corrompus regroupent sous l'appellation « intérêts prédateurs », « Wall Street » et « grandes entreprises ».

Mon intention n'est pas de constituer un dossier pour ou contre un groupe d'hommes ou un système économique. Mon intention n'est pas non plus de condamner la négociation collective en parlant de « chefs syndicaux corrompus », ni de me faire le chantre de tous ceux qui se présentent comme des capitalistes ou des entrepreneurs.

Le but de ce livre, *un but auquel je me suis donné corps et âme pendant plus d'un demi-siècle*, est de présenter, à tous ceux qui désirent l'acquérir, la philosophie qui permet à un homme de gagner autant d'argent qu'il lui plaira.

Si j'ai analysé ici les avantages économiques du système capitaliste, c'est pour vous prouver :

1. que tous ceux qui cherchent à faire fortune doivent apprendre à reconnaître le système qui ouvre les voies d'accès à la fortune et s'y adapter ;
2. qu'en présentant le problème de cette façon, on s'oppose à la version généralement défendue par les politiciens et les démagogues qui, délibérément, se ferment des issues en traitant le capital organisé comme s'il était un poison.

L'Amérique du Nord est capitaliste. Elle s'est développée grâce au capital. Or, nous devons savoir que nous n'aurions ni espoir de richesse ni occasions de faire fortune si le capital organisé ne nous en donnait pas la possibilité.

Pendant des décennies, il était de bon ton pour les radicaux, les politiciens égoïstes, les escrocs, les chefs syndicaux pourris et même quelques chefs religieux de s'attaquer à « Wall Street » et aux « grandes entreprises »[75].

Cette pratique devint si répandue que nous avons assisté pendant une période de la grande dépression à l'improbable spectacle de hauts fonctionnaires du gouvernement marchant main dans la main avec des politiciens et des chefs syndicaux de bas étage dans le seul but de porter un coup mortel au système économique qui avait fait de l'Amérique industrielle le pays le plus riche du monde. Cette pratique devint si généralisée et si bien organisée qu'elle contribua à prolonger indûment la pire dépression que l'Amérique n'avait jamais connue. Des millions de gens ont perdu leur emploi parce que ces emplois étaient indissociables du système capitaliste et industriel qui est la base de notre économie.

Durant cette alliance plutôt inhabituelle entre les grands mandarins du gouvernement et les individus égoïstes qui s'évertuaient à faire des gains en déclarant « la chasse ouverte» au système industriel américain, un certain type de chefs syndicaux se sont alliés aux politiciens et ont offert de leur fournir des votes en échange d'une législation qui permettrait aux gens de saisir de force l'argent de l'industrie plutôt que d'adopter la méthode, plus éthique, de donner une bonne journée de travail en échange d'une bonne journée de paie.

Des millions d'hommes et de femmes au pays s'adonnent toujours à ce passe-temps populaire qui consiste à essayer de tout avoir sans rien donner.

Certains se liguent avec les syndicats et exigent une réduction des heures de travail et une augmentation de leur paie ! D'autres ne se donnent même pas la peine de travailler et demandent une compensation financière du gouvernement que ce dernier s'empresse de leur accorder[76] !

Si vous êtes de ceux qui croient que l'argent se gagne par le simple fait de se regrouper pour demander une augmentation de salaire et une réduction des services rendus, si vous êtes de ceux qui exigent une aide gouvernementale sans rien donner en retour, et si vous êtes de ceux qui croient qu'il est légitime de vendre leur vote à des politiciens qui en retour s'engagent à passer des lois autorisant le saccage du patrimoine collectif, rassurez-vous, personne ne cherchera à vous faire changer d'idée, car nous vivons dans un pays libre où tous les gens ont le droit de penser ce qu'ils veulent, où à peu près tout le monde peut arriver à vivre avec un minimum d'effort et où beaucoup de gens vivent sans même travailler.

Cette liberté, dont beaucoup vantent les mérites et dont très peu saisissent toutes les ramifications ; cette liberté, aussi belle, aussi vaste soit-elle et malgré tous ses avantages, n'apporte pas et n'apportera jamais de la richesse sans qu'un effort ait été fourni.

Il n'y a qu'une façon fiable de faire fortune légalement et c'est de rendre des services utiles. Aucun système n'a encore été inventé qui permettrait, sans rien donner en échange, de se procurer légalement de l'argent.

Il existe un principe connu sous le nom de loi de l'économie ! C'est une loi qui n'est pas que théorique et qui est dans les faits imbattable. Souvenez-vous bien du nom de ce principe parce qu'il est plus puissant que tous les politiciens et leurs machines électorales réunis. Il est aussi totalement hors de la portée de tous les groupes de pression et des syndicats de travailleurs. Il ne peut être influencé ni acheté par les escrocs de tout acabit. En outre, il voit tout et possède un système de tenue de livres parfait, où sont notées toutes les transactions de chaque individu qui cherche à tout avoir sans rien donner.

À plus ou moins brève échéance, les vérificateurs viendront et examineront les dossiers de chaque individu et exigeront des comptes.

« Wall Street », les « grandes entreprises » ou les « intérêts prédateurs du capital », le nom que vous choisirez de donner au système qui nous a apporté la liberté et qui représente un groupe de gens qui comprennent, respectent et s'adaptent à cette puissante loi de l'économie importe peu ! Leur pérennité financière dépend de leur observation de cette loi.

La plupart des gens qui habitent aux États-Unis aiment notre pays, son système capitaliste et tout ce qu'il représente. Je dois vous avouer que je ne connais aucun autre pays où l'on peut trouver autant d'occasions de s'enrichir. Certains, à en juger par leurs actes et leurs gestes, n'aiment pas ce pays. C'est leur droit bien sûr : s'ils n'aiment pas ce pays, son système capitaliste et ses occasions d'affaires illimitées, ils n'ont qu'à partir ! Il y aura toujours d'autres pays pour accueillir celui qui est prêt à y faire fortune, si ce dernier n'est pas trop exigeant sur les conditions de vie qui y prévalent[77].

Les États-Unis donnent à tous toute la liberté et toutes les occasions de s'enrichir auxquelles une personne honnête est en droit de s'attendre. Lorsqu'un chasseur va à la chasse, il choisira naturellement un endroit giboyeux. La même règle s'applique lorsque vous cherchez à vous enrichir.

Si votre objectif est de faire fortune, ne négligez pas les possibilités qu'offre un pays dont les citoyens sont si riches qu'ils dépensent plus de 29 milliards de dollars par année[78] en soins de la peau, des ongles et des cheveux. Pensez-y deux fois, vous qui voulez faire fortune, avant de détruire le système capitaliste d'un pays dont les citoyens dépensent plus de 25 milliards de dollars par année en journaux, 31 milliards en livres, presque 14 milliards en enregistrements de musique et presque 54 milliards en cinéma, des médias qui expriment tous la liberté d'expression dont nous jouissons.

Et surtout, soyez respectueux d'un pays dont les citoyens dépensent annuellement plus de 115 milliards de dollars en repas rapides et 13,3 milliards en factures de bar et de taverne.

Ne vous montrez pas trop pressés de vous éloigner d'un pays dont les gens donnent volontairement 34 milliards de dollars par année pour acheter des jouets, 38 milliards pour l'entretien de leurs pelouses et jardins et 74 milliards pour acheter des articles de sport.

Et surtout, restez fidèles à un pays dont les habitants dépensent plus de 91 milliards de dollars par année en meubles et objets de décoration, 167 milliards en vêtements et accessoires, 22 milliards en nettoyage à sec, 87 milliards en appareils électriques et électroniques et près de 14 milliards en frais funéraires.

N'oubliez pas que ce n'est que la pointe de l'iceberg. Seuls quelques articles de luxe et articles non essentiels ont été mentionnés. Souvenez-vous que la production, le transport et la commercialisation de ces biens donnent de l'emploi régulier à plusieurs millions d'hommes et de femmes qui reçoivent pour leurs services des milliards de dollars par mois et qui s'en servent à la fois pour se procurer des petits luxes et acquitter leurs factures.

Souvenez-vous surtout qu'en filigrane de cet échange de biens et de services personnels se trouve une profusion d'occasions de s'enrichir. Et c'est ici que la liberté qui caractérise notre pays entre en jeu. Il n'y a rien ni personne pour vous empêcher de fournir l'effort nécessaire pour profiter de ces occasions d'affaires. Avec du talent, une formation et de l'expérience, n'importe qui peut faire fortune. Ceux qui sont moins chanceux réussiront aussi à tirer leur épingle du jeu. Toute personne peut gagner sa vie en échange d'un labeur minimal.

Et c'est dans ce contexte d'abondance que vous évoluez.

L'occasion d'affaires se déploie devant vous. Prenez les devants, choisissez ce que vous voulez, élaborez votre plan, mettez-le en pratique et poursuivez le processus avec persévérance. L'Amérique capitaliste se charge du reste, vous pouvez en être sûr. L'Amérique capitaliste donne à chaque personne l'occasion de rendre des services utiles et de toucher des gages proportionnels à la valeur du service rendu.

Le «système» ne refuse ce droit à personne, mais il ne peut promettre de donner quelque chose sans rien recevoir en retour, parce que le système lui-même dépend de la loi de l'économie qui ne reconnaît et ne tolère pas cet état de choses bien longtemps.

La loi de l'économie est une loi de la nature! Il n'existe aucun tribunal suprême pour entendre l'appel de ceux qui auront violé cette loi. Cette loi a le pouvoir inné de punir ceux qui l'auront violée et de récompenser ceux qui l'auront respectée sans qu'aucune intervention humaine ne soit nécessaire. Cette loi ne peut être révoquée. Elle est aussi immuable que les étoiles dans le ciel et est d'ailleurs régie par le même système que ces dernières.

Peut-on refuser de s'adapter à cette loi de l'économie?

Certainement! Nous vivons dans un pays libre et nous avons tous des droits, y compris celui d'ignorer la loi de l'économie. Et que se passe-t-il ensuite? Rien jusqu'à ce que de larges groupes de personnes s'associent dans le but avoué d'ignorer cette loi et de prendre ce qu'ils veulent par la force. Ce qui annonce la venue d'un dictateur, de ses mitraillettes et de ses pelotons d'exécution.

Nous n'avons jamais atteint ce stade aux États-Unis! Mais nous savons aujourd'hui comment telle situation peut se produire[79]. Et peut-être devrions-nous nous estimer heureux de ne pas avoir une connaissance de première main de cette horrible réalité. Nous préférons vivre avec notre liberté de pensée et de mouvement, et la liberté de donner des services en échange d'une rétribution.

La pratique par les fonctionnaires du gouvernement de donner aux hommes et aux femmes le privilège de piller le trésor public en échange de votes mène parfois à des élections, mais tout comme la nuit succède au jour, viendra le temps où chaque sou utilisé à mauvais escient devra être remboursé avec intérêt composé par-dessus intérêt composé. Si les personnes qui ont fait mainmise sur cet argent ne sont pas forcées elles-mêmes de rembourser, le fardeau reposera sur leurs enfants et les enfants de ces derniers, et ce, jusqu'à la troisième et quatrième génération. Il n'y a aucun moyen d'éviter la dette[80].

Les gens forment parfois des groupes dans le but d'augmenter leur paie tout en diminuant leurs heures de travail. Mais il y a une limite à ne pas franchir, sinon la loi de l'économie entre en jeu et le shérif s'en prend autant à l'employeur qu'à ses employés[81].

Durant six longues années, de 1929 à 1935, les gens de l'Amérique, riches ou pauvres, ont tous assisté à la passation des entreprises, des industries et des banques aux mains des autorités. C'était triste à voir! Et cet état de choses n'a en rien amélioré l'opinion que nous avions de la psychologie de masse qui permet aux gens d'adopter des points de vue insensés et de se mettre à tout vouloir sans rien donner.

Nous, qui avons traversé ces six horribles années, alors que la peur était bien en selle et que la foi était au plus bas, ne pouvons oublier comment la loi de l'économie fit des victimes tant chez les riches que chez les pauvres, les forts et les faibles, les jeunes et les vieux. Nous ne voulons plus jamais revivre une telle expérience.

Ces observations ne sont pas basées sur une courte période. Elles sont le fruit de 25 années d'analyse méticuleuse des méthodes utilisées par certains des individus ayant le mieux réussi en Amérique. Ces personnes pleines de ressources, travaillantes, intelligentes – tant du passé que du présent – représentent le vrai génie du système de la libre entreprise et du mode de vie américain. Leurs qualités ont aidé la nation à survivre à la grande dépression et à s'épanouir. L'une de ces qualités est la capacité à décider, ce qui représente la septième étape vers la richesse. Nous aborderons cette étape dans le chapitre suivant.

■■■

Dieu semble favoriser l'individu qui sait exactement ce qu'il veut, s'il est déterminé à atteindre justement ce but!

■■■

Chapitre 7 La décision

La maîtrise de la procrastination

Septième étape vers la richesse

Après avoir étudié plus de 25 000 cas d'échec, on a pu démontrer que le manque de décision venait presque toujours en tête de la liste des 31 causes majeures de l'échec.

L'indécision (la procrastination) est un ennemi que nous avons presque tous à vaincre. Lorsque vous aurez achevé la lecture de ce livre, et que vous serez prêt à en appliquer les principes, vous aurez une occasion de tester votre aptitude à prendre des décisions *rapides et définitives.*

En se penchant sur le cas de plusieurs centaines de personnes qui ont fait fortune, on s'aperçoit que *toutes* avaient l'habitude de prendre leurs décisions très rapidement et d'en changer difficilement. Tous ceux qui n'arrivent pas à faire fortune, *sans exception,* ont besoin de *beaucoup de temps* pour prendre leurs décisions et de *très peu pour les modifier, ce que d'ailleurs ils ne cessent de faire.*

L'une des caractéristiques les plus remarquables de Henry Ford était son *habitude* de se décider rapidement et de changer d'avis difficilement. Cette qualité était si ancrée en lui qu'elle le faisait passer pour obstiné.

C'est elle qui le poussa à continuer la fabrication de son fameux modèle T (la voiture la plus laide du monde !) alors que tous ses conseillers et plusieurs acheteurs le pressaient de le remplacer.

Peut-être M. Ford tarda-t-il trop à les écouter, mais, d'un autre côté, la fermeté de sa décision lui rapporta une fortune avant que le changement de modèle ne devînt *inéluctable.* Il est probable que dans l'habitude de M. Ford de toujours s'en tenir à ses décisions, il y avait une part d'obstination, mais il est mille fois préférable d'être obstiné que de ne pouvoir se décider rapidement ou de revenir sur une décision qui vient d'être prise.

La plupart des gens qui échouent dans leur tentative de gagner beaucoup d'argent sont généralement très influençables. Ils se fient à la voix des journaux et aux commérages des voisins. Les opinions sont les denrées les moins chères. Chacun de nous en a une foule. Si vous vous laissez influencer lorsque vous avez à prendre une décision, vous n'arriverez à rien de bien. Vous ne concrétiserez pas votre désir d'argent.

Si vous êtes influencé par les opinions des autres, vous n'aurez pas de désir propre.

Lorsque vous mettrez en pratique les principes contenus dans ce livre, *vous prendrez vous-même vos décisions* et vous vous y tiendrez. Vous n'en parlerez à personne sauf aux membres de votre «cerveau collectif» et soyez bien sûr que, lorsque vous choisirez ces derniers, tous éprouveront enthousiasme et sympathie à l'égard de votre dessein.

Les amis intimes et les parents, bien que ne soit pas là leur intention, freinent souvent nos élans en donnant leurs opinions ou, par esprit de malice, en se moquant des nôtres. Des milliers d'hommes et de femmes traînent toute leur vie des complexes d'infériorité parce qu'une personne bien intentionnée, mais sotte, a détruit leur confiance en eux par ses opinions et ses moqueries.

Vous avez un cerveau et un esprit qui vous sont propres. Utilisez-les et sachez prendre seul vos décisions. Si vous avez besoin d'un conseil, ce qui peut arriver, adressez-vous à qui de droit discrètement, et sans révéler vos intentions précises.

Ceux qui ont peu d'instruction essaient souvent de faire croire aux autres qu'ils en ont beaucoup. Ils parlent trop et n'écoutent pas assez. Si vous voulez prendre l'habitude de vous décider rapidement, ouvrez les yeux et les oreilles et fermez la bouche! Ceux qui parlent beaucoup agissent peu. Si vous parlez plus que vous n'écoutez, vous ne vous privez pas seulement de nombreuses occasions d'apprendre quelque chose d'utile, mais en plus vous dévoilez vos plans et desseins à des gens qui, parce qu'ils vous envient, prendront un malin plaisir à vous faire échouer.

Chaque fois que vous parlez en présence d'une personne très cultivée, vous lui permettez de mesurer le degré exact de votre propre culture, et le plus souvent ce sera à votre désavantage ! C'est dans *la modestie et le silence* que réside la vraie sagesse. Souvenez-vous-en.

Ne perdez pas de vue que toute personne avec qui vous vous associez cherche comme vous un moyen de faire fortune. Si vous parlez trop librement de vos plans, vous aurez peut-être la mauvaise surprise de voir quelqu'un d'autre en profiter.

Prenez la décision de garder le silence et d'ouvrir les yeux et les oreilles.

Pour vous aider à vous souvenir de ce conseil, couchez sur papier la phrase qui suit en grosses lettres que vous placerez à un endroit bien visible :

« Dites au monde ce que vous voulez faire, mais en le faisant d'abord. »

Autrement dit, ce sont les actes qui comptent et non les paroles.

Décision de vie ou de mort

La valeur d'une décision dépend du courage qu'il faut pour la prendre. Les grandes décisions qui font progresser la civilisation sont prises par des hommes qui risquent la mort.

La décision de publier la proclamation d'émancipation, qui donna la liberté au peuple noir des États-Unis, fut prise par Lincoln alors qu'il n'ignorait pas que des milliers de partisans politiques et d'amis se retourneraient contre lui. Il savait aussi que le fait d'appliquer cette proclamation sonnerait le glas pour des milliers d'hommes sur le champ de bataille. À la fin, il paiera de sa vie cette courageuse décision.

Non seulement Socrate eut le courage de s'empoisonner plutôt que de renier ses idées, mais son geste prépara la liberté de pensée et d'expression pour un peuple qui n'était pas encore né.

Quand le général Robert E. Lee embrassa la cause des sudistes, il savait que cette décision pourrait lui coûter la vie et allait obligatoirement en coûter bien d'autres.

La plus grande décision de toute l'histoire des États-Unis a été prise à Philadelphie, le 4 juillet 1776, lorsque 56 hommes signèrent un document, sachant qu'il pourrait aussi bien apporter la liberté à tous les Américains qu'en faire pendre 56 haut et court.

Vous avez certainement entendu parler de ce document, mais peut-être n'en avez-vous pas tiré la grande leçon de réussite qu'il comporte.

Nous nous rappelons la date de l'événement, mais nous ne voyons pas la somme du courage qui le prépara. Nous nous souvenons du récit tel qui nous fut rapporté, nous nous souvenons des dates et hommes qui en furent les héros. Nous nous souvenons de Valley Forge et de Yorktown, de George Washington et de Lord Cornwallis. Mais nous savons bien peu de choses sur les forces qui se cachent derrière ces noms, ces dates et ces lieux, et nous en savons encore moins sur le pouvoir qui nous assura la liberté *bien avant que l'armée de Washington n'atteignît Yorktown.*

En lisant l'histoire de la Révolution américaine, nous avons la fausse impression que George Washington a été le père de notre pays, que c'est lui qui a gagné notre liberté, alors qu'en réalité, Washington n'a été qu'un complice après le fait parce que la victoire de ses armées avait été entérinée bien avant que Lord Cornwallis ne se rende.

Loin de nous l'idée de dérober à Washington la gloire qui lui revient amplement, le but de l'exercice étant plutôt de s'attarder au pouvoir stupéfiant qui fut la véritable cause de cette victoire.

Il est regrettable que les historiens n'aient pas fait état de l'irrésistible pouvoir qui permit l'apparition dans le monde d'un pays qui allait établir de nouvelles lois d'indépendance et faire école. Je répète que c'est regrettable parce que, pour surmonter les difficultés de la vie, ce pouvoir est celui que tout individu doit utiliser.

Revoyons brièvement les faits qui donnèrent naissance à ce pouvoir.

Tout a commencé à Boston, le 5 mars 1770. Des soldats britanniques patrouillaient dans les rues au milieu des passants qui, n'appréciant pas du tout ces hommes armés, leur exprimèrent leur mécontentement en leur lançant des pierres et des injures.

Les soldats reçurent l'ordre de charger. Il y eut des blessés. L'incident provoqua un tel ressentiment que l'Assemblée provinciale, composée de colons influents, se réunit pour prendre une décision. Deux membres de l'Assemblée, John Hancock et Samuel Adams, déclarèrent qu'il fallait bouter les soldats britanniques hors de Boston.

Une décision qui allait changer le cours de l'histoire et marquer le début de la liberté dont jouissent depuis les États-Unis d'Amérique. C'était une décision lourde de conséquences qui nécessitait foi et courage.

Avant la fin de la séance, Samuel Adams fut chargé de rencontrer le gouverneur Thomas Hutchinson et de lui demander le retrait des troupes britanniques.

La demande agréée, les troupes quittèrent Boston, mais l'incident était loin d'être clos. Il est étrange de constater comment les plus grands changements comme la Révolution américaine et la Première Guerre mondiale reposent sur des incidents en apparence insignifiants. Il est intéressant de noter que ces changements importants se présentent au début sous la forme d'une décision bien arrêtée dans l'esprit d'un petit nombre de personnes. Peu d'entre nous connaissons suffisamment l'histoire de notre pays pour nous rendre compte que John Hancock, Samuel Adams et Richard Henry Lee (de la province de la Virginie) sont en fait les vrais pères de notre nation.

Richard Henry Lee entra dans l'histoire par l'entremise de la correspondance qu'il entretint avec Adams : ils se confiaient leurs espoirs et leurs craintes au sujet du bien-être de leurs provinces respectives. Cette correspondance donna à Adams l'idée d'un courrier semblable entre les 13 colonies, créant ainsi un lien entre elles et les aidant à résoudre leurs problèmes. En mars 1772, deux ans après l'effusion de sang de Boston, Adams proposa à l'Assemblée de fonder un comité de correspondance avec nomination de représentants pour chacune des colonies « dans le but de coopérer amicalement à l'amélioration des colonies de l'Amérique britannique ».

Tel fut le début de la puissante organisation qui fit des États-Unis un pays libre. Le « cerveau collectif » était composé d'Adams, de Lee et de Hancock. Cela illustre bien ce qui est dit dans Matthieu 18, 19 : « Je vous dis encore que, si deux d'entre vous s'accordent sur la terre pour demander une chose quelconque, elle leur sera accordée par mon Père qui est dans les cieux. »

C'est ainsi que le comité de correspondance fut constitué. Remarquez que cette manœuvre fit en sorte d'augmenter le pouvoir du « cerveau collectif » en y invitant des gens de toutes les colonies et que cette procédure marqua la première initiative organisée des colons mécontents.

L'union fait la force ! Les citoyens des colonies avaient livré jusque-là une guerre désorganisée contre les soldats britanniques ; cette « petite guerre » se traduisait par des émeutes du genre de celle de Boston et n'apportait rien de constructif. Les griefs individuels n'avaient pas été exploités sous la direction d'un « cerveau collectif ». Jusqu'à l'initiative d'Adams, Hancock et Lee, aucun groupe ne s'était formé pour régler, une fois pour toutes, les différends avec les Britanniques.

Entre-temps, ces derniers ne restaient pas inactifs ; eux aussi avaient leur plan et leur « cerveau collectif » avec l'avantage que donnent l'argent et une armée régulière.

Pour remplacer Hutchinson, la couronne nomma le brigadier général Thomas Gage au poste de gouverneur du Massachusetts. Son premier geste fut d'envoyer un messager chez Samuel Adams pour le sommer de rentrer dans les rangs.

Pour mieux comprendre la suite, voyons la conversation telle qu'elle s'engagea entre le colonel Fenton (le messager de Gage) et Adams. Le colonel Fenton : « Je viens de la part du gouverneur Gage vous assurer, M. Adams, qu'il a plein pouvoir pour vous accorder tout ce que vous voudrez si, au préalable, vous levez votre opposition aux mesures qu'il a prises. Il vous donne, Monsieur, un conseil d'ami, celui de ne pas attirer sur vous le courroux de Sa Majesté. Votre conduite tombe sous le coup d'une loi édictée par Henry VIII : est envoyée en Angleterre, pour y être jugée, toute personne que le gouverneur d'une province décrète coupable de trahison. Si vous changez de politique, non seulement vous en retirerez de grands avantages, mais vous serez en paix avec votre roi. »

Samuel Adams avait le choix : lever son opposition et accepter les pots-de-vin ou poursuivre la lutte et courir le risque d'être pendu.

Le temps était donc venu pour Adams de prendre une décision qui pourrait lui coûter la vie. La majorité des gens auraient eu de la difficulté à prendre cette décision et auraient répondu de manière évasive, mais pas Samuel Adams ! Il demanda au colonel Fenton de lui promettre sur l'honneur de répéter au gouverneur les termes exacts de sa réponse.

Voici sa réponse : « Dites au gouverneur Gage que, depuis longtemps, je suis en paix avec le Roi des rois. Aucune considération personnelle ne pourra me faire abandonner la juste cause de mon pays. Et veuillez ne pas oublier de lui dire que je lui conseille, moi, Samuel Adams, de ne plus porter atteinte aux sentiments d'un peuple exaspéré. »

Inutile de commenter la trempe du personnage. Il est évident pour tous ceux qui lisent ce message stupéfiant que l'expéditeur possède une loyauté et un sens de l'honneur à toute épreuve. C'est important de le souligner[82].

Irrité par le propos d'Adams, Gage fit placarder l'avis suivant: « Au nom de Sa Majesté, j'offre et promets Son très gracieux pardon à ceux qui, séance tenante, déposeront les armes et accompliront leurs devoirs de paisibles sujets. Toutefois, Samuel Adams et John Hancock ne bénéficieront pas de ce pardon, leur infâme conduite ne méritant qu'un juste châtiment. »

De nos jours, on dirait d'Adams et de Hancock qu'ils étaient « dans le bain » jusqu'au cou ! Sous la menace du gouverneur, ils prirent une nouvelle décision, tout aussi dangereuse que la première. Rapidement et en secret, ils réunirent leurs plus fidèles partisans. (Ici, le « cerveau collectif » gagne du terrain.) Lorsque tout le monde fut là, Adams verrouilla la porte, mit la clé dans sa poche et décréta que personne ne quitterait la pièce avant que ne soit prise, à l'unanimité, la décision de réunir en congrès tous les colons.

Un brouhaha s'ensuivit. Tout le monde était très excité. Les uns envisageaient avec frayeur les conséquences d'un tel radicalisme, les autres exprimaient leurs doutes quant à la sagesse d'une *décision si ferme* qui défiait la couronne. Seuls deux hommes, Adams et Hancock, restaient insensibles à la peur et à la possibilité d'un échec. Leur influence était telle que peu à peu les autres se rallièrent. Par l'intermédiaire du comité de correspondance, tout était mis en œuvre pour réunir le premier Congrès continental à Philadelphie, le 5 septembre 1774.

N'oubliez pas cette date. Elle est plus importante que celle du 4 juillet 1776. Si la *décision* de tenir un congrès continental n'avait pas été prise à ce moment-là, la Déclaration d'indépendance n'aurait jamais pu être signée.

Avant la première réunion du Congrès, dans la province de Virginie, un autre chef de file publiait un livre explosif intitulé *Vue sommaire des droits de l'Amérique britannique.* C'était Thomas Jefferson (qui deviendra le troisième président des États-Unis) dont les relations avec Lord Dunmore, le représentant de la couronne en poste dans cette région, étaient aussi tendues que celles d'Adams et de Hancock avec leur gouverneur.

Peu après la publication de son livre, Jefferson apprit qu'il était poursuivi pour haute trahison envers le gouvernement de Sa Majesté. Inspiré par cette menace, Patrick Henry, un collègue de Jefferson, fit la remarque suivante qui demeure un classique du genre : « Si ceci est de la trahison, tirons-en donc le meilleur parti. »

Ce sont ces hommes qui, sans pouvoir, sans autorité, sans armée, sans argent, dès l'ouverture du premier Congrès continental, et ensuite pendant deux ans, à intervalles réguliers, statuèrent sur le sort des colonies. Cela jusqu'au 7 juin 1776, date à laquelle Richard Henry Lee s'adressa en ces termes à la jeune assemblée et à son président :

« Messieurs, je soumets à votre approbation la motion suivante : les colonies unies sont et doivent de droit être des États indépendants, libérés de toute obéissance envers la couronne britannique et de tout lien politique avec l'État de Grande-Bretagne. »

L'étonnante proposition de Lee fut débattue fiévreusement et si longtemps que son auteur perdit patience. Après plusieurs jours de délibérations, il reprit la parole et s'écria d'une voix ferme et claire : « M. le président, nous avons discuté des journées entières de cette proposition. Elle est notre seule issue. Alors, pourquoi attendre davantage ? Que cet heureux jour donne naissance à une République américaine dont le but ne sera pas de dévaster ou de conquérir, mais de rétablir le règne de la paix et de la loi. L'Europe a les yeux fixés sur nous. Elle espère que nous soyons l'exemple vivant de la liberté qui tranche véritablement avec la tyrannie ambiante. »

Avant le vote final de la proposition, Lee fut rappelé en Virginie auprès d'un membre de sa famille gravement malade ; mais avant de partir, il s'en remit à son ami Thomas Jefferson, qui promit de lutter jusqu'à ce qu'une décision favorable intervînt. Peu après, le président du Congrès, Hancock, nommait Jefferson président du comité chargé de rédiger la Déclaration d'indépendance.

Le comité travailla longtemps à l'élaboration d'un document d'autant plus difficile à rédiger que chaque homme qui le signerait, après son acceptation par le Congrès, signerait en même temps son arrêt de mort au cas où, dans la bataille inévitable qui opposerait les colonies à la Grande-Bretagne, cette dernière remporterait la victoire.

Le 28 juin, le manuscrit était lu devant le Congrès. Pendant plusieurs jours, on en discuta les termes, on en modifia quelques passages et enfin le document fut prêt. Le 4 juillet 1776, Thomas Jefferson, debout devant l'assemblée, lut à haute voix la Déclaration née de la décision la plus importante qui fut jamais prise.

« Lorsque dans le cours des événements humains, il devient nécessaire pour un peuple de dissoudre les liens politiques qui l'ont attaché à un autre et de prendre, parmi les puissances de la terre, la place séparée et égale à laquelle les lois de la nature et du Dieu de la nature lui donnent droit, le respect dû à l'opinion de l'humanité oblige à déclarer les causes qui le déterminent à la séparation... »

La Déclaration fut votée, acceptée et signée par les 56 représentants qui risquaient ainsi leur vie en acceptant d'apposer leur nom sur le document. Par cette décision naquit une nation destinée à donner aux gens le privilège et le droit de prendre des décisions.

C'est en prenant des décisions dans un tel esprit de foi que les gens sont à même de régler leurs problèmes personnels et de s'enrichir au plan tant matériel que spirituel. Ne l'oublions jamais !

Examinez les événements qui ont mené à la Déclaration d'indépendance et soyez sûr que la puissance de notre nation respectée par toutes les nations du monde est née de la décision d'un « cerveau collectif » constitué de 56 personnes. Sachez bien que c'est leur *esprit de décision* qui assura le succès des armées de Washington. Il était dans le cœur de chaque combattant. Et le pouvoir de l'esprit fait reculer la défaite et la rend impossible.

Notez également que le pouvoir qui permit à cette nation de gagner sa liberté est celui-là même que peut utiliser tout homme déterminé. Ce pouvoir illustre l'application des principes exposés dans ce livre. Découvrez, par le récit historique de la Déclaration d'indépendance, que *le désir, la décision, la foi, la persévérance, l'élaboration de plans et l'efficacité du « cerveau collectif »* ont été les six causes qui ont déterminé la victoire.

Tout au long de cet ouvrage, il vous sera répété qu'une pensée doublée d'un désir ardent tend à se transformer en son équivalent physique. On peut trouver dans la genèse de la Déclaration d'indépendance et dans celle de la United States Steel Corporation une description parfaite de la concrétisation de la pensée.

Dans votre quête pour trouver le secret de cette méthode, ne vous attendez pas à un miracle. Ce que vous trouverez, ce sont les lois éternelles de la nature que n'importe quel homme peut utiliser s'il a assez de foi et de courage.

Ces lois s'utilisent pour libérer un pays comme pour faire fortune ou pour atteindre n'importe quel but que vous vous serez fixé. Si on fait exception du temps nécessaire pour les comprendre et les assimiler, c'est un processus qui ne coûte rien.

Ceux qui prennent leurs décisions rapidement et définitivement savent ce qu'ils veulent et l'obtiennent généralement. Un chef décide toujours vite et bien. C'est pour cela qu'il en est un. Le monde a l'habitude de chérir celui dont les mots et les actes prouvent qu'il sait où il va.

L'indécision est généralement une habitude de jeunesse. De plus en plus tenace avec le temps, elle influence l'étudiant et le poursuit tout au long de son primaire, de son secondaire et parfois jusqu'à l'université. La plus grande faiblesse de tous les systèmes d'éducation est qu'aucun d'entre eux n'enseigne ni n'encourage la prise de décision.

Il serait peut-être avantageux que l'acceptation de la candidature d'un étudiant à l'université soit sous réserve de l'expression claire, nette et précise des raisons pour lesquelles il souhaite poursuivre ses études. Et ce serait encore mieux si l'étudiant avait l'obligation de suivre une formation dans le domaine de la prise de décision, formation assortie d'un examen final dont les résultats détermineraient s'il peut accéder à la classe supérieure.

L'habitude de l'indécision due aux faiblesses du système d'éducation accompagnera cet étudiant jusque dans le choix de son métier, si tant est qu'il arrive à en choisir un ! Très souvent, le jeune qui vient de terminer ses études accepte, parce qu'il est indécis par habitude, le premier emploi qu'on lui propose. La plupart des petits salariés actuels doivent leur situation au fait qu'ils ont manqué de décision et de jugement lorsqu'il a fallu choisir.

Être ferme dans ses décisions demande du courage. Il en faut quelquefois beaucoup. Les 56 hommes qui ratifièrent la Déclaration d'indépendance risquèrent leur vie en apposant leur signature au bas de ce document.

Les individus qui prennent une décision délibérée pour obtenir un emploi précis et prendre le contrôle de leur existence ne mettent pas leur vie en jeu. Ce qu'ils mettent en jeu, c'est leur liberté économique. La fortune et une situation professionnelle bien assise ne sont pas à la portée de celui qui néglige ou qui refuse de les préparer par des plans et de les solliciter. Est assuré de faire fortune celui qui le désire, comme Samuel Adams souhaitait l'indépendance des colonies.

Au chapitre 6 sur l'élaboration des plans, nous vous avons donné des instructions détaillées sur la manière de commercialiser chaque type de service personnel. Nous vous avons également donné des informations pratiques sur la manière de choisir son employeur et le travail auquel vous aspirez. Ces renseignements ne vous seront d'aucune utilité si vous n'avez pas au préalable pris la décision de les transformer en plans d'action que vous devrez poursuivre avec persévérance et qui nous mène à la huitième étape vers la richesse.

■■■

La richesse n'obéit pas aux souhaits. Elle répond aux plans bien établis, basés sur des désirs précis, le tout mené avec une persévérance de tous les instants.

■■■

Tout échec porte en soi le germe de la réussite.

■■■

Chapitre 8 La persévérance

L'effort soutenu nécessaire pour insuffler la foi
Huitième étape vers la richesse

La persévérance est l'un des facteurs essentiels à la transformation du désir d'argent en son équivalent matériel. À l'origine de la persévérance, il y a le pouvoir de la volonté.

Conjugués, le pouvoir de la volonté et le désir sont irrésistibles. Les hommes qui gagnent de grosses fortunes donnent souvent l'impression d'être durs et froids. La plupart du temps, on ne les comprend pas. Au pouvoir de la volonté, ils allient la persévérance et c'est avec ces deux qualités qu'ils assurent la réalisation de leur désir.

On le disait, à tort, impitoyable et inhumain. Mais cet aspect de la personnalité de Henry Ford était sans aucun doute dû à sa propension à suivre ses plans avec ténacité et persévérance.

La plupart des gens sont prêts à abandonner leurs buts et leurs projets au premier signe d'opposition ou d'échec. Il y en a très peu qui, malgré les obstacles, persévèrent jusqu'à ce qu'ils atteignent leur but. Ces gens, ce sont les Ford, les Carnegie, les Rockefeller, les Edison de ce monde.

Le mot «persévérance» n'a pas valeur d'héroïsme. C'est une qualité qui est au caractère de l'homme ce que le carbone est à l'acier.

La constitution d'une fortune demande généralement l'application de 13 principes de base qui doivent être compris et appliqués avec persévérance.

Si vous lisez ce livre dans l'intention d'appliquer son enseignement, la meilleure façon de tester votre persévérance sera de suivre à la lettre les six instructions du premier chapitre. À moins, bien sûr, que vous ne soyez l'un de ces rares individus à avoir déjà un but et un plan précis. Sinon, lisez ces instructions, faites-en une routine quotidienne et n'oubliez jamais de les appliquer.

Je vous demande d'évaluer votre capacité à persister, car le manque de persévérance est l'une des causes les plus importantes d'échec. La plupart des gens souffrent de cette faiblesse. On peut cependant lutter contre elle, d'autant plus facilement que le désir de la vaincre est grand.

Le désir est à l'origine de toute entreprise. Ne l'oubliez jamais. Un petit désir n'apporte que de maigres résultats, de même qu'un petit feu donne peu de chaleur. Si vous manquez de persévérance, combattez cette faiblesse en stimulant votre désir jusqu'à ce qu'il devienne obsessionnel.

Lisez ce chapitre jusqu'au bout, puis revenez au premier chapitre et appliquez immédiatement les six instructions qui y sont données. L'ardeur avec laquelle vous les suivrez indiquera clairement la qualité de votre désir. Si vous vous sentez plus ou moins indifférent, vous n'avez pas encore cette « volonté d'argent » indispensable à qui veut faire fortune.

De même que l'eau est attirée par l'océan, la fortune est attirée par ceux qui ont préparé leur esprit à la recevoir. Vous trouverez dans ce livre tous les stimuli nécessaires pour harmoniser votre esprit aux « vibrations de la pensée » et attirer l'objet de vos désirs.

Si vous ne pouvez persévérer, suivez les instructions du chapitre qui traite du « cerveau collectif » (chapitre 9) et organisez le vôtre. Grâce aux efforts coopératifs des membres, vous développerez votre persévérance. Dans les chapitres sur l'autosuggestion et le subconscient (chapitres 3 et 11), vous trouverez d'autres instructions dans ce sens. Suivez-les jusqu'à ce que votre subconscient ait une image claire de l'objet de votre désir. Alors vous ne serez plus entravé par votre manque de persévérance.

Une application occasionnelle de ces règles ne donnerait aucun résultat. Vous devez les observer continuellement jusqu'à ce que cette discipline devienne pour vous une seconde nature. D'aucune autre manière vous ne pourrez développer votre « volonté d'argent ».

La pauvreté s'empare facilement d'un esprit que n'occupe pas la « volonté d'argent », car elle n'a pas besoin, pour s'installer, d'un esprit préparé à la recevoir. Quiconque n'est pas né avec cette « volonté d'argent » doit la créer de toutes pièces.

Avez-vous compris la signification exacte du paragraphe précédent ? Dans l'affirmative, vous pouvez comprendre le rôle de la persévérance dans la création d'une fortune. Sans persévérance, vous échouerez avant d'avoir commencé. Vous ne gagnerez à coup sûr qu'avec de la persévérance.

Vous avez déjà eu des cauchemars. En voici un qui peut vous aider à comprendre toute la valeur de la persévérance : vous êtes au lit, à demi inconscient, et vous avez l'impression que vous étouffez. Vous êtes incapable de bouger le petit doigt et vous sentez que vous devez reprendre le contrôle de vos muscles. Par des efforts de volonté, vous arrivez à mouvoir les doigts d'une main. En persistant, vous étendez votre contrôle aux muscles de votre bras que vous parvenez à lever.

Puis, de la même façon, vous parvenez à maîtriser l'autre main et l'autre bras, une jambe, puis l'autre. Enfin, vous contrôlez tout votre système musculaire et émergez du cauchemar. Vous y êtes parvenu peu à peu.

C'est également peu à peu que votre esprit vaincra son inertie. Vous retrouverez progressivement le plein contrôle de votre volonté. Soyez persévérant, peu importe la lenteur que vous éprouvez à bouger. Le succès passe par la persévérance[83].

Choisissez soigneusement les membres de votre « cerveau collectif » et assurez-vous qu'au moins une personne peut vous aider à développer votre persévérance. Certaines personnes qui firent fortune furent *contraintes* d'acquérir cette capacité de persévérer par les circonstances.

Rien ne remplace la persévérance ! Souvenez-vous-en lorsque, au début, vos progrès vous sembleront lents et difficiles.

Ceux qui ont cultivé l'habitude de la persévérance ont acquis une assurance contre l'échec. Peu importe le nombre de leurs défaites, ils sont certains de remporter la victoire. Parfois, il semble qu'un « guide caché » teste les hommes en leur faisant subir toutes sortes d'épreuves. Ceux qui s'en relèvent et ne se découragent pas atteignent leur but. Le « guide caché » ne vous laisse rien entreprendre sans éprouver votre persévérance. Ceux qui ne le comprennent pas resteront derrière.

Ceux qui l'ont compris, par contre, sont magnifiquement récompensés. Ils reçoivent ce qu'ils ont désiré. Ce n'est pas tout ! Ils reçoivent encore quelque chose de bien plus important: la preuve que tout échec porte en soi le germe de la réussite.

Il y a des exceptions à la règle. Certaines personnes connaissent par expérience la valeur de la persévérance. Elles savent que les défaites ne sont que passagères et qu'elles peuvent être changées en victoires avec de la persévérance. Elles savent qu'un désir poursuivi avec persévérance peut transformer un échec en victoire. Nous voyons si souvent un nombre impressionnant de gens qui subissent la défaite sans jamais s'en relever. Peu nombreuses sont les personnes qui voient en la défaite *un appel urgent à redoubler d'efforts.* C'est alors qu'une force irrésistible et silencieuse vient à leur aide pour lutter contre le découragement. Cette force n'est autre que la persévérance. Sans elle, et dans quelque domaine que ce soit, aucun succès n'est possible.

Ayant écrit ces lignes, je lève les yeux de mon papier et regarde devant moi la grande et mystérieuse Broadway, à la fois cimetière de tant d'espoirs et porte vers la réussite. Des gens du monde entier sont venus y chercher fortune, célébrité, puissance, amour et tout ce qui fait la réussite de l'homme. De temps en temps, un individu se démarque et le monde apprend qu'à nouveau quelqu'un a maté Broadway. Mais Broadway n'est pas facile à conquérir. Elle reconnaît le talent, le génie, mais ne paie en espèces que les *persévérants.*

Comment conquérir Broadway? C'est un secret. Il nous est révélé dans la lutte que mena Fannie Hurst avec sa plume. Arrivée à New York en 1915, elle n'y réussit pas immédiatement. Pendant quatre ans, elle passa ses journées à travailler et ses nuits à espérer. Lorsque son espoir se réduisit pratiquement à néant, elle ne se dit pas «Très bien, Broadway, tu as gagné!», mais plutôt: «Je sais, Broadway, que tu en as dévoré d'autres, mais moi je suis décidée à ne pas me laisser faire et tu ne m'auras pas[84]!»

Un éditeur (du *Saturday Evening Post*) lui renvoya 36 fois ses manuscrits avant d'en accepter un et de le publier. La plupart des écrivains auraient abandonné la partie après le tout premier refus. Mais parce qu'elle était décidée à gagner, elle tint bon quatre ans.

Puis la situation changea du tout au tout. Le mauvais sort avait été levé. Le «guide caché» avait mis Fannie Hurst à l'épreuve et elle avait surmonté les obstacles, et à partir de ce moment-là, ce furent les éditeurs qui la sollicitèrent. Elle gagna tant d'argent et si vite qu'elle arrivait à peine à le compter. Puis, les producteurs de cinéma s'intéressèrent à son œuvre et les gains se multiplièrent. Les droits cinématographiques de son roman *Great Laughter* lui rapportèrent 100 000 dollars, un sommet pour l'époque, sans compter les droits d'auteur du livre en question.

Bref, vous avez une bonne idée de ce que la persévérance peut accomplir. Le cas de Fannie Hurst n'est pas exceptionnel. Soyez certain que tous ceux qui ont amassé une grosse fortune ont dû, en premier lieu, acquérir la persévérance. Broadway fera l'aumône d'un sandwich et d'un café à quiconque en fera la demande, mais ceux qui désirent s'y illustrer devront faire preuve de persévérance.

Kate Smith aurait ajouté un «amen» bien senti en lisant ce qui précède. Pendant des années, elle avait chanté gratuitement devant tous les microphones dont elle pouvait s'approcher. Broadway lui susurrait à l'oreille: «Allez, viens et prends ce que tu veux, si tu en es capable.» Ce qu'elle fit sans jamais s'arrêter jusqu'à ce qu'un bon jour Broadway s'incline devant tant de détermination. Mlle Smith fit tant d'argent que ses gains en une semaine de travail représentaient plus que ce que la plupart des gens de l'époque gagnaient en une année[85]!

Comme quoi il est payant d'être tenace!

Et voici une déclaration encourageante qui transmet une information d'une grande importance: des milliers de chanteuses dont les talents vocaux sont plus grands que ceux de Kate Smith évoluent sur Broadway en espérant «percer», mais sans succès.

Beaucoup d'autres vont et viennent. Plusieurs ont beaucoup de talent, mais ne réussissent pas à percer parce qu'elles n'ont pas la patience d'attendre que Broadway s'incline devant elles.

La persévérance est un état d'esprit, elle peut donc se cultiver. Pour y arriver, voici:

Les huit facteurs de la persévérance

1. *La précision de l'intention.* Pour développer la persévérance, il est primordial de savoir ce que l'on veut. Une intention bien ancrée aide à surmonter de nombreuses difficultés.
2. *Le désir.* Quand on poursuit l'objet d'un ardent désir, il est facile d'acquérir et de maintenir la persévérance.
3. *La foi en soi.* Croire en sa propre aptitude à mener à bien un plan encourage à le suivre avec persévérance (la foi en soi peut être développée par l'autosuggestion: voir le chapitre qui en traite).

4. *La précision des plans.* Des plans structurés, même s'ils se révèlent mauvais et absolument irréalisables, sont un encouragement à persévérer.
5. *Des connaissances adéquates.* Savoir, par expérience, que nos plans sont bons est un encouragement à persévérer ; l'impression, contrairement à la connaissance, détruit la persévérance.
6. *La coopération.* La sympathie, la compréhension des autres et la coopération harmonieuse ont tendance à développer la persévérance.
7. *Le pouvoir de la volonté.* La concentration sur l'élaboration des plans indispensables à la réalisation du but poursuivi conduit à la persévérance.
8. *L'habitude.* La persévérance est le résultat direct de l'habitude. L'esprit absorbe les expériences de la journée ; il s'en nourrit. La peur, le pire de tous les ennemis, peut être entièrement éliminée par *la répétition imposée d'actes de courage.* Tous ceux qui ont fait du service actif pendant la guerre le savent.

Avant d'en terminer avec la persévérance, faites votre propre examen de conscience, courageusement, point par point, et voyez dans quelle mesure la persévérance vous fait défaut. Cette analyse vous conduira peut-être à des découvertes sur vous et sur vos habitudes.

Les 16 symptômes d'un manque de persévérance

Vous trouverez ici les vrais ennemis qui vous barrent le chemin de toute réalisation importante. Vous découvrirez non seulement la faiblesse de votre persévérance, mais aussi les causes inconscientes de cette faiblesse. Analysez-vous franchement si vous voulez vraiment savoir qui vous êtes et ce que vous êtes capable de faire. Voici les faiblesses qui doivent être vaincues par tous ceux qui cherchent à faire fortune :

1. L'impossibilité de reconnaître et de définir clairement ce que l'on veut.
2. L'hésitation et son lot d'alibis et d'excuses.
3. Le manque d'intérêt pour un enseignement spécialisé.
4. L'indécision et l'habitude de laisser les autres prendre toutes les décisions à notre place au lieu de faire face aux situations.
5. L'habitude de se reposer sur des excuses au lieu de créer des plans précis pour trouver une solution à son problème.

6. Le contentement de soi. Il n'y a malheureusement rien à faire contre cette maladie.
7. L'indifférence qui se manifeste habituellement par la recherche systématique de compromis là où il y aurait lieu de faire face aux obstacles et d'essayer de les franchir.
8. L'habitude de critiquer les erreurs des autres et d'accepter des circonstances défavorables comme inévitables.
9. La tiédeur d'un désir qui vient de ce qu'on néglige le choix des intentions qui poussent à agir.
10. La volonté, et même parfois la hâte, d'abandonner au premier signe de défaite. (Basée sur l'une ou plusieurs des six peurs fondamentales.)
11. L'absence de plans organisés et soigneusement rédigés pour pouvoir être mieux étudiés.
12. L'habitude de négliger l'occasion qui se présente.
13. Souhaiter au lieu de vouloir.
14. L'habitude d'établir des compromis avec la pauvreté au lieu de vouloir la fortune. Le manque total d'ambition *d'être, d'agir, de posséder.*
15. La quête de raccourcis menant à la fortune ; essayer de prendre sans donner en retour qui s'exprime souvent par l'habitude de parier ou de chercher à mener des négociations « serrées ».
16. La peur d'être critiqué, la peur du « qu'en-dira-t-on » qui fait échouer autant l'élaboration que l'application de plans. Cet ennemi numéro un se cache généralement dans le subconscient. (Voir les six peurs fondamentales page 220.)

Étudions cette peur d'être critiqué. La plupart des gens permettent à leurs parents, à leurs amis et aux autres de les influencer à tel point qu'ils n'osent vivre leur propre vie de peur d'être critiqués.

De nombreuses personnes font de mauvais mariages et s'entêtent à mener une vie malheureuse parce que la peur d'être critiquées les empêche de divorcer. Celui qui a subi le joug de cette peur sait l'irréparable dommage qu'elle commet en détruisant toute ambition et tout désir de réussite. Des millions de gens, après avoir quitté l'école, renoncent à un enseignement complémentaire par peur d'être critiqués.

Des hommes et des femmes de tout âge permettent à leurs parents de briser leur vie par peur de la critique. Or le devoir n'exige pas la destruction des ambitions personnelles.

Par peur d'être critiqués en cas d'échec, des gens refusent de saisir leur chance en affaires. *La peur des critiques est, dans ce cas, plus forte que le désir de la réussite.*

Trop d'individus renoncent aux visées ambitieuses ou négligent de choisir la profession qui les tente, de crainte que parents et faux amis ne disent: « Il est fou! Qu'est-ce que les gens vont penser... »

Lorsque Andrew Carnegie me suggéra de consacrer 20 ans de ma vie à l'élaboration d'une philosophie du succès, ma première réaction fut: « Qu'est-ce que les gens vont en penser? » Cette suggestion m'a fourni un but à atteindre, d'une ampleur qui dépassait tout ce que j'avais entrepris jusqu'alors. Vif comme l'éclair, mon esprit se mit à édifier des alibis et des excuses, découlant de ma peur inhérente de la critique. Quelque chose en moi me disait: « C'est un gros travail qui demande trop de temps. – Tu n'y arriveras pas! – Et comment gagneras-tu ta vie? – Personne ne s'est essayé à établir une philosophie du succès, quel droit as-tu de t'en croire capable? – Souviens-toi de ton humble origine. – Que sais-tu de la philosophie? – Les gens vont te prendre pour un fou (ils n'y manquèrent pas!) – Est-ce une bonne idée? »

Ces questions et beaucoup d'autres assaillirent mon esprit et m'obligèrent à réfléchir. Si je donnais suite à la suggestion de Carnegie, il me semblait que le monde entier me ridiculiserait.

J'avais là une belle occasion de tuer toute ambition. Plus tard, après avoir étudié la vie de milliers de personnes, je découvris que la plupart des idées sont mort-nées et qu'elles nécessitent que la vie leur soit insufflée par les plans précis d'une action immédiate. Il faut prendre soin d'une idée lorsqu'elle naît. Chaque instant qu'on lui consacre alors augmente sa chance de survie. La peur de la critique est responsable de la destruction de la plupart des idées qui n'atteignent jamais le stade de la planification et de la mise en œuvre.

Beaucoup de personnes vous diront que le succès matériel est dû au seul hasard. Il y a un peu de vrai dans cette assertion, mais les gens qui se fient entièrement à la chance sont presque toujours déçus parce qu'ils ne savent pas que les coups de chance se fabriquent sur mesure.

Durant la crise de 1929, le comédien W. C. Fields perdit son argent et se retrouva sans revenu et sans travail, le vaudeville étant tombé en désuétude. Il avait plus de 60 ans. À cet âge, beaucoup d'hommes se considèrent comme déjà vieux. Il était si pressé de retourner sur les planches qu'il frappa à la porte d'une industrie naissante, le cinéma parlant, pour y offrir gracieusement ses services. Il tomba et se blessa au cou. À sa place, bien des gens auraient renoncé à leur projet. Mais Fields était persévérant. Il savait que s'il persévérait il aurait sa chance un jour ou l'autre, et il l'a eue[86] !

Marie Dressler se retrouva sans argent et sans travail à l'âge de 60 ans. Elle aussi prit son courage à deux mains et, grâce à sa persévérance, connut le triomphe à un âge où la plupart des hommes et des femmes songent à se retirer[87].

Eddie Cantor perdit tout ce qu'il possédait pendant le krach boursier de 1929, mais il lui restait la persévérance et le courage. Grâce à ces deux qualités et à ses yeux proéminents, il se vendit si bien que ses revenus hebdomadaires atteignirent rapidement 10 000 dollars [88] ! En fait, une personne peut fort bien réussir en n'ayant qu'une seule qualité, celle de la persévérance.

On ne peut compter que sur la chance que l'on provoque. Et on ne peut la provoquer que par la persévérance en sachant au départ vers quel but on tend[89].

Questionnez les 100 premières personnes que vous rencontrerez sur ce qu'elles désirent le plus dans la vie : 98 ne sauront répondre. Si vous les pressez de s'exprimer, quelques-unes répondront « la sécurité », beaucoup « l'argent », peu « le bonheur », d'autres « la célébrité et le pouvoir » ou encore « un rang dans la société », « être à l'aise dans la vie », « pouvoir danser, chanter, écrire », mais personne ne sera capable d'une précision ou de la plus petite indication quant à un plan préétabli.

La richesse ne vient pas en réponse à des souhaits. Elle n'arrive qu'à ceux qui ont des plans précis, des désirs définis et une persévérance constante.

Comment développer la persévérance

Il existe quatre étapes bien simples pour développer la persévérance. Franchir ces quatre étapes n'exige ni une intelligence au-dessus de la moyenne, ni une instruction particulière, ni encore trop de temps ou d'efforts. Il suffit d'avoir :

1. un but bien précis et le désir ardent de le réaliser ;
2. un plan précis qui s'exprime par une action soutenue ;
3. un esprit absolument étanche aux influences pernicieuses ainsi qu'aux suggestions négatives des parents, des amis et de l'entourage ;

4. un lien amical avec les personnes qui vous encourageront à persister dans votre plan et vers votre but.

Il est indispensable de franchir ces étapes pour réussir quoi que ce soit. Du reste, l'énoncé des 13 lois de cette philosophie du succès et de la manière de les appliquer insiste sur la nécessité d'en faire des *habitudes.*

Grâce à la mise en pratique de ces lois, l'homme contrôle son destin économique, conquiert la liberté et l'indépendance de la pensée, la fortune, le pouvoir, la célébrité, met la chance de son côté, convertit ses rêves en réalités, maîtrise la peur, le découragement et l'indifférence.

Et une magnifique récompense attend celui qui prend l'habitude d'appliquer ces lois: il sera maître de son destin et la vie lui accordera ce qu'il désire.

Je ne connais pas tous les dessous de l'affaire, mais je présume que Mme Wallis Simpson n'est pas tombée amoureuse par hasard. Elle devait éprouver un ardent désir et rechercher l'homme qui saurait répondre à ses attentes. Son premier devoir en tant qu'être humain est d'aimer[90]. N'est-ce pas la chose la plus importante sur terre? Jésus nous dit que c'est l'amour qui compte – il ne parle pas des lois humaines, de la critique, de l'amertume, de la diffamation ou des «mariages politiques».

Wallis Simpson savait ce qu'elle voulait bien avant de rencontrer le prince de Galles. Malgré deux échecs matrimoniaux, elle avait poursuivi sa quête. «Avant tout, sois loyal envers toi-même et aussi infailliblement que la nuit suit le jour, tu ne pourras être déloyal envers personne.»

Son ascension fut de nature très progressive, mais sûre. Elle vint à bout d'obstacles effarants. Peu importe ce que vous pouvez penser de Wallis Simpson ou du roi qui a abdiqué la couronne pour elle, elle demeure le parfait exemple de persévérance, d'une femme passée maître dans l'art de la ténacité et dont le monde entier ferait bien de s'inspirer.

Que dire du roi Édouard? Quelle leçon peut-on tirer de sa participation à ce qui s'est avéré le plus grand drame personnel du XXe siècle? A-t-il trop chèrement payé l'amour de l'élue de son cœur[91]?

Personne ne peut répondre à cette question sauf lui-même. Quant à nous, nous ne pouvons que présumer. Ce que nous savons par contre, c'est qu'il n'a pas demandé à naître roi. Il est né dans un milieu de richesses sans l'avoir demandé. Il était le célibataire le plus couru par les douairières et les princesses d'Europe. Parce qu'il était l'aîné de sa famille, il avait hérité d'une couronne qu'il ne souhaitait peut-être même pas.

Durant plus de 40 ans, il a vécu une vie au service de la royauté, une vie sans beaucoup d'intimité, avant de monter sur le trône et d'assumer son rôle de roi.

Certains diront qu'il aurait dû se faire une raison et trouver la paix d'esprit. Mais il n'en demeure pas moins que malgré les privilèges liés à la couronne, l'argent, la gloire et le pouvoir, le roi Édouard souffrait d'un vide intérieur qui ne pouvait être comblé que par l'amour.

Son plus grand désir était de connaître l'amour. Bien avant de rencontrer Wallis Simpson, il avait sans doute éprouvé ce sentiment universel qui se traduit par un emballement du cœur qui n'aspire qu'à s'exprimer[92].

La décision du roi Édouard de renoncer au trône britannique pour avoir la liberté de passer le reste de sa vie aux côtés de celle qu'il aimait était une décision courageuse. Cette décision avait aussi un prix, mais qui a le droit de dire que ce prix était trop élevé[93] ?

À ceux qui seraient tentés de condamner le duc de Windsor à cause de ce besoin d'amour qui l'a poussé à déclarer ouvertement son amour et à renoncer au trône, rappelons qu'il aurait fort bien pu éviter de déclarer publiquement son amour envers Mme Simpson. Il aurait pu adopter la tradition séculaire de la liaison secrète, ce qui lui aurait permis de conserver le trône sans pour autant renoncer à la femme de son choix – et personne, ni le public ni l'Église, n'y aurait trouvé à redire. Mais l'amour profond et sincère qu'il ressentait était la chose qu'il désirait le plus au monde, il décida donc de choisir ce qu'il voulait, de le dire à la face du monde et d'en payer le prix[94].

La plupart des gens salueraient la persévérance du duc de Windsor et de Wallis Simpson dans leur recherche pour trouver ce qui compte le plus dans leur vie. Nous pouvons tous en tirer une leçon pour mener notre propre recherche de ce que nous voulons de la vie[95].

Quel pouvoir mystique donne aux hommes persévérants la possibilité de surmonter les difficultés ?

La persévérance suscite-t-elle une certaine forme d'activité spirituelle, mentale ou chimique qui permet d'accéder à des forces surnaturelles ? L'Intelligence infinie soutient-elle celui qui se bat encore alors que la bataille est déjà perdue et que le monde entier est contre lui ?

Je me suis posé ces questions et bien d'autres encore quand j'étudiais la vie d'hommes comme Henry Ford, qui commença à zéro et bâtit un empire industriel immense avec pour seul atout la persévérance, ou encore Thomas Edison qui, avec moins de trois mois de scolarité, devint le premier inventeur du monde et métamorphosa sa persévérance en machine parlante, en machine pour le cinéma, en lampe incandescente, sans parler d'une cinquantaine d'autres inventions.

J'ai eu l'heureux privilège d'analyser année après année, et pendant longtemps, ces deux hommes singuliers. Je parle en connaissance de cause lorsque je dis que je n'ai trouvé en eux qu'une explication à leur réussite extraordinaire : la persévérance.

Lorsqu'on étudie objectivement les prophètes, les philosophes, les hommes qui accomplirent des miracles et les chefs religieux du passé, une conclusion s'impose : la persévérance, la concentration dans l'effort et la précision du but sont à la base de leurs actes.

Si, par exemple, vous comparez la vie étrange et fascinante de Mahomet à celle d'hommes qui ont réussi dans notre monde moderne de l'industrie et de la finance, vous remarquerez qu'ils ont un trait important en commun : la persévérance.

Si vous vous intéressez à l'étrange pouvoir qui donne de la force à la persévérance, lisez une biographie de Mahomet, de préférence celle qui a été écrite par Essad Bey. Une brève analyse parue dans l'*Herald Tribune* sous la plume de Thomas Sugrue laisse pressentir l'intérêt de cette lecture.

Le dernier grand prophète

Le compte rendu de Thomas Sugrue

Mahomet était prophète, mais il ne fit jamais de miracles. Il n'était pas un mystique, il n'avait pas fait d'études spéciales, il ne se révéla publiquement qu'à l'âge de 40 ans. Lorsqu'il se présenta comme le messager de Dieu, porteur de la Parole et de la vraie religion, il fut ridiculisé et traité de fou. Les enfants lui faisaient des crocs-en-jambe et les femmes lui jetaient des ordures. Il fut banni de sa ville natale, La Mecque, et ses fidèles, dépouillés de leurs biens, le suivirent dans le désert. Après avoir prêché 10 ans, il ne récoltait qu'exil, pauvreté et moquerie. Cependant, avant que dix autres années ne se fussent écoulées, il était le grand maître de toute l'Arabie, le gouverneur de La Mecque et le chef d'une religion nouvelle qui allait se répandre du Danube aux Pyrénées jusqu'à ce que s'émousse l'élan qu'il lui avait donné et qui tenait au pouvoir des mots, à l'efficacité de la prière, à l'intimité de l'homme avec Dieu.

Sa carrière fut étonnante. Mahomet était issu d'une famille de La Mecque, capitale du négoce, carrefour de routes, mais cité malsaine dont les enfants, souvent confiés à des Bédouins, partageaient la vie des nomades qui les nourrissaient. C'est ainsi que Mahomet, après avoir gardé les moutons, devint chef caravanier pour le compte d'une riche veuve qui l'épousa quand il eut 28 ans. Il fit ainsi de nombreux voyages, ce qui lui permit d'acquérir une connaissance approfondie des hommes. Au cours de ces voyages, il parla avec des gens de toutes confessions et remarqua que le christianisme s'étiolait et se divisait en factions ennemies.

Pendant les 12 années qui suivirent son mariage avec Khadija, Mahomet vécut la vie d'un riche, sage et respectable marchand. Puis, il partit pour le désert, en revint avec le premier verset du Coran et annonça à Khadija que l'archange Gabriel lui était apparu et l'avait appelé « le messager de Dieu ».

Ce qui ressemble le plus à un miracle dans la vie de Mahomet, c'est bien le Coran, la parole de Dieu. Jamais ce voyageur, ce négociant n'avait manifesté le moindre don pour la poésie ou l'éloquence. Or, les versets du Coran, tels qu'il les reçut et les donna à ses fidèles, étaient l'œuvre d'un poète. Pour les Arabes, le don des mots est magistral. De plus, le Coran disait que tous les hommes étaient égaux devant Dieu et que l'islam devait créer un État démocratique. Cette hérésie politique et le désir de Mahomet de détruire les 360 idoles de la casbah furent à l'origine de son bannissement. Les tribus du désert venaient à La Mecque adorer les idoles, entretenant ainsi la prospérité du commerce. C'est pourquoi les hommes d'affaires de La Mecque se liguèrent contre Mahomet qui avait été un des leurs. Celui-ci se retira dans le désert pour demander la miséricorde de Dieu sur le monde.

L'islam commençait sa montée. Du désert jaillit une flamme qui ne s'éteindrait pas. Une armée démocratique se levait comme un seul homme, prête à affronter la mort. Mahomet avait invité les juifs et les chrétiens à se joindre à lui, il demandait à tous ceux qui croyaient en un seul Dieu de se réunir, dans une même foi. Si les juifs et les chrétiens avaient accepté sa proposition, l'islam aurait conquis le monde entier. Mais ils refusèrent de se joindre à l'islam et de combattre aux côtés de Mahomet. Lorsque les armées du prophète entrèrent dans Jérusalem, les membres des autres confessions eurent la vie sauve. Lorsque les croisés prirent la ville, des siècles plus tard, ils n'épargnèrent pas un homme, pas une femme et pas un enfant de religion musulmane. Toutefois, les chrétiens acceptèrent des musulmans une idée : celle de l'université, le lieu d'où rayonne le savoir.

Les visionnaires religieux comme Mahomet, les dirigeants d'entreprise comme Thomas Edison, Henry Ford et Andrew Carnegie, les chefs politiques comme Samuel Adams, les artistes comme Fannie Hurst, Kate Smith et W. C. Fields, les gens du monde comme Wallis Simpson et le duc de Windsor – tous ces individus ont démontré à leur façon la valeur immense de cette huitième étape vers la richesse, la persévérance, l'effort soutenu devant l'adversité.

La persévérance engendre la foi. Et la foi est le seul antidote connu contre l'échec, c'est le point de départ de toute accumulation de richesses et le seul moyen d'atteindre et de profiter de l'Intelligence infinie.

■■■

Une grande puissance peut s'emmagasiner grâce
au seul principe du « cerveau collectif » !

■■■

Chapitre 9 Le pouvoir du « cerveau collectif »

La force motrice
Neuvième étape vers la richesse

La persévérance crée la foi.
La foi engendre le pouvoir.
Pour faire fortune, le pouvoir est indispensable.

Élaborer des plans est inutile si l'on ne possède pas le pouvoir de les exécuter. Ce chapitre vous expliquera comment acquérir et utiliser le pouvoir.

Le pouvoir peut se définir ainsi : une connaissance organisée et intelligemment dirigée. Le pouvoir, dans le cas qui nous occupe, désigne un effort organisé assez important pour permettre à un individu de transformer son désir en son équivalent financier. L'effort organisé découle de la coordination de deux ou plusieurs personnes qui, dans un esprit d'entente, travaillent dans un but bien défini.

Le pouvoir est nécessaire à qui veut faire fortune. Il est indispensable ensuite pour conserver l'argent acquis.

Voyons comment on peut acquérir le pouvoir. Puisqu'il est « une connaissance organisée », examinons-en les sources.

Les trois sources majeures de la connaissance

1. *L'Intelligence infinie.* Cette source de connaissance peut être obtenue par le procédé décrit au chapitre 5, avec l'aide de l'imagination créatrice.

2. *L'expérience collective.* L'expérience collective humaine (ou du moins celle qui a été organisée et enregistrée) se trouve dans n'importe quelle bibliothèque municipale bien garnie. Une grande part de cette expérience collective est enseignée et étudiée dans les écoles publiques et dans les facultés.
3. *Les études et les recherches.* Dans tous les domaines où l'homme a cherché, trouvé et classifié les dernières découvertes. Il faut se référer à ces sources individuelles lorsque les connaissances ne peuvent s'acquérir par l'entremise de l'expérience collective. L'imagination créatrice y joue également son rôle.

La connaissance s'obtient de l'une ou l'autre des sources citées précédemment et peut être convertie en pouvoir si elle est utilisée dans le cadre de plans d'action précis.

Un examen plus approfondi des trois sources majeures de connaissance montre bien la difficulté que vous auriez si vous ne deviez dépendre que de vos efforts pour rassembler ce savoir et l'exprimer par le truchement de plans d'action bien arrêtés. Si vos plans sont clairs et qu'ils requièrent de vastes sommes d'informations, vous devrez inciter les autres à coopérer avec vous avant de leur conférer le pouvoir nécessaire.

Acquérir du pouvoir par le truchement du « cerveau collectif »

Le « cerveau collectif » découle des efforts conjugués de deux ou plusieurs individus qui œuvrent dans un esprit d'harmonie, en vue d'atteindre un but précis[96].

Sans la coopération d'un « cerveau collectif », aucun individu ne peut profiter d'un tel pouvoir.

Le premier chapitre de cet ouvrage indiquait comment faciliter l'élaboration des plans qui transforment le désir en une réalité concrète. Si vous suivez ces instructions avec persévérance et intelligence et si vous choisissez avec discernement les membres de votre « cerveau collectif », avant même que vous ne vous en rendiez compte, votre objectif sera à demi atteint.

Afin que vous puissiez comprendre les potentialités intangibles du pouvoir auquel vous avez accès grâce à un « cerveau collectif » bien choisi, nous allons maintenant étudier deux particularités du « cerveau collectif », l'une étant d'ordre économique et l'autre d'ordre psychique.

Celui qui s'entoure d'hommes bienveillants, avisés, prêts à l'aider dans un esprit de parfaite harmonie, celui-là bénéficie d'avantages économiques certains. Cette forme d'alliance coopérative est à la base de presque toutes les grosses fortunes. Mieux vous comprendrez cette vérité et plus vite vous verrez fructifier votre argent !

L'aspect psychique est plus subtil, plus complexe à saisir, parce qu'il se rapporte aux forces spirituelles avec lesquelles le genre humain n'est pas très familier. Si deux esprits travaillent ensemble, ils libèrent une troisième force invisible et intangible semblable à un troisième esprit.

Il faut se rappeler qu'il n'existe que deux substances connues dans tout l'univers – l'énergie et la matière. Nous savons tous que la matière est composée de molécules, d'atomes, de protons, de neutrons et d'électrons. Ce sont des particules de matière qui peuvent être isolées, séparées et analysées.

L'esprit humain est producteur d'énergie. Celle-ci, pour une part, demeure d'essence spirituelle. Lorsque deux personnes s'unissent pour travailler dans un esprit d'harmonie, elles dégagent une énergie spirituelle qui est le noyau ou l'élément psychique du « cerveau collectif ».

Le principe du « cerveau collectif » me fut révélé par Andrew Carnegie il y a plus de 50 ans et il détermina le choix de ma profession.

Le « cerveau collectif » de M. Carnegie était constitué d'une cinquantaine de personnes qu'il avait choisies dans le but bien défini de fabriquer et de vendre de l'acier. Il attribuait la totalité de son immense fortune au pouvoir que lui offrait son « cerveau collectif ». Tous ceux qui ont fait fortune ont utilisé consciemment ou non le « cerveau collectif ».

De ce principe, vous tirerez un grand pouvoir.

Dame Nature se sert de l'énergie comme d'un jeu de blocs de construction. Tous les êtres humains ainsi que toutes les formes de vie animale et végétale en sont le fruit. Grâce à un processus qu'elle est la seule à saisir entièrement, la nature transforme l'énergie en matière.

L'énergie de la nature est accessible aux humains sous forme de pensée. Le cerveau de l'homme peut se comparer à une batterie électrique. Il absorbe l'énergie de ce que l'on pourrait appeler « la mystérieuse force unificatrice de l'univers » qui infuse tous les atomes de matière – y compris les atomes du cerveau de l'homme – et occupe l'univers entier[97].

Il est bien connu que plusieurs piles connectées produiront plus d'énergie qu'une seule. Il est non moins connu que la quantité d'énergie émise par une seule pile est fonction du nombre et de la capacité de ses éléments.

Le cerveau fonctionne d'une façon similaire. Étant donné que certains cerveaux sont plus efficaces que d'autres, nous pouvons dire qu'un ensemble de cerveaux coordonnés harmonieusement produira plus d'énergie qu'un seul cerveau.

On comprend immédiatement pourquoi le « cerveau collectif » est la clé du pouvoir des hommes qui savent bien s'entourer.

Pour ce qui est de l'aspect psychique du « cerveau collectif », il faut retenir que plusieurs cerveaux en interaction harmonieuse développent une énergie qui profite à chacun des cerveaux de ce groupe.

On sait que Henry Ford commença sa carrière commerciale sous des auspices plutôt défavorables, étant sans instruction, pauvre et ignorant, mais qu'en l'espace incroyablement court de 10 ans, il surmontait ces trois handicaps, et 25 ans plus tard, devenait l'un des hommes les plus riches d'Amérique. Pendant ces 25 années de succès, il devint l'ami intime de Thomas Edison. Voyez-vous l'influence d'un esprit sur un autre? Ford réalisa ses plus grandes entreprises quand il se lia avec des hommes extrêmement intelligents comme Harvey Firestone, John Burroughs et Luther Burbank. N'est-ce pas une preuve de plus du pouvoir qui émane d'une association d'esprits[98]?

Il ne fait aucun doute que Henry Ford était l'un des dirigeants d'entreprise les plus renseignés de son époque. En portant attention à l'entourage de Henry Ford, on saisit la vérité de l'énoncé suivant: « Les individus adoptent la nature et les façons de penser de ceux qu'ils fréquentent dans un esprit de sympathie et d'harmonie. »

Henry Ford triompha de la pauvreté, de l'analphabétisme et de l'ignorance en s'alliant à des gens de qualité. Il faut profiter de la nature, des habitudes et du pouvoir de nos associés les plus proches. Grâce à son lien avec Edison, Burbank, Burroughs et Firestone, Henry Ford ajouta au pouvoir de son propre cerveau l'intelligence, l'expérience, les connaissances et les forces spirituelles de ces quatre hommes. En fait, il utilisa le principe du « cerveau collectif » en suivant les méthodes décrites dans ce livre.

Ce principe est également valable pour vous.

Nous avons déjà mentionné le Mahatma Gandhi. La plupart des gens qui en savent peu sur son compte le considéreront comme un drôle de petit bonhomme qui se promenait à moitié nu et dont le seul but était d'embarrasser le gouvernement britannique.

En réalité, Gandhi n'avait rien d'un excentrique et fut l'homme le plus puissant de son époque (si l'on en juge par le nombre de disciples qui avaient foi en lui). Il est incontestablement l'une des personnes les plus puissantes qui aient jamais vécu. Sa puissance était passive, mais bien réelle.

Son pouvoir exceptionnel peut être expliqué en quelques mots : il l'obtint en faisant coopérer harmonieusement de tout leur corps et de toute leur âme 200 millions de personnes, dans un seul but bien précis.

En bref, Gandhi accomplit un miracle, car c'est un miracle de convaincre tout un peuple qu'il faut coopérer harmonieusement. Si vous doutez de la difficulté de l'entreprise, essayez de persuader deux personnes, n'importe lesquelles, de le faire ! D'ailleurs, celui qui dirige une entreprise sait qu'il est presque impossible d'obtenir de ses employés un travail d'équipe.

Comme nous venons de le voir, l'Intelligence infinie est la première des trois sources de pouvoir. Lorsque plusieurs personnes s'associent harmonieusement à des fins précises, elles se préparent, par cette alliance, à tirer force et pouvoir de ce grand centre universel : l'Intelligence infinie. C'est la plus importante des sources de pouvoir où puisent, consciemment ou non, les génies et les grands chefs.

Les deux autres sources de la connaissance – soit l'expérience collective et les études et recherches – qui mènent au pouvoir ne sont pas plus sûres que nos cinq sens.

Les sens ne sont pas toujours fiables, mais l'Intelligence infinie n'erre jamais.

Dans les chapitres suivants, vous apprendrez à communiquer avec cette dernière.

Je ne souhaite pas faire un cours de religion. Aucun des principes, aucune des lois exposées dans ce livre ne prétendent s'ingérer directement ou indirectement dans une ascèse religieuse. Ce livre n'a d'autre but que d'apprendre au lecteur comment transformer son désir précis d'argent en son équivalent matériel.

Lisez, *réfléchissez* et méditez en lisant. Bientôt, le sujet entier se déroulera devant vous et vous en aurez une vue d'ensemble qui vous échappe encore puisque vous assimilez cet ouvrage chapitre par chapitre.

L'argent est timide et méfiant. Il faut lui faire la cour et le gagner par des méthodes qui ressemblent à celles qu'utilise l'amoureux pour conquérir la jeune fille de ses pensées. Aussi étrange que cela paraisse, le pouvoir qui est utilisé pour gagner de l'argent n'est pas très différent de celui qui est mis en œuvre pour gagner le cœur d'une jeune fille. Ce pouvoir, pour agir et conquérir la richesse, doit être empreint de foi, de désir, de persévérance et être utilisé suivant un plan d'action précis.

Quand l'argent afflue, c'est avec l'aisance d'un torrent. Nous avons tous en nous un torrent dont les eaux divergentes coulent vers la richesse et vers la pauvreté. La pauvreté et la richesse échangent souvent leur place. La richesse prend celle de la pauvreté seulement s'il y a des plans bien conçus et soigneusement exécutés dans ce sens. La richesse est timide et réservée. Pour l'avoir, il faut l'attirer.

Toute personne qui a amassé une grande fortune reconnaît l'existence de ce torrent. Il s'agit du processus de pensée. Les pensées positives forment le côté du torrent qui attire la fortune, tandis que les pensées négatives forment l'autre versant, celui qui mène à la pauvreté.

Savoir que l'on est libre de choisir l'un ou l'autre des versants de ce torrent est de la plus haute importance pour la personne qui étudie ce livre dans le but de s'enrichir, car une telle compréhension mène à la conviction que n'importe qui peut aspirer à la richesse, ce qui est d'ailleurs le cas pour la plupart des gens, mais que seule une petite poignée de gens savent que pour y arriver, il faut se consumer de désir et établir des plans d'action précis.

Si vous vous trouvez du côté qui mène à la pauvreté, sachez que vous avez en vous le pouvoir de vous propulser de l'autre côté, celui qui mène à la richesse. L'outil, la pagaie qui vous permet de le faire sont la philosophie et les principes expliqués dans ce livre. Ils ne vous serviront que si vous les appliquez. Il ne suffit pas de les lire pour en profiter. Vous devez saisir votre pagaie et agir[99].

Certains vivent l'expérience de passer d'un versant à l'autre. La récente crise économique a précipité des millions de gens sur le versant négatif du torrent. Ces millions de gens se battent et tentent avec désespoir de revenir du côté positif. Ce livre a été écrit spécialement pour ces personnes.

La pauvreté et la richesse alternent bien souvent. La situation économique nous aura appris une chose, même si beaucoup de gens ne retiendront pas la leçon : la pauvreté remplace généralement la richesse, mais il faut une planification soignée, bien exécutée pour que celle-ci remplace la première. La pauvreté n'a pas besoin de plans, parce qu'elle est audacieuse et sans pitié. La richesse est timide et craintive. On doit pour l'attirer avoir maîtrisé le pouvoir du « cerveau collectif » et ensuite se mettre à l'étude de la dixième étape vers la richesse, celle du mystère de la transmutation sexuelle.

Chapitre 10 Le mystère de la transmutation sexuelle

Dixième étape vers la richesse

La transmutation, en langage simple, c'est le changement ou la transformation d'un élément en un autre.

L'émotion sexuelle conduit à un état d'esprit.

Cet état d'esprit est faussement associé à une émotion d'ordre physique.

Et, à cause des conceptions erronées auxquelles la plupart des gens ont été exposés en matière de connaissances sexuelles, cet accent sur l'aspect strictement physique du sexe a créé des préjugés tenaces et souvent néfastes dans l'esprit de la plupart des gens.

Or, l'émotion sexuelle a trois raisons d'être :

1. la perpétuation du genre humain ;
2. le maintien de la santé (en tant qu'agent thérapeutique, elle n'a pas d'équivalent) ;
3. la transformation de la médiocrité en génie.

Cette transformation de la médiocrité en génie est facile à expliquer : l'esprit s'éveille et remplace des pensées d'expression physique par des pensées plus hautes ou simplement d'un autre ordre. Il n'est aucunement question de « célibat » ou de « répression des instincts naturels ».

Cela veut effectivement dire que la conduite sexuelle sera soumise à une approche consciente, complètement positive, constructive et équilibrée.

Le désir sexuel est le plus puissant des désirs. Bien encadrée, cette activité est naturelle et saine. Les gens aiguillonnés par ce désir – dans un sens positif et constructif – peuvent le « canaliser » pour développer l'imagination, la finesse de perception, le courage, la volonté, la persévérance et un pouvoir créateur qui va croissant. Le désir sexuel est si fort, si impérieux, qu'il possède certains êtres qui, pour le satisfaire, risquent leur vie et leur réputation. Domptée, transmutée, c'est-à-dire transformée et redirigée, cette énergie, qui a conservé ses qualités, peut alors être utilisée comme force créatrice et inspiratrice dans le domaine de la littérature, des arts, des sciences et dans n'importe quelle activité, y compris, bien sûr, la poursuite de la richesse[100].

Cette transformation de l'énergie sexuelle demande un effort de volonté largement récompensé. Le désir sexuel est naturel et inné. Il ne peut ni ne doit être refoulé. Il ne doit pas non plus dominer ou dicter le comportement. On doit lui trouver des exutoires qui permettront d'enrichir le corps, l'esprit et l'âme. S'il n'est pas magnifié, il ne s'exprimera que sur le plan physique.

Le cours d'une rivière peut être contrôlé par un barrage. Mais sans drainage, l'eau se frayera un autre chemin. Le même processus se répète avec l'émotion sexuelle, qui peut être contrôlée, c'est vrai, mais sa nature même la force à s'exprimer. S'il n'y a pas transformation en quelque effort de création, elle n'aboutira qu'à des résultats restrictifs. Celui qui a découvert comment transformer son énergie sexuelle en une énergie créatrice peut s'estimer heureux.

Une étude scientifique a établi que :

1. les individus qui réussissent le mieux sont ceux qui ont un tempérament sexuel très développé et qui ont appris l'art de transformer l'énergie sexuelle ;
2. les hommes qui ont amassé une grosse fortune et ont réussi dans le domaine de la littérature, des arts, de l'industrie, de l'architecture et dans leur profession en général ont agi sous l'influence d'une femme.

Cette étude porte sur deux millénaires de biographies et d'histoire, et montre que les hommes et les femmes qui se sont le plus illustrés au cours du temps ont des natures sexuelles très développées.

L'énergie sexuelle est une force irrésistible contre laquelle on ne peut lutter. Lorsqu'ils sont guidés par cette énergie, les hommes acquièrent un superpouvoir d'action. Saisissez bien cette vérité. Vous comprendrez pourquoi la transmutation ou la transformation de l'énergie sexuelle détient le secret du pouvoir créateur.

Si l'on détruit les glandes sexuelles de l'homme comme de la bête, on élimine la plus grande source d'action. Observez un animal qui a été châtré : un taureau perdra tout son instinct de combat. L'effet est le même chez les femelles[101].

Les 10 stimulants de l'esprit

L'esprit humain a besoin de stimulants pour vibrer, s'enthousiasmer, créer et développer son imagination, désirer intensément, etc. Les stimulants les plus efficaces sont :

1. le désir sexuel ;
2. l'amour ;
3. un vif désir de célébrité, de pouvoir, de gain ou de fortune ;
4. la musique ;
5. l'amitié avec des êtres du même sexe ou du sexe opposé ;
6. un « cerveau collectif » : deux personnes ou plus qui s'associent pour progresser ;
7. des souffrances communes, par exemple celles d'un peuple persécuté ;
8. l'autosuggestion ;
9. la peur ;
10. les narcotiques et l'alcool.

Le désir sexuel vient en tête : c'est un stimulant qui anime et qui met en marche les rouages de l'action. Huit de ces stimulants sont naturels et constructifs, deux sont destructifs. Cette liste vous est présentée afin que vous puissiez comparer les différentes sources de stimulation. De toutes, l'émotion sexuelle est la plus intense et la plus puissante.

Cette comparaison est nécessaire pour établir que la transmutation de l'énergie sexuelle peut conduite à une manifestation du génie. Voyons ce qui constitue le génie.

Un sot a dit, un jour, qu'un génie est un homme qui « porte des cheveux longs, mange une nourriture bizarre, vit seul et sert de cible aux humoristes ». En voici une meilleure définition : « Un génie est un homme qui a découvert comment augmenter l'intensité de sa pensée au point de pouvoir communiquer librement avec des sources de connaissance insoupçonnées d'une pensée ordinaire. »

Mais, pourrait-on se demander, comment communiquer avec des sources de connaissance qui sont encore insoupçonnées de la pensée ordinaire ?

Et sont-ce là des sources que seuls les génies peuvent atteindre ? Si tel est le cas, quelles sont-elles et pourquoi sont-elles à leur portée ?

Je dois insister sur le bien-fondé de certaines des assertions de ce livre – du moins, offrir un cadre à partir duquel vous pourrez faire vos propres expérimentations. Ce faisant, je vais répondre aux deux questions du paragraphe précédent.

Votre sixième sens : l'imagination créatrice

La réalité d'un sixième sens a été dûment établie : c'est l'imagination créatrice, une faculté que la plupart des gens n'utilisent jamais, à moins que ce ne soit par hasard. Peu de gens se servent de façon délibérée, dans un but précis, de l'imagination créatrice et ceux qui le font sont des génies.

L'imagination créatrice est le lien direct entre l'esprit limité de l'homme et l'Intelligence infinie. Que ce soit dans le domaine religieux ou dans celui de l'invention, les révélations et toutes les découvertes de base naissent de l'imagination créatrice.

Lorsque les idées viennent à votre esprit sous forme de pressentiment, elles émanent de l'une ou l'autre des sources suivantes :

1. de l'Intelligence infinie ;
2. du subconscient où sont emmagasinés les impressions et les élans de la pensée qui n'atteignent pas le cerveau par l'un des cinq sens ;
3. de l'esprit d'une autre personne qui libère une pensée, une image ou une idée de son conscient ;
4. du subconscient des autres.

Les sources précédemment citées (sauf la troisième) sont le résultat d'un mystérieux processus, probablement extrasensoriel dans sa nature et sa manifestation, que nous ne pouvons expliquer.

Ce que nous comprenons par contre, c'est que ces sources sont utilisées tous les jours partout dans le monde et qu'elles sont les seules sources connues d'inspiration que nous sommes à même de recevoir.

L'imagination créative donne son plein rendement lorsque l'esprit se concentre et se met « en mode vibratoire » (en réponse à une stimulation de l'esprit), à un niveau d'intensité et de conscience sensiblement plus élevé que la pensée habituelle.

Lorsque l'action du cerveau a été excitée par un ou plusieurs des 10 stimulants que nous avons relevés, l'individu a l'impression qu'il plane bien au-dessus du domaine ordinaire de la pensée, ce qui lui permet une vision d'ensemble de la portée et de la qualité de ses pensées. Il est impossible d'avoir cette vision à partir du quotidien routinier.

Quand un individu élève sa pensée, il est semblable à un pilote d'avion qui du haut des airs jouit d'un champ de vision mille fois plus grand. Tant qu'il maintient des pensées de cet ordre, il n'est ni troublé ni limité par les problèmes et les besoins de l'existence : nourriture, vêtements, logement. Il est dans un monde délivré de ces préoccupations habituelles et quotidiennes.

Dans cette exaltation, la faculté créatrice de l'esprit est libre. La voie est ouverte, le sixième sens peut fonctionner. Il devient réceptif à des idées qui n'auraient pu atteindre l'individu en d'autres circonstances.

Le sixième sens est la faculté qui différencie un génie du commun des mortels.

Plus cette faculté créatrice est mise à contribution et plus elle s'affine et devient réceptive aux vibrations de la pensée qui proviennent de l'extérieur du subconscient de l'individu, plus ce dernier en viendra à s'y fier et à espérer des réponses sous forme de pressentiments, d'inspirations ou d'intuitions. Cette faculté ne se développe qu'avec l'usage.

Ce que l'on désigne sous le nom « conscience » opère entièrement par l'intermédiaire de ce sixième sens.

Les grands artistes, les écrivains, les musiciens et les poètes sont devenus célèbres parce qu'ils ont pris l'habitude de se fier entièrement à « la petite voix » en eux qui s'exprime grâce à l'imagination créatrice. Les êtres qui ont une vive imagination savent bien que leurs meilleures idées viennent de ce qu'on appelle l'inspiration.

Je connais un grand orateur qui n'atteignit la célébrité que lorsqu'il prit l'habitude de fermer les yeux et de se fier entièrement à son imagination créatrice. Quand on lui demandait pourquoi il baissait les paupières avant de prononcer les passages clés de son discours, il répondait : « Parce qu'ainsi j'exprime les idées que me sont dictées par ma voix intérieure. »

L'un des financiers américains les plus riches et les plus célèbres avait l'habitude de fermer les yeux deux ou trois minutes avant de prendre une décision. On lui en demanda la raison et il déclara : « Quand je ferme les yeux, je suis capable d'atteindre des sources d'intelligence supérieure[102]. »

Feu le docteur Elmer R. Gates, de Chevy Chase, dans le Maryland, obtint plus de 200 brevets d'invention (quelques-uns furent très importants) en cultivant et en utilisant son imagination créatrice. Sa méthode est à la fois importante et intéressante pour celui qui cherche à entrer dans le monde des génies auquel appartient sans nul doute le docteur Gates. Il fut un grand savant, bien qu'on lui ait fait très peu de publicité.

Dans son laboratoire, il avait ce qu'il appelait sa « chambre de communication personnelle » qui était une pièce insonorisée, meublée d'une petite table sur laquelle était posé un bloc de papier à lettres.

Un interrupteur sur le mur commandait les lumières. Lorsque le docteur Gates voulait puiser dans les forces de son imagination créatrice, il entrait dans cette pièce, s'asseyait à la table dans le noir et *se concentrait* sur les *faits connus* d'un domaine qu'il voulait approfondir ou découvrir. Il demeurait ainsi jusqu'à ce que les idées surgissent.

Un jour, ce fut en si grand nombre et avec une intensité telle qu'il lui fallut trois heures pour les consigner. Ensuite, en examinant ses notes, il vit qu'elles décrivaient minutieusement des phénomènes inconnus du monde scientifique et qu'elles constituaient une réponse intelligente au problème qu'il se posait. Le docteur Gates compléta ainsi 200 brevets, déposés par d'autres inventeurs qui s'étaient révélés moins ingénieux que lui. Le nombre de brevets enregistrés au United States Patent Office à son nom en fait foi.

Le docteur Gates gagnait sa vie en trouvant des idées pour des particuliers et des entreprises. Quelques-unes des plus grandes compagnies des États-Unis lui versèrent de substantiels émoluments[103].

Le raisonnement humain est souvent faussé parce qu'il s'inspire en grande partie de l'expérience personnelle. Or, tout enseignement tiré de l'expérience n'est pas forcément bon et juste. Les idées qui émanent de notre imagination créatrice sont bien plus sûres. Elles proviennent de sources plus pures sur lesquelles on peut davantage compter.

Qu'est-ce qui différencie le génie du simple inventeur ? Le premier travaille avec son imagination créatrice alors que le second ignore tout de cette faculté. L'inventeur scientifique, comme M. Edison ou le docteur Gates, utilise les deux imaginations, synthétique et créatrice.

Par exemple, l'inventeur scientifique, en s'aidant de son imagination synthétique ou sa faculté de raisonnement, organise et combine des idées connues et des principes nés de l'expérience. Si cette connaissance ne suffit pas à l'aboutissement de son invention, il fait intervenir son imagination *créatrice*.

La méthode employée varie selon les individus, mais voici l'essentiel du processus :

1. L'inventeur, en utilisant un stimulant de son choix, fouette son esprit pour le faire fonctionner sur un plan plus élevé.
2. Il se concentre sur des éléments connus et crée dans son esprit une image parfaite des éléments inconnus de son invention à venir. Il la garde en tête jusqu'à ce que le subconscient s'en soit emparé, puis il se détend en éliminant toute pensée, dans l'attente de la réponse.

Les résultats peuvent être précis et immédiats ou encore nuls. Cela dépend du degré de développement de l'imagination créatrice.

Edison essaya en vain plus de 10 000 combinaisons d'idées avec l'aide de son imagination synthétique ; ce n'est qu'en faisant appel à son imagination créatrice qu'il perfectionna sa lampe incandescente. Il agit de même lorsqu'il inventa le phonographe.

Le rôle important de l'imagination créatrice ne peut être mis en doute. Il se manifeste dans la vie de tout homme passé maître dans sa profession. Lincoln est le parfait exemple d'un grand dirigeant qui donna le meilleur de soi lorsqu'il utilisa son imagination créatrice. Il découvrit et se mit à se servir de cette faculté lorsqu'il tomba amoureux d'Anne Rutledge.

La petite histoire foisonne de récits des exploits d'hommes célèbres. Auprès d'eux, il y a presque toujours une femme qui éveilla leur imagination créatrice en stimulant leur désir sexuel. Napoléon Bonaparte fut l'un d'eux. Inspiré par Joséphine, sa première femme, il devint irrésistible et invincible. Lorsqu'il la répudia, son étoile faiblit. Waterloo et Sainte-Hélène n'étaient plus bien loin.

Il me serait facile de vous nommer beaucoup d'hommes bien connus qui ont gravi les échelons grâce à l'influence stimulante de leur femme, pour retomber très vite après que l'argent et le pouvoir leur furent montés à la tête et qu'ils eurent laissé leur femme pour une autre. Napoléon Bonaparte n'est pas le seul à avoir découvert que le désir sexuel, s'il provient de la bonne source, est plus puissant que tous les expédients que la raison pourrait concocter.

L'esprit humain vibre et répond aux stimulants !

Le plus puissant demeure la sollicitation sexuelle. Transmutée, c'est-à-dire transformée et dirigée, elle est capable de porter un homme vers les plus hautes sphères de la pensée, où il maîtrisera les soucis et les complications qui le submergent lorsqu'il demeure sur un plan inférieur.

Malheureusement, seuls les génies ont découvert ce secret. Les autres se sont satisfaits d'éprouver ce besoin sexuel sans en découvrir les avantages majeurs, ce qui explique le grand nombre de gens ordinaires et le nombre limité de génies.

Pour vous rafraîchir la mémoire, nous allons vous donner le nom d'individus bien connus pour leur appétit sexuel très développé. Le génie qui fut le leur trouva certainement son origine dans la transmutation de l'énergie sexuelle.

George Washington
Napoléon Bonaparte
William Shakespeare
Abraham Lincoln
Ralph Waldo Emerson
Robert Burns
Thomas Jefferson
Elbert Hubbard[104]
Elbert H. Gary[105]
Oscar Wilde
Woodrow Wilson
John H. Patterson[106]
Andrew Jackson
Enrico Caruso[107]

Vous pourrez facilement ajouter des noms à cette liste grâce à votre connaissance de l'histoire. Je doute que vous trouviez un seul homme, dans toute l'histoire de l'humanité, qui a réussi de façon extraordinaire, peu importe dans quel domaine, sans un tempérament ardent.

Si vous ne voulez pas vous appuyer sur des biographies de personnes qui ne sont plus de ce monde, faites l'inventaire de vos contemporains qui ont réussi et essayez de trouver lequel, parmi ces gens, n'est pas doté d'une grande énergie sexuelle.

C'est peut-être une assertion sujette à la controverse, mais c'est un fait que l'énergie sexuelle est la force créatrice des génies. *Il n'y a jamais eu, il n'y aura jamais de grand chef, de grand bâtisseur ou de grand artiste dépourvu de cette force sexuelle créatrice.*

J'espère que personne ne commettra l'erreur de croire qu'un fort appétit sexuel soit synonyme de génie! Avant de prétendre au titre de génie, il faut avoir accès aux forces de l'imagination créatrice.

Même si l'énergie sexuelle est le premier des stimulants, le désir sexuel ne fait pas de vous un génie. Le désir d'un contact physique doit être *transmuté* en une *autre* forme de désir ou d'action.

Loin de devenir des génies à cause d'un grand appétit sexuel, la majorité des gens se condamnent à vivre, par l'incompréhension et le mauvais usage de cette force vitale, une vie bestiale.

Pourquoi les gens réussissent-ils rarement avant l'âge de 40 ans?

J'ai découvert en étudiant la vie de plus de 25 000 personnes que le succès vient rarement avant l'âge de 40 ans. Le plus souvent, les gens ont dépassé la cinquantaine. Cette constatation fut si frappante que je décidai d'étudier plus à fond cette réalité.

Les jeunes gens ont tendance à gaspiller leur énergie en permettant trop souvent à leur émotion sexuelle de s'exprimer physiquement. La plupart des êtres humains n'ont jamais appris que l'énergie sexuelle peut servir à des fins créatrices. La plupart de ceux qui font cette découverte le font après un gaspillage de plusieurs années pendant lesquelles l'énergie sexuelle est à son apogée, soit avant 45-50 ans. C'est à ce moment-là que les réussites s'enregistrent.

Jusqu'à l'âge de 40 ans, la vie d'un homme reflète un gaspillage d'énergie qui, si elle avait été dirigée vers un seul but, aurait donné d'excellents résultats. Les émotions les plus vives et les plus fortes sont éparpillées aux quatre vents.

Le désir sexuel est de loin la plus forte et la plus irrépressible de toutes les émotions humaines, et c'est justement la raison pour laquelle ce désir, lorsqu'il est dompté et transmuté en une expression qui est autre que sexuelle, peut même parfois déclencher un processus qui s'apparente au génie[108].

L'histoire ne manque pas d'exemples de ces hommes qui devinrent des génies pour avoir usé de stimulants artificiels, d'alcool et de narcotiques. Edgar Allan Poe écrivit *Le corbeau* sous l'influence de l'alcool, « rêvant de rêves dont les mortels n'osèrent jamais rêver auparavant ». James Whitcomb Riley[109] écrivit ses meilleures œuvres sous l'inspiration de l'alcool.

Peut-être vit-il vraiment « l'enchevêtrement ordonné du rêve et de la réalité, le moulin sur la rivière et la brume sur le fleuve ». Et c'est intoxiqué que Robert Burns écrivait ces paroles immortelles dont on fit une chanson, « Ce n'est qu'un au revoir mes frères, ce n'est qu'un au revoir ».

Mais il ne faut pas oublier que beaucoup de ces hommes se sont finalement détruits eux-mêmes[110]. La nature a ses propres remèdes à offrir aux hommes – notamment un amour profond, une énergie sexuelle et le pouvoir de l'autosuggestion – avec lesquels les gens peuvent stimuler de façon *sûre* leur esprit pour l'amener à un plan supérieur qui leur permettra de capter ces idées rares et fines qui viennent d'on ne sait d'où ! Les stimulants naturels n'ont pas encore d'équivalents.

Le monde est régi par les émotions humaines. Nous agissons davantage par les « sentiments » que poussés par la raison. L'imagination créatrice est mue par les émotions et non par une froide raison. L'émotion sexuelle est la plus puissante de toutes. Bien sûr, il y a d'autres stimulants, nous en avons mentionné quelques-uns, mais aucun ne peut égaler le désir sexuel.

Un stimulant de l'esprit augmente de façon temporaire ou permanente la liberté, l'intensité et la concentration de la pensée. Les 10 stimulants décrits plus haut sont les plus utilisés. Grâce à ces stimulants, ou à une combinaison de ces derniers, on peut communiquer avec l'Intelligence infinie ou pénétrer à volonté dans l'antre du subconscient – le nôtre ou celui d'une autre personne, *un processus qui, vu de l'extérieur, s'apparente au génie.*

Un homme qui a appris le métier de vendeur à plus de 30 000 personnes a découvert avec étonnement que les gens à l'énergie sexuelle plus forte étaient les meilleurs vendeurs. On en trouve l'explication dans cet élément de la personnalité que l'on appelle le « magnétisme personnel » et qui n'est ni plus ni moins que l'énergie sexuelle.

Un certain désir sexuel confère toujours un grand « magnétisme » qui facilite les contacts avec autrui. Cette énergie peut se détecter par ce qui suit :

1. *La poignée de main.* Elle montre immédiatement la présence ou le manque de magnétisme.
2. *Le ton de la voix.* Le magnétisme ou l'énergie sexuelle est l'élément qui colore la voix, la rend charmeuse et musicale.
3. *Les gestes et la démarche.* L'énergie sexuelle incline à la vivacité, à la grâce et à l'aisance.
4. *La coquetterie vestimentaire.* Ces personnes sont généralement très soigneuses et coquettes. Elles choisissent des vêtements dont le style convient à leur personnalité et à leur physique.
5. *Les ondes de la pensée.* L'énergie sexuelle agit sur les pensées ; on peut diriger à volonté cette énergie et influencer ses pensées et celles des autres.

Quand il embauche des vendeurs, le bon directeur des ventes recherche en tout premier lieu chez le postulant le magnétisme personnel. Les gens qui manquent d'énergie sexuelle ne ressentiront ni ne communiqueront jamais l'enthousiasme ; or, cette qualité est une des plus importantes dans l'art de la vente. Le conférencier, le prédicateur, l'avocat ou le vendeur qui manque d'énergie sexuelle ne pourra influencer qui que ce soit. Ajoutez à cela que la plupart des gens ne peuvent être influencés que si l'on fait appel à leurs émotions et vous comprendrez l'importance de l'énergie sexuelle chez le vendeur. Ceux qui réussissent dans leur métier *transmutent* consciemment ou non leur énergie sexuelle en enthousiasme. Cette phrase explique très bien la nature de la transmutation sexuelle.

Les vendeurs sachant comment détourner l'énergie sexuelle au profit de la vente avec autant d'enthousiasme et de détermination qu'ils auraient consacrés à l'activité sexuelle proprement dite ont déjà maîtrisé l'art de la transmutation sexuelle, qu'ils en soient conscients ou non.

Cette transmutation demande plus de volonté et d'entraînement qu'on ne le croit. Chez certains, la volonté reste à former. Elle s'acquiert peu à peu, mais le résultat vaut bien que l'on s'y efforce.

La majorité des gens connaissent mal la sexualité. Le désir sexuel a été mal compris, calomnié, souillé et tourné en ridicule par l'ignorant et le méchant depuis si longtemps que le mot « sexe » a pris une connotation lascive et souvent sordide. Les hommes et les femmes connus pour avoir cette qualité (oui, cette qualité) d'appétence sexuelle sont souvent regardés avec méfiance et parfois, avec mépris. Au lieu d'être considérés comme des gens normaux, sains et bénis du ciel, on les traite comme des anormaux, des tarés au comportement proche de celui de la bête.

Les hommes et les femmes qui ont le bonheur, je dis bien le bonheur, d'avoir un tempérament ardent sont généralement maudits.

Des millions de gens, même à notre époque, souffrent de complexe d'infériorité parce qu'ils ont cru, à tort, que leur tempérament était une malédiction. Que cet éloge de l'énergie sexuelle ne serve pas de justification au libertinage ! L'énergie sexuelle est une vertu seulement si elle est utilisée avec intelligence et discernement. Mal utilisée, et elle l'est souvent, elle avilit l'âme et le corps au lieu de les enrichir. Le meilleur usage de cette force fait l'objet de ce chapitre.

Il semble que presque tous les dirigeants de ce monde ont été largement inspirés dans leur œuvre par une femme profondément aimée. Dans bien des cas, la personne aimée était une épouse modeste, effacée et peu connue du public, et parfois la source de l'inspiration était une maîtresse.

L'intempérance sexuelle est aussi nocive que l'intempérance dans le boire et le manger. À notre époque, les excès sexuels sont courants. Cette complaisance à grande échelle explique en partie le manque flagrant de grands dirigeants dont nous sommes affligés aujourd'hui. Aucun individu ne peut s'ouvrir aux forces de l'imagination créatrice pendant qu'il s'adonne à la dissipation. Les êtres humains sont les seules créatures sur terre qui violent la loi de la nature à cet égard. Tous les autres animaux ont des pratiques sexuelles modérées dans le but exclusif de procréer.

Toute personne intelligente sait que la prise de stimulants comme l'alcool et les narcotiques est une forme d'intempérance destructive. Mais tout le monde ne sait pas que les excès sexuels peuvent devenir aussi destructeurs que le sont l'alcool et les narcotiques.

Un individu obsédé par le sexe ne diffère d'aucune façon d'un drogué ! Tous deux ont perdu la maîtrise de leur raison et de leur volonté, et l'une et l'autre de ces dépendances mènent parfois à la maladie mentale temporaire ou permanente. De nombreux cas d'hypocondrie (maladie imaginaire) sont dus à l'ignorance des propriétés uniques de l'énergie sexuelle.

Par ces brèves évocations sur ce sujet, on constate que l'ignorance qui entoure la transmutation sexuelle pénalise d'une part l'ignorant tout en lui refusant l'accès à d'immenses bénéfices.

L'ignorance est due au fait que la sexualité a toujours été un sujet tabou entouré de mystère et de silence. À l'instar de l'alcool pendant la prohibition, cette conspiration du silence à propos de la sexualité a eu pour effet de piquer la curiosité des jeunes gens et d'accroître leur désir d'en savoir plus à ce sujet. Et à la grande honte de tous les législateurs et de la plupart des médecins – qui sont, par profession, les mieux qualifiés pour les éduquer sur ce sujet –, les jeunes n'ont pas eu accès à cette information.

Il est assez rare de voir un individu purement créateur, dans n'importe quel domaine, qui a moins de 40 ans. L'homme moyen connaît sa période de pleine créativité de 40 à 60 ans. Ces constatations sont basées sur l'observation de milliers d'hommes et de femmes. Elles devraient encourager ceux qui, avant l'âge de 40 ans, ont échoué dans leurs entreprises et ceux qui s'effraient de la « vieillesse », c'est-à-dire de la quarantaine ! Les années comprises entre 40 et 50 ans sont généralement les plus fécondes. L'homme devrait atteindre cet âge plein d'espoir, en se réjouissant et non en tremblant.

Si vous voulez un témoignage, étudiez la biographie des hommes qui ont le mieux réussi. Henry Ford, par exemple, ne connut ce succès vraiment qu'après 40 ans. Andrew Carnegie avait dépassé cet âge quand il récolta le fruit de ses efforts. James J. Hill était toujours manipulateur télégraphique à l'âge de 40 ans. Ses réalisations exceptionnelles ne vinrent que plus tard[111]. Les biographies des capitaines de l'industrie et des financiers de haut vol prouvent hors de tout doute que la période de 40 à 60 ans est la plus productive.

C'est entre 30 et 40 ans que l'homme acquiert l'art de la transmutation sexuelle. Sa découverte est généralement accidentelle et, le plus souvent, celui qui la fait en est totalement inconscient. Il notera que son pouvoir s'est accru entre 35 et 40 ans, mais, dans la plupart des cas, il ne saura pas pourquoi. Le fait qu'à partir de l'âge de 30 à 40 ans les sentiments et la sexualité commencent à s'harmoniser permet aux individus de mieux tirer profit de ces forces.

Le désir sexuel est un impératif qui pousse à l'action, mais ses forces sont comme celles d'un cyclone et sont souvent incontrôlables. Lorsque le désir sexuel s'accompagne d'un sentiment amoureux, il en découle du calme, de l'équilibre, un jugement juste et de la pondération. Celui qui atteint l'âge de 40 ans pourra par sa propre expérience corroborer ces constatations.

Lorsqu'il est conduit par son désir de plaire, désir uniquement basé sur l'émotion sexuelle, un homme peut être capable de grandes choses ; malheureusement, il arrive aussi que ses actes soient désorganisés, répréhensibles et destructifs. Il peut voler, escroquer et même assassiner. Mais lorsque son désir sexuel se double d'un sentiment amoureux, ce même homme agira de façon saine, équilibrée et raisonnable.

Les criminologues ont découvert que certains des criminels les plus endurcis peuvent se réformer sous l'influence d'un amour profond. Il n'existe par ailleurs aucune donnée d'un criminel qui se serait amendé par le seul exercice de la sexualité. Ces faits sont bien connus, mais leurs causes demeurent mystérieuses. Le changement véritable passe par le cœur, par les émotions et non par la raison.

L'amour, la tendresse et le désir sexuel sont des émotions susceptibles de faire accomplir à un homme de grandes choses. L'amour est un sentiment qui joue le rôle de soupape de sûreté et qui assure l'équilibre, la pondération et l'effort constructif. Ces trois émotions éprouvées simultanément peuvent faire de vous un génie. Il existe par contre des génies qui en savent très peu sur les choses du cœur. La plupart d'entre eux s'engagent dans une forme d'action destructrice ou du moins qui ne laisse aucune place à la justice et à l'équité envers les autres. Je pourrais ainsi vous nommer une douzaine de génies œuvrant dans le domaine de l'industrie et de la finance qui se soucient comme d'une guigne des droits de leurs semblables. Ils font preuve d'un manque total de conscience.

Les sentiments sont des états d'esprit. La nature a doté l'homme d'une « chimie de l'esprit » qui obéit aux lois de la chimie ordinaire.

Il est bien connu qu'un poison mortel peut découler du mélange de produits non toxiques[112]. De même, des sentiments peuvent se combiner pour former un poison mortel. L'émotion sexuelle alliée à la jalousie, par exemple, peut faire d'un homme un fou furieux.

La présence dans l'esprit humain d'une ou de plusieurs forces émotives destructrices peut ainsi produire un poison qui annihile tout sens de la justice et de l'équité et, dans les cas les plus graves, qui ira jusqu'à provoquer la folie.

Pour devenir un génie, il faut apprendre à développer, à contrôler et à utiliser le désir sexuel et l'amour. Dans votre esprit, donnez à ces émotions une place prépondérante et découragez les émotions destructrices. L'esprit est fait d'habitudes. Il prospère en se nourrissant des pensées qui le dominent. Par la volonté, on peut chasser n'importe quelle émotion et en attirer d'autres. Contrôler l'esprit par la volonté n'est pas difficile. On peut y arriver par la persévérance et l'habitude. Le secret du contrôle réside dans la compréhension du processus de transmutation. Lorsqu'une émotion négative quelconque se présente à votre esprit, elle peut très facilement être transmutée, c'est-à-dire transformée en une émotion constructive ou positive : il suffit de changer vos pensées[113].

Il n'y a pas d'autre voie pour accéder au génie que celle que nous construisons sciemment de notre propre effort. Un homme peut atteindre de hauts sommets dans la finance ou les affaires uniquement par la force de l'énergie sexuelle, mais l'histoire prouve que certains traits de caractère « parasitent » souvent ses aptitudes ou l'empêche d'en jouir. Cette vérité est si importante qu'elle vaut la peine qu'on s'y attarde, car elle peut être d'une aide très précieuse. Elle a privé de bonheur des milliers de gens dont quelques-uns étaient pourtant fortunés.

Les émotions amoureuses soulignent et développent le côté artistique et esthétique de la personne qui les éprouve. Elles laissent une impression durable au plus profond de l'âme, longtemps après que le « feu » s'est assagi. Les souvenirs d'amour ne s'effacent jamais. Ils guident et influencent bien après que la source s'est tue. Toutes les personnes qui ont éprouvé un amour authentique savent qu'il laisse des traces dans le cœur de l'homme. L'effet de l'amour est durable parce qu'il est de nature spirituelle. Est un homme mort, bien qu'il paraisse vivant, celui qui n'est plus transporté par l'amour. Son cas est désespéré. Même les souvenirs d'amour suffisent à nous élever à un ordre supérieur. L'amour peut s'éteindre comme le feu qui se consume de lui-même, mais cet amour laisse derrière lui des empreintes indélébiles qui préparent le cœur à accueillir un amour plus grand encore.

Revenez quelques années en arrière et plongez-vous dans les merveilleux souvenirs de vos amours. Vous oublierez vos problèmes et vos soucis actuels, vous vous évaderez des réalités peu plaisantes et peut-être que durant cette retraite dans le monde de la fantaisie, des idées ou des plans surgiront qui modifieront complètement le statut financier et spirituel de votre vie.

Si vous vous croyez malheureux parce que vous avez aimé et perdu cet amour, relevez la tête : celui qui a vraiment aimé n'a pas entièrement échoué. L'amour est capricieux et fantasque. Il vient quand il en a envie et s'en va sans prévenir. Acceptez-le et jouissez-en pleinement quand il est là, mais lorsqu'il s'en va, ne perdez pas de temps à vous lamenter. Vos pleurs ne le ramèneront pas.

Rejetez aussi la pensée que l'amour ne frappe qu'une fois. C'est faux ! L'amour peut aller et venir plusieurs fois ; cependant il n'y a pas deux expériences amoureuses qui se ressemblent et qui affectent l'homme de la même manière. Il y en a toujours une qui laisse une empreinte plus profonde que les autres. Elles sont toutes salutaires à condition de ne pas se laisser envahir par l'aigreur et le cynisme.

Si les hommes et les femmes voulaient bien comprendre qu'il y a une distinction à faire entre l'émotion amoureuse et le désir sexuel, ils ne seraient jamais déçus par l'amour. L'amour est d'essence spirituelle alors que le désir sexuel est d'ordre biologique. L'amour tient de la chimie et la sexualité, de la physique. Sinon par ignorance et jalousie, aucune expérience spirituelle ne peut blesser quand elle touche le cœur humain.

L'amour est, sans aucun doute, la grande expérience de la vie. Il nous met en contact avec l'Intelligence infinie. Accompagné de tendresse et de désir sexuel, il peut nous rendre des plus créateurs. L'amour, la sexualité et la tendresse sont les côtés formant l'éternel triangle du génie bâtisseur. C'est grâce à ces trois forces conjuguées que naît le génie[114].

L'amour est une émotion qui se décline en plusieurs teintes et couleurs. L'amour que l'on ressent pour ses parents ou ses enfants diffère de celui que l'on porte à l'être aimé, car contrairement aux deux premiers, ce dernier comporte une notion de sexualité.

Et l'amour que l'on ressent pour un ami diffère aussi de celui que l'on porte à la personne aimée, à ses parents ou à ses enfants.

Puis, il y a l'amour que l'on porte aux choses de la nature. Mais l'amour le plus intense et brûlant est celui qui provient de la fusion de l'amour et du désir physique. Les mariages sans amour ni désir sexuel ne sont jamais durables. L'amour sans le désir et le désir sans l'amour ne conduisent jamais au bonheur véritable. Toutefois lorsque l'amour et le désir fusionnent, le mariage suscite un état d'esprit qui se rapproche le plus de la spiritualité que l'on peut atteindre sur terre. Lorsque la tendresse s'ajoute à l'amour et au désir, tout obstacle entre l'esprit limité de l'homme et l'Intelligence infinie est aboli. C'est alors que peut naître le génie et que la dixième étape vers la richesse peut être maîtrisée.

Les émotions positives et négatives ne peuvent occuper l'esprit en même temps.. Les unes ou les autres doivent dominer.

Chapitre 11 Le subconscient

La connexion
Onzième étape vers la richesse

Le subconscient est un champ de conscience dans lequel chaque pensée et chaque sensation qui atteint le conscient par l'entremise de l'un des cinq sens est classée et enregistrée avec la possibilité d'être ultérieurement soustraite et sélectionnée comme on le ferait d'un élément d'un dossier.

Le subconscient reçoit et classe les impressions sensorielles ou les pensées, peu importe leur nature. Vous pouvez volontairement transmettre à votre subconscient un plan, une pensée ou un projet que vous désirez transformer en son équivalent matériel. Le subconscient agit d'abord sur le désir dominant qui a été valorisé par un sentiment comme la foi.

Rappelez-vous ce qui a été dit au premier chapitre sur le désir et au chapitre 6 sur l'élaboration des plans et vous comprendrez encore mieux le fonctionnement de la pensée subconsciente.

Le subconscient travaille jour et nuit. Par un processus qui nous est inconnu, il se nourrit aux forces de l'Intelligence infinie et transforme volontairement un désir en son équivalent physique, utilisant toujours les moyens les plus pratiques pour atteindre son but.

Vous ne pouvez contrôler *entièrement* votre subconscient, mais vous pouvez lui confier le plan, le désir ou le but que vous voulez concrétiser. Le chapitre 3, qui porte sur l'autosuggestion, indique comment utiliser le subconscient. On a prouvé que celui-ci fait communiquer l'esprit limité de l'homme et l'Intelligence infinie. C'est l'intermédiaire grâce auquel nous pouvons nous abreuver à volonté aux forces de l'Intelligence infinie. Lui seul connaît le processus secret qui modifie les élans de la pensée et les transforme en leur équivalent spirituel. Lui seul est le médium qui transmet la prière à la source qui peut y répondre.

Les possibilités créatrices du subconscient sont aussi remarquables qu'impondérables. Elles effraient même un peu. Quand je parle du subconscient, j'éprouve toujours un sentiment d'infériorité, peut-être est-ce dû à mes connaissances limitées sur sa nature. Le fait que le subconscient soit l'interface entre la raison de l'homme et l'Intelligence infinie constitue en soi une pensée qui a le pouvoir de tétaniser l'esprit.

Lorsque vous aurez accepté comme une réalité l'existence du subconscient et compris son rôle d'intermédiaire dans la transformation du désir en son équivalent physique ou financier, vous comprendrez toute la signification des instructions qui vous ont été données au premier chapitre à propos du désir. Vous saisirez aussi pourquoi on vous a si souvent recommandé de préciser vos désirs et de les écrire. Vous comprendrez la nécessité de la persévérance.

Les *13 principes* sont des stimulants ; grâce à eux, vous apprendrez à atteindre et à influencer votre subconscient. Ne vous découragez pas si vous n'y arrivez pas tout de suite. N'oubliez pas que le subconscient ne peut être dirigé à volonté *que par l'habitude.* (Suivez les directives données au chapitre 2 sur la foi.) Soyez patient et persévérant.

Ce que vous avez lu sur la foi et l'autosuggestion vous sera répété ici au profit de votre subconscient. Rappelez-vous qu'il fonctionne de toute façon, *que vous fassiez un effort pour l'influencer ou non.* Ainsi, les pensées de pauvreté et toutes les pensées négatives influencent votre subconscient, *à moins* que vous n'arriviez à les dominer et à donner à ce dernier une nourriture plus désirable.

Votre subconscient ne reste pas oisif. Si vous n'y implantez pas vos désirs, il se nourrira de pensées qui l'atteindront et qui seront le *résultat de votre négligence.* Nous l'avons déjà expliqué, positives ou négatives, les ondes de la pensée nourrie aux quatre sources dont il est fait mention au chapitre 10 ne cessent de déferler sur le subconscient.

Pour l'instant, souvenez-vous que vous vivez *quotidiennement* au centre de toutes les pensées qui l'atteignent à votre insu. Quelques-unes d'entre elles sont négatives, d'autres positives. Essayez de stopper le flot des pensées négatives ; vous pouvez influencer votre subconscient pour qu'il ne s'empare que des ondes positives.

Quand vous y serez parvenu, vous posséderez la clé qui ouvre la porte de votre subconscient. Vous éloignerez à volonté les pensées indésirables.

L'homme ne peut rien créer qu'il n'a d'abord pensé. À l'aide de l'imagination, ces pensées forment un plan. L'imagination, si elle est contrôlée, sert dans la création des plans ou des projets qui déterminent la réussite d'une entreprise.

Toutes les pensées qui seront transformées en leurs équivalents physiques et qui sont implantées volontairement dans le subconscient doivent passer par l'imagination et être valorisées par la foi.

Tirons la conclusion de ce paragraphe : l'utilisation volontaire du subconscient demande de la coordination et l'application des lois que nous avons précédemment définies dans ce livre.

Nous constatons qu'Ella Wheeler Wilcox[115] connaissait la puissance du subconscient lorsqu'elle écrit :

> Qui connaît l'effet qu'aura une pensée ?
> Vous apportera-t-elle l'amour ou la haine ?
> Car les pensées sont des choses, et leurs ailes aériennes
> Sont plus rapides que les pigeons voyageurs
>
> Elles suivent la loi de l'univers
> Chaque chose selon son espèce
>
> Et elles s'affairent à vous ramener
> Tout ce que votre esprit avait laissé s'envoler.

Mme Wilcox sait que les pensées qui naissent de notre esprit sont aussi profondément enchâssées dans notre subconscient, où elles agissent comme un aimant, un patron, une configuration, et le subconscient devient alors le creuset où celles-ci se transforment en leur équivalent matériel. Les pensées sont des choses véritables pour la simple raison que toute chose matérielle naît d'abord sous la forme « d'énergie ».

Le subconscient est plus facilement influencé par les pensées chargées d'émotion que par celles qui relèvent de la raison. Il est en effet facile de prouver que seules les pensées ayant une charge émotive ont une influence sur le subconscient. Il est bien connu que la majorité des gens se laissent mener par leurs émotions et leurs sentiments. S'il est vrai que le subconscient répond plus rapidement aux pensées affectives et qu'il est plus facilement influencé par elles, il est essentiel de se familiariser avec les émotions positives les plus fortes. Il y a sept grandes émotions positives et sept négatives.

Les émotions négatives envahissent d'elles-mêmes le subconscient, tandis que les émotions positives doivent y être injectées par autosuggestion. (Des instructions vous ont été données dans ce sens dans le chapitre 3 consacré à l'autosuggestion.)

Ces émotions – ou élans sentimentaux – peuvent être comparées au levain du pain. Elles transforment les pensées passives en pensées actives. Voilà pourquoi une pensée bien pétrie d'émotion travaille plus vite qu'une autre qui n'est accompagnée que de froide raison.

Vous vous préparez à influencer et à contrôler « l'attention intérieure » de votre subconscient afin de lui transmettre le désir d'argent que vous voulez voir se concrétiser. Il est donc capital que vous sachiez comment l'approcher. Vous devez parler son langage, sinon le subconscient n'entendra pas votre appel. Celui qu'il comprend le mieux est le langage de l'émotion ou du sentiment. Voici donc la liste des sept émotions positives les plus fortes et, plus loin, celle des sept émotions négatives les plus fortes. Puisez dans les bonnes émotions plutôt que dans les mauvaises lorsque vous donnez vos instructions à votre subconscient.

Les sept émotions positives les plus importantes sont :

- le désir ;
- la foi ;
- l'amour ;
- la sexualité ;
- l'enthousiasme ;
- la tendresse ;
- l'espoir.

Il y en a d'autres, mais celles-ci sont les plus puissantes et les plus créatrices. Maîtrisez-les (elles ne peuvent l'être que par l'usage) et les autres émotions positives seront à vos ordres quand vous aurez besoin d'elles.

Souvenez-vous, à ce propos, que vous étudiez un livre qui doit en principe vous aider à développer « une volonté d'argent » *en saturant votre esprit d'émotions positives.*

Les sept émotions négatives les plus importantes (à éviter) sont :

- la peur ;
- la jalousie ;
- la haine ;
- la vengeance ;
- l'avidité ;
- la superstition ;
- la colère.

Des émotions positives ne peuvent occuper votre esprit en même temps que des émotions négatives. Faites votre choix. Il ne tient qu'à vous que les émotions positives dominent votre esprit. Prenez l'habitude d'appliquer et d'utiliser des émotions positives ! Elles s'empareront de votre esprit de sorte que les négatives *n'y auront pas accès.*

Ce n'est qu'en suivant ces instructions à la lettre que vous arriverez à contrôler votre subconscient. La présence d'une seule pensée négative dans ce dernier suffit *à détruire* tous les changements constructifs que vous y aurez effectués[116].

La plupart des gens ne font appel à la prière que lorsqu'ils ont tout tenté en vain, sinon elle n'est qu'une suite inintelligible de mots. Et pour cette raison, ils prient dans la peur et le doute, deux émotions négatives dont le subconscient s'empare. Ce sont donc elles que l'Intelligence infinie reçoit et c'est sur elles qu'elle agit.

Si vous priez pour obtenir quelque chose tout en ayant peur de ne pas être exaucé, vous priez en vain.

La prière peut être exaucée. Si vous avez connu cette joie, essayez de vous rappeler votre état d'esprit au moment où vous l'avez formulée et vous comprendrez que la théorie que nous avançons ici est plus qu'une théorie.

Un jour viendra où les écoles et les établissements d'enseignement du pays enseigneront la « science de la prière ». Lorsque ce jour sera venu (quand le monde sera prêt à l'accepter), personne n'abordera plus jamais l'Esprit universel (l'Intelligence infinie) dans un état de peur, simplement parce qu'un tel sentiment n'existera plus. L'ignorance, la superstition, le charlatanisme auront disparu et les êtres humains seront devenus les dignes représentants de l'Intelligence infinie. Quelques-uns d'entre nous ont déjà atteint cet état de béatitude.

Si vous pensez que cette prophétie est plutôt fantaisiste, jetons un œil rétrospectif sur le genre humain. Il y a un peu moins d'un siècle, les gens avaient peur de la foudre et croyaient qu'elle était la manifestation de la colère de Dieu. Aujourd'hui, grâce au pouvoir de la foi, nous avons maîtrisé la foudre dont on se sert pour faire tourner les turbines de l'industrie. Il y a un peu moins d'un siècle, les gens croyaient que l'espace entre les planètes était occupé par le vide. Aujourd'hui, grâce au pouvoir de la foi, nous savons que loin d'être constitué de vide ou de matière morte, l'espace est tout ce qu'il y a de vivant et regorge d'énergie – la forme la plus achevée d'énergie étant celle de la pensée ! De plus, on a démontré que cette énergie vibratoire et pulsante qui imprègne chaque atome de matière et l'espace interplanétaire[117] relie chaque cerveau humain d'une manière qui nous est toujours inconnue.

Pourquoi devrions-nous douter que cette même énergie relie chaque cerveau avec l'Intelligence infinie ? Tout ce qu'il en coûte pour que ce lien entre l'esprit temporel des êtres humains et l'Intelligence infinie se matérialise, c'est de la patience, de la foi, de la persévérance, de la compréhension et un désir sincère de communiquer.

De plus, seul l'individu peut effectuer cette démarche. Les prières en échange d'une somme d'argent n'ont aucune valeur. L'Intelligence infinie ne se laisse pas abuser. Seule la communication directe est possible. Vous pourriez réciter des prières déjà tout écrites et les répéter jusqu'au jour de votre mort sans que rien ne change. Les pensées que vous désirez communiquer à l'Intelligence infinie doivent absolument passer par le creuset de votre subconscient. Le processus de communication avec l'Intelligence infinie est très semblable au phénomène des ondes sonores captées par la radio. Vous savez que le son ne peut se communiquer sans avoir d'abord été transformé en ondes que l'ouïe peut capter. La station émettrice de radio cueille le son de la voix humaine et le modifie en l'amplifiant des millions de fois. C'est ainsi que l'intensité du son se propage dans l'espace. Elle est captée par les postes récepteurs qui la reconvertissent en ondes et en sons.

De la même manière, le subconscient est l'intermédiaire qui transcrit nos prières en termes que l'Intelligence infinie peut reconnaître, présente le message et en rapporte la réponse sous la forme d'un plan précis ou d'une idée d'où naîtra l'objet de la prière. Voici pourquoi des phrases toutes faites lues dans un livre – bien qu'elles puissent apporter un certain réconfort et favoriser la réflexion et la méditation – ne peuvent et ne pourront jamais être des agents de liaison entre l'esprit de l'homme et l'Intelligence infinie. Avant que votre prière n'atteigne l'Intelligence infinie, elle passe de l'état de « pensée » à celui de « spiritualité ».

La foi est le seul adjuvant connu capable de conférer à vos pensées cette qualité spirituelle. La foi et la peur ne font pas bon ménage et ne peuvent jamais coexister.

Chapitre 12 Le cerveau humain

Un poste émetteur-récepteur de la pensée
Douzième étape vers la richesse

Il y a plus de 40 ans, alors que je travaillais avec feu le docteur Alexander Graham Bell et le docteur Elmer R. Gates, je notai que tout cerveau humain est à la fois un poste récepteur et un poste émetteur des ondes libérées par la pensée.

Par un système semblable à celui de la radio, le cerveau humain est capable de capter les ondes émises par d'autres cerveaux.

On peut établir une comparaison entre cette image et la description de l'imagination créatrice que l'on trouve au chapitre 5 sur l'imagination. L'imagination créatrice est le «poste récepteur» du cerveau qui reçoit les pensées émises par les cerveaux d'autres êtres. C'est l'agent de liaison entre le conscient, ou la raison, d'un individu et les quatre sources dans lesquelles il puise les stimulants de la pensée (c'est-à-dire l'Intelligence infinie, son propre subconscient, l'esprit rationnel d'une autre personne ainsi que son subconscient; voir la discussion sur le sixième sens au chapitre 10).

L'imagination créative est le mécanisme par lequel l'intuition et les pressentiments semblent sortir de nulle part et par lequel deux ou plusieurs personnes travaillant étroitement ensemble dans un état de concentration intense semblent anticiper les pensées, les actes, les intuitions et même les mots de l'autre[118].

Stimulé ou élevé à un haut niveau de vibration, l'esprit devient plus réceptif à la pensée de sources extérieures. Il s'élève en fonction des émotions positives ou négatives. À leur contact, les ondes de la pensée s'intensifient.

L'énergie électrique du cerveau se manifeste par la pensée. Seules les pensées hautement énergisantes sont transmises d'un cerveau à un autre par un phénomène qui nous échappe encore. La pensée qui aura été modifiée par l'une des émotions majeures est la seule susceptible de se transmettre à un autre cerveau par le truchement de « l'attirail de radiodiffusion » de ce dernier.

Comme force conductrice et agent d'intensité, l'émotion sexuelle est la plus agissante des émotions humaines. Stimulé par l'émotion sexuelle, le cerveau fonctionne à un rythme accéléré qui ralentit aussitôt quand l'émotion est tiède ou nulle. (J'insiste sur le fait que l'émotion sexuelle dont il est ici question implique une libido vigoureuse et puissante, qui est parfaitement maîtrisée, canalisée et exprimée de façon adéquate et appropriée.)

La transmutation sexuelle intensifie les pensées à un degré tel que l'imagination créatrice devient hautement réceptive aux idées qui semblent littéralement sortir de nulle part. En outre, quand le cerveau fonctionne avec intensité, non seulement attire-t-il les idées et les pensées émises par d'autres cerveaux, mais il leur donne une charge émotive indispensable pour qu'elles soient captées et manipulées par le subconscient.

Donc, le principe de diffusion est l'élément par lequel vos sentiments et vos émotions s'amalgament avec vos pensées avant que le tout ne transite par votre subconscient.

Le subconscient est le « poste émetteur » du cerveau. Par son intermédiaire, les ondes de la pensée sont diffusées. L'imagination créatrice est le « poste récepteur ».

Le subconscient et l'imagination créative constituent donc le matériel de transmission de vos pensées. Examinons maintenant l'autosuggestion qui fera fonctionner votre « radio ».

Avec les instructions qui vous ont été données au chapitre 3 sur l'autosuggestion, on vous a expliqué en détail le processus de transformation du désir en son équivalent matériel.

En comparaison, l'opération de votre « radio mentale » est beaucoup plus simple. Rappelez-vous trois lois et appliquez-les lorsque vous souhaitez utiliser le subconscient, l'imagination créatrice et l'autosuggestion. Vous appliquerez ces trois lois par l'intermédiaire de stimulants qui vous ont été décrits. Ce processus débute avec le désir.

Les plus grandes forces sont intangibles

Le monde est sur le point de comprendre les forces qui sont intangibles et invisibles. Au fil des siècles, l'homme a largement dépendu de ses sens physiques et a limité ses connaissances aux choses qu'il pouvait voir, toucher, peser et mesurer.

Nous entrons maintenant dans le plus merveilleux de tous les âges, une époque qui nous apprendra quelque chose des forces intangibles de notre univers. Peut-être apprendrons-nous que « l'autre soi-même » est plus puissant encore que l'être physique reflété dans le miroir.

Il arrive que les hommes parlent avec légèreté de l'intangible (les choses qu'ils ne peuvent percevoir avec leurs cinq sens) et, en les écoutant, nous devrions nous rappeler que *nous sommes tous contrôlés par des forces invisibles et intangibles.*

L'humanité entière n'est pas assez puissante pour résister à la force intangible des vagues de l'océan. Elle l'est encore moins pour la contrôler. L'homme n'est pas capable de comprendre la force intangible de la gravité qui maintient notre petite Terre suspendue dans l'espace et qui nous empêche de tomber.

Il est totalement asservi par la force intangible d'un orage et il est impuissant devant la force intangible de l'électricité – nous ne comprenons même pas entièrement la nature de celle-ci, ni son origine et encore moins son but ultime !

Cela ne marque en rien la fin de notre ignorance par rapport aux choses invisibles et intangibles. Nous ne comprenons pas la force intangible (et l'intelligence) des ressources de la terre : *la force qui nous donne chaque bouchée de nourriture que nous mangeons, chaque pièce du vêtement que nous portons, chaque pièce de monnaie que nous trimballons dans nos poches.*

L'histoire spectaculaire du cerveau

Finalement, nous ne comprenons pas grand-chose à la force intangible de la pensée, la plus grande de toutes. Nous ignorons presque tout de notre cerveau et du mécanisme compliqué qui transforme le pouvoir de la pensée en son équivalent matériel, mais nous entrons dans un âge où la lumière sera faite sur ce sujet. Des hommes de science s'intéressent à cet objet extraordinaire qu'est le cerveau et ont découvert, bien qu'au tout début de leur étude, que le tableau de distribution du cerveau humain, soit le nombre de connexions qui relient les cellules du cerveau à celles d'un autre organe, est de 1... suivi de 15 millions de chiffres !

« Ce nombre est si renversant, dit le docteur C. Judson Herrick, de l'Université de Chicago, que les chiffres astronomiques qui sont de l'ordre de centaines de millions d'années-lumière sont insignifiants en comparaison... On a pu déterminer qu'il y a de 10 à 14 milliards de cellules nerveuses dans le cortex cérébral humain, et nous savons qu'elles sont disposées selon des schémas précis et non par hasard. Des méthodes récemment développées ont prélevé du courant de certaines cellules bien précises, l'ont amplifié et ont enregistré des différences de potentiel d'un millionième de volt. »

Il est inconcevable qu'un tel réseau n'existe que dans le seul but de mener à bien les fonctions physiques, la croissance et le maintien du corps en parfaite santé. Le même système, qui fournit aux milliards de cellules du cerveau le moyen de communiquer entre elles, ne nous permettrait-il pas de communiquer avec d'autres forces intangibles ?

Après avoir terminé d'écrire ce livre, tout juste avant que le manuscrit ne soit envoyé à l'éditeur, Le *New York Times* a consacré un éditorial à une grande université et à un chercheur perspicace étudiant les phénomènes mentaux. Les conclusions auxquelles il est arrivé sont similaires à celles que je décris dans ce chapitre et le suivant. L'article que je cite analyse brièvement le travail du docteur Rhine et de ses associés à l'Université Duke.

Qu'est-ce que la télépathie ?

« Il y a un mois, nous citions dans ces pages quelques-uns des remarquables résultats obtenus par le professeur Rhine et ses associés après plus de 100 000 tests destinés à déterminer l'existence de la télépathie et de la clairvoyance. Ces résultats ont été résumés dans le premier des deux articles parus dans le *Harper's Magazine*. Dans le second, l'auteur, E. H. Wright, essaie de résumer ce qui a été appris ou ce qu'il semble raisonnable de conclure sur la nature exacte de ces modes de perception extrasensorielle.

« La réalité de la télépathie et de la clairvoyance ne peut plus être mise en doute maintenant que l'on est au courant des résultats obtenus par les expériences de Rhine. Ce dernier demanda à plusieurs voyants de “lire”, sans les regarder ni les toucher, les cartes à jouer d'un paquet truqué. Une vingtaine d'hommes et de femmes en “lurent” correctement un si grand nombre “qu’il n’y avait pas une chance sur plusieurs millions que ce soit par pure coïncidence”.

« Mais comment firent-ils ? Ce pouvoir, en supposant qu’il existe, ne semble pas être sensoriel ni appartenir à un organe connu.

« L’expérience fut tout aussi concluante lorsqu’on éloigna les sujets à plusieurs centaines de kilomètres du paquet de cartes. Ce qui, d’après M. Wright, permet d’élaborer un début d’explication de la télépathie ou de la clairvoyance par une théorie physique sur la radiation. Sauf pour la clairvoyance et la télépathie, toutes les formes d’énergie radiante diminuent, d’une manière inversement proportionnelle au carré de la distance parcourue ! Mais elles répondent comme les autres pouvoirs mentaux à des causes physiques. Contrairement à ce que l’on croit souvent, clairvoyance et télépathie ne se décuplent pas lorsque le voyant est endormi ou à moitié somnolent, bien au contraire ! Rhine découvrit qu’un narcotique amoindrissait toujours la faculté du voyant alors qu’un stimulant l’augmentait. Apparemment, le meilleur des médiums ne pourra faire du bon travail que s’il s’y applique de son mieux.

« L’une des conclusions de Wright, sur laquelle il n’a pas le moindre doute, est que la télépathie et la clairvoyance ne sont qu’un seul et même don. En d’autres termes, la faculté de “ voir” une carte présentée dos vers le haut est exactement la même que celle de « lire » les pensées d’autrui. Plusieurs faits viennent étayer cette thèse. Par exemple, les deux dons ont toujours été retrouvés chez ceux qui n’en exploitaient qu’un. Tous deux étaient de la même puissance. Écran, mur, distance, rien ne peut leur faire obstacle. Wright, partant de cette affirmation, avance ce qu’il considère comme sa découverte la plus sensationnelle, à savoir que les autres expériences extrasensorielles (les rêves prophétiques, les prémonitions, etc.) découlent de cette même faculté. Le lecteur n’est pas obligé d’accepter ces conclusions. Il n’empêche que la constatation de Rhine reste impressionnante. »

■ ■ ■

À propos des conditions dans lesquelles l’esprit répond à ce que Rhine appelle les modes de perception extrasensorielle, j’ai l’honneur d’ajouter mon témoignage au sien en déclarant que mes associés et moi-même avons découvert ce que nous croyons être les conditions idéales pour stimuler l'esprit de façon à ce que le sixième sens, décrit dans le chapitre suivant, puisse s'exercer.

Les conditions auxquelles je fais allusion requièrent une association de travail étroite entre mes deux associés et moi-même. Par l'expérience et la pratique, nous avons découvert comment stimuler nos esprits (en utilisant les « conseillers invisibles » décrits au chapitre suivant) de façon à pouvoir, par un processus qui les assimile à un seul, trouver la solution de problèmes personnels très variés qui m'avaient été soumis par mes clients.

Le procédé est très simple : nous nous asseyons autour d'une table ronde, établissons clairement la nature du problème que nous devons étudier, puis commençons à en discuter. Chacun propose les idées qui lui viennent. Le plus étrange dans cette méthode d'émulation est qu'elle met chaque participant en communion avec des sources de connaissance absolument étrangères à sa propre expérience.

Vous reconnaîtrez sans aucun doute le processus de la table ronde décrit au chapitre 9 sur le « cerveau collectif »[119]. Cette méthode de stimulation de l'esprit par l'entremise d'une discussion harmonieuse portant sur des sujets précis entre trois personnes illustre l'usage le plus simple et le plus pratique du « cerveau collectif ». *En adoptant et en suivant un plan semblable, celui qui étudie cette philosophie entrera en possession de la fameuse formule de Carnegie, brièvement décrite dans l'introduction.* Si elle vous semble quelque peu sibylline, marquez cette page et relisez-la lorsque vous aurez terminé le dernier chapitre.

▪▪▪

Tous les individus sont devenus ce qu'ils sont à cause
de leurs pensées et de leurs désirs dominants.

▪▪▪

Chapitre 13 Le sixième sens

La porte du temple de la sagesse
Treizième étape vers la richesse

La treizième étape vers la richesse, l'étape finale, est celle du sixième sens, grâce auquel l'Intelligence infinie peut communiquer avec l'individu de façon volontaire, sans effort ni demandes particulières de la part de ce dernier.

Cette treizième étape de notre recherche est un sommet. Le principe qui s'en dégage ne peut être ni assimilé, ni compris, ni appliqué, si l'on n'a pas d'abord maîtrisé les 12 autres expliquées dans les chapitres précédents[120].

Le sixième sens est cette partie du subconscient à laquelle on a donné le nom d'imagination créatrice. On l'a aussi nommé « le poste récepteur » des idées, des plans et des pensées qui pénètrent l'esprit sous la forme d'« inspiration ».

Le sixième sens défie toute description. Il ne peut être expliqué à celui qui n'a pas maîtrisé les autres principes de cette philosophie, car une telle personne n'aura pas la connaissance ni l'expérience qui lui permettrait de comparer. La compréhension du sixième sens ne vient que par la méditation, par le développement intérieur de l'esprit. Le sixième sens est le contact entre l'esprit temporel de l'homme et l'Intelligence infinie et est, pour cette raison, en partie mental et en partie spirituel. C'est le point de rencontre entre l'esprit humain et l'esprit universel.

Lorsque vous maîtriserez tous les principes compris dans ce livre, vous serez préparé à accepter une vérité qui, sinon, vous paraîtrait incroyable :

Votre sixième sens vous préviendra à temps des dangers imminents pour que vous puissiez les éviter et des bonnes occasions qui se présenteront pour que vous puissiez les saisir.

En développant votre sixième sens, vous posséderez un ange gardien qui vous ouvrira, quand vous le souhaiterez, la porte du temple de la sagesse.

Vous ne saurez si l'énoncé précédent est véridique qu'en suivant les instructions décrites dans les pages de ce livre.

Je ne crois pas aux miracles et je ne m'en fais pas l'avocat. Je connais suffisamment bien la nature pour savoir qu'elle *ne déroge jamais à ses lois*. Parce que quelques-unes de ces lois sont incompréhensibles, nous n'hésitons pas à qualifier de miracles leurs effets. Le sixième sens est pour moi ce qui se rapproche le plus du miracle, en grande partie parce que je ne connais pas le mécanisme par lequel il opère.

Tout ce que je sais, c'est qu'il existe un pouvoir, une cause première ou une Intelligence qui imprègne chaque particule de matière et qui pénètre chacune des unités d'énergie perceptibles par l'homme. Cette Intelligence infinie transforme les glands en chênes, fait descendre l'eau des montagnes, fait suivre la nuit au jour et l'été à l'hiver. Si nous appliquons les principes de cet ouvrage, l'Intelligence est susceptible de nous aider à concrétiser nos désirs. Je le sais pour en avoir fait moi-même l'expérience.

Pas à pas, au fil des chapitres précédents, vous avez été amené à ce dernier principe. Si vous avez maîtrisé tous les autres, vous êtes prêt à accepter, *sans scepticisme*, les révélations qui sont faites ici. Si vous ne les maîtrisez pas encore, il faut vous y efforcer, autrement vous ne saurez déterminer si nous vous parlons de réalité ou de fiction.

À l'âge du culte des héros, je me rendis compte que j'essayais d'imiter ceux que j'admirais. Plus encore, je découvris que la foi qui me poussait à imiter mes « grands hommes » me rendait apte à y parvenir.

Le culte du héros est une habitude dont je ne me suis jamais défait. L'expérience m'a appris que pour me surpasser, un des meilleurs moyens est d'imiter les « grands » aussi parfaitement que possible dans leurs pensées et dans leurs actes.

Longtemps avant d'avoir écrit une ligne ou d'avoir préparé une conférence, j'avais pris l'habitude de remodeler mon propre caractère sur celui des neuf hommes que j'admirais le plus pour leur vie et leurs œuvres. Mes neuf idoles étaient: Ralph Waldo Emerson, Thomas Paine, Thomas A. Edison, Charles Darwin, Abraham Lincoln, Luther Burbank, Napoléon Bonaparte, Henry Ford et Andrew Carnegie. Toutes les nuits, durant de longues années, je tins un conseil d'administration imaginaire avec les neuf hommes que j'appelais mes « conseillers invisibles ».

Juste avant de m'endormir, je fermais les yeux et voyais dans mon imagination ce groupe d'hommes assis autour d'une table; non seulement j'avais la chance d'être au milieu d'eux, mais j'étais leur président!

En laissant mon imagination vagabonder dans ces réunions nocturnes, j'avais le plan bien arrêté de remodeler mon propre caractère afin qu'il reflète les qualités de tous mes « conseillers imaginaires ». Me rendant très vite compte que j'aurais à surmonter le handicap de ma naissance dans un monde ignorant et superstitieux, je choisis délibérément de renaître par la méthode que je viens de décrire[121].

Former le caractère par l'autosuggestion

Étant très intéressé par la psychologie, je savais, bien sûr, que les pensées dominantes et les désirs marquent un homme de leur empreinte indélébile.

Je savais que tout désir profondément ancré a pour effet de forcer un individu à chercher son expression extérieure, sa concrétisation. Je savais que, dans la reconstruction du caractère, l'autosuggestion est un puissant facteur; qu'elle en est même le seul.

Sachant tout cela, j'avais exactement les armes qu'il me fallait. Dans ces « conseils imaginaires », je m'adressais à chacun en termes clairs en leur demandant de me céder le trait de caractère qui m'intéressait:

« M. Emerson, je souhaite acquérir cette merveilleuse compréhension de la nature qui a guidé toute votre vie. Je vous demande de graver dans mon subconscient les qualités que vous possédez et qui vous ont permis de comprendre les lois de la nature et de vous y adapter. Je vous demande de m'aider à puiser à toutes les sources pertinentes pour acquérir cette qualité. »

« M. Burbank, je vous prie de me donner les connaissances qui vous ont permis de comprendre si bien les lois de la nature que vous avez été en mesure de faire perdre ses piquants au cactus pour le rendre comestible et de faire pousser l'herbe dans le désert. Donnez-moi cet enseignement qui vous a permis de faire pousser deux rangées de fleurs là où il n'y en avait qu'une seule et qui vous a aidé à grouper les coloris des fleurs avec finesse et harmonie. »

À Napoléon : « Je voudrais vous emprunter votre extraordinaire habileté à stimuler les hommes et à les inciter à une action plus grande et mieux déterminée ; vous emprunter également la foi inébranlable qui vous habitait et qui vous a permis de transformer la défaite en victoire et de surmonter d'immenses obstacles. Empereur du destin, je vous salue bien bas ! »

« M. Paine, je veux acquérir la liberté de pensée, le courage et la clarté des opinions qui vous caractérisent. »

« M. Darwin, je voudrais posséder votre merveilleuse patience et l'habileté que vous avez montrées en sciences naturelles, dans l'étude impartiale de la cause et de l'effet. »

« M. Lincoln, je souhaite intégrer dans mon caractère votre sens aigu de la justice, de l'humour, votre inlassable patience, votre humanité et votre tolérance. »

« M. Carnegie, je vous suis déjà éternellement redevable pour mon choix de vie et de travail qui m'a apporté un immense bonheur et la paix d'esprit. J'aimerais que vous me transmettiez la compréhension de l'*effort organisé* que vous avez appliqué si efficacement dans une grande entreprise industrielle. »

« M. Ford, vous avez été parmi les personnes qui m'ont le plus aidé à rassembler le matériel nécessaire à mon travail. Je souhaite acquérir la persévérance, la détermination, l'équilibre et la confiance en soi qui vous ont permis de vaincre la pauvreté et d'organiser, d'unifier et de simplifier l'effort afin d'aider les autres à suivre vos traces. »

« M. Edison, je vous ai assis à ma droite immédiate à cause de l'aide personnelle que vous m'avez accordée si généreusement au cours de ma recherche sur les causes du succès et de l'échec. Je souhaite que vous me communiquiez la merveilleuse foi qui vous a fait découvrir tant de secrets de la nature ainsi que la force de persévérer dans la tâche à accomplir, faculté qui vous a si souvent conduit à la victoire après un échec. »

Ma façon de m'adresser à mon cabinet imaginaire variait suivant le trait de caractère que je désirais acquérir à ce moment-là. Avec un soin tout particulier, j'étudiais la vie de mes « collaborateurs ». Après quelques mois, je fus stupéfait de constater à quel point ces figures imaginaires devenaient *réelles*.

Chacun de ces hommes développa des traits de caractère singuliers qui me surprirent. Par exemple, Lincoln prit l'habitude d'être en retard. Une fois sur les lieux, il marchait lentement les mains dans le dos, en s'arrêtant parfois pour poser sa main sur mon épaule. Il arborait une expression sérieuse. Je l'ai rarement vu sourire. La charge d'une nation déchirée devait singulièrement lui peser.

Il n'en était pas ainsi pour les autres. Burbank et Paine se permettaient des réparties spirituelles qui semblaient de temps en temps choquer les autres « membres » du cabinet. Un soir, Paine suggéra que je prépare un exposé sur l'« âge de la raison » et que je le prononce depuis la chaire d'une église que je fréquentais. Plusieurs accueillirent cette proposition avec hilarité. Tous sauf Napoléon ! Il grogna si fort que tous se tournèrent pour le regarder avec stupeur. Pour lui, l'Église était un jouet dans les mains de l'État qui ne devait pas être réformée, mais utilisée comme une façon d'amuser le peuple.

Une fois, Burbank arriva en retard, tout excité, et il expliqua qu'il avait été retardé par une expérience qui, si elle réussissait, permettrait de faire pousser des pommes sur n'importe quel arbre ! Paine se moqua de lui et lui rappela que la discorde entre l'homme et la femme avait éclaté à cause d'une pomme. Darwin rit sous cape en suggérant à Paine de se méfier des petits serpents lorsqu'il irait cueillir des pommes dans la forêt, car trop souvent ils se transforment en gros reptiles... Emerson glissa « Pas de serpent, pas de pomme ! » et Napoléon de conclure « Pas de pomme, pas d'État ! » Ces réunions devinrent si réelles que je les interrompis quelques mois, effrayé par leurs conséquences possibles. J'eus peur d'oublier qu'elles étaient *le fruit de mon imagination.*

Lincoln prit l'habitude d'être le dernier à quitter la table après les réunions. Une fois, il se pencha au-dessus de la table, les bras croisés, et resta figé dans cette position durant plusieurs minutes. Je pris soin de ne pas le déranger. Finalement, il leva lentement la tête, se leva et posa sa main sur mon épaule en me disant : « Mon garçon, tu auras besoin de beaucoup de courage pour mener à bien tes projets dans la vie. Mais souviens-toi que, lorsque les difficultés te sembleront insurmontables, la solution se trouve souvent dans le bon sens des gens simples et que l'adversité forme le caractère.»

Un soir, Edison arriva avant tous les autres. Il s'avança et prit place à ma gauche, à l'endroit où Emerson avait l'habitude de s'asseoir, et me dit: «Tu es destiné à assister à la découverte du secret de la vie. Quand le temps sera venu, tu constateras que la vie est constituée d'une nuée d'entités aussi intelligentes que les êtres humains croient l'être.

«Ces entités se regroupent comme les abeilles autour de la ruche et demeurent ensemble jusqu'à ce que cette cohésion se désintègre par manque d'harmonie. Tout comme les humains, ces éléments de vie ont des différences d'opinions et s'affrontent souvent entre eux. Ces réunions que tu présides te seront d'une aide précieuse. Elles t'apporteront certains des mêmes éléments de vie qui ont servi aux membres de ton cabinet durant leurs existences terrestres. Ces éléments sont éternels; ils ne meurent jamais! Ce sont tes pensées et tes désirs qui servent d'aimant pour les attirer depuis la mer de vie. Seuls les éléments "amis" sont ainsi attirés – ceux qui s'harmonisent avec la nature de tes désirs.»

Les autres membres du cabinet commençaient à arriver. Edison se leva et se dirigea lentement vers son propre siège. Edison était encore en vie lorsque j'ai vécu cette expérience. J'en fus tellement impressionné que je me dépêchai de lui en faire part. Il me fit un grand sourire et me dit: «Ton rêve était plus réel que tu ne peux l'imaginer.» Il n'ajouta plus un mot sur cette question[122].

Ces rencontres devinrent si réalistes que j'eus peur des conséquences et je mis un terme à ces réunions pendant de longs mois. L'expérience était si stupéfiante que je craignais ce qui arriverait si je venais à perdre de vue le fait que ces réunions étaient purement imaginaires.

Six mois après avoir mis fin à cette pratique, je me suis éveillé une nuit et vis Lincoln à mon chevet. Il me dit: «Le monde aura bientôt besoin de tes services. On s'apprête à vivre une période de chaos où les hommes et les femmes perdront la foi et paniqueront. Poursuis ton travail et développe ta philosophie. C'est la mission que tu dois accomplir dans la vie. Si pour une raison ou pour une autre, tu étais dans l'incapacité de l'accomplir, tu reviendras au point de départ et tu devras recommencer les cycles qui furent les tiens pendant un millier d'années.»

Au petit matin, j'étais dans l'impossibilité de dire si c'était un rêve ou une réalité et depuis, je n'ai jamais su vraiment ce qui m'était arrivé. L'expérience s'avéra toutefois d'une telle intensité que le soir même je repris les réunions avec les membres de mon cabinet imaginaire.

À cette réunion, tous les membres de mon cabinet reprirent leur place habituelle autour de la table de conférence tandis que Lincoln portait un toast en disant: « Buvons, messieurs, à la santé de notre ami qui rentre au bercail. »

Puis, je me mis à ajouter de nouveaux membres à mon cabinet jusqu'à ce qu'il atteigne le chiffre de 50. Parmi ceux-ci, le Christ, saint Paul, Galilée, Copernic, Aristote, Platon, Socrate, Homère, Voltaire, Spinoza, Kant, Schopenhauer, Newton, Confucius, Elbert Hubbard, Woodrow Wilson et William James.

C'est la première fois que j'ai le courage d'évoquer cette expérience. Jusqu'à présent, je n'en avais jamais rien dit parce que je savais que je ne serais pas compris. Il n'en est plus de même. Je suis moins sensible aux « qu'en-dira-t-on ». La maturité nous donne parfois le courage de nous présenter avec plus d'authenticité sans égard à ce que les autres peuvent dire ou penser.

Pour qu'il n'y ait aucun malentendu, je voudrais insister ici sur le fait que je considère toujours mes « conseils de cabinet » comme purement imaginaires, mais je me sens le droit de dire qu'ils m'ont conduit sur les glorieux chemins de l'aventure, qu'ils ont éveillé en moi une juste appréciation de la vraie grandeur, encouragé l'effort créateur et enhardi l'expression d'une pensée honnête.

Quelque part dans la structure cellulaire du cerveau se trouve un organe qui reçoit les ondes de la pensée, vulgairement appelées « inspiration ». Jusqu'ici, la science n'a pu découvrir où se cachait exactement ce sixième sens, ce qui n'a d'ailleurs pas beaucoup d'importance. Il n'en reste pas moins que l'être humain reçoit une connaissance exacte d'une source qui n'est pas celle des cinq sens habituels.

C'est uniquement sous l'influence d'un stimulant extraordinaire que l'esprit y est réceptif. Tout événement inattendu qui provoque des émotions et fait battre le cœur plus rapidement que d'ordinaire réveille le sixième sens. Celui qui, au volant de sa voiture, évite de justesse un accident sait qu'en ces occasions le sixième sens vient à son secours et empêche la catastrophe en quelques fractions de seconde.

Je mentionne ces faits en préambule afin d'amener le fait suivant, c'est-à-dire que pendant mes réunions avec mes «conseillers invisibles», mon esprit était bien plus réceptif aux idées, aux pensées et aux connaissances qui m'atteignaient par le sixième sens. Je dois dire que j'accorde à mes conseillers invisibles tout le crédit pour ces idées, faits et savoirs que j'ai reçus par le truchement de l'inspiration.

À certains moments très graves où ma vie était en danger, j'ai pu, grâce à l'influence de mes «conseillers invisibles», surmonter toutes les difficultés.

Mon but premier, en imaginant ces réunions, était de graver dans mon subconscient, par autosuggestion, certains traits de caractère que je souhaitais acquérir. Ces dernières années, mon expérience s'est orientée dans une autre direction. Maintenant, je retrouve mes «conseillers invisibles» chaque fois que j'ai un problème personnel difficile à résoudre ou qui m'est soumis par un client. Le résultat est souvent étonnant, même si je ne m'appuie pas entièrement sur cette forme de conseil.

Vous savez bien sûr que ce chapitre traite d'un sujet avec lequel la majorité des gens ne sont pas familiers. Le sixième sens est un sujet d'une grande richesse et d'une grande valeur pour celui ou celle qui voudrait amasser une fortune colossale ou accomplir des prouesses dans n'importe quel domaine de son choix, mais qui s'avère tout aussi précieux pour les gens qui ont des ambitions plus modestes.

Henry Ford comprenait l'intuition et savait s'en servir. Ses vastes opérations financières firent en sorte qu'il était crucial pour lui d'en comprendre le principe. Thomas Edison connaissait et s'est servi du sixième sens pour inventer, entre autres, le phonographe et la caméra de cinéma puisqu'il n'avait rien pour le guider tant sur le plan de l'expérience humaine que sur celui du savoir.

La plupart des grandes figures comme Napoléon, Bismarck, Jeanne d'Arc, Jésus-Christ, Bouddha, Confucius et Mahomet se servaient du sixième sens presque continuellement. Leur grandeur tenait en grande partie à leur connaissance de ce principe.

Le sixième sens ne peut se mettre de côté et se reprendre à volonté. L'aptitude à utiliser ce grand pouvoir vient peu à peu en appliquant les théories de ce livre. Il est très rare qu'un individu tire un enseignement pratique du sixième sens avant d'avoir atteint l'âge de 40 ans. Ce savoir semble même être le lot des gens ayant dépassé la cinquantaine, car les forces spirituelles à l'œuvre ne s'épanouissent qu'avec des années de méditation, d'introspection et de réflexion profonde.

Peu importe qui vous êtes ou la raison pour laquelle vous le lisez, vous ne pourrez tirer profit de ce chapitre que si vous comprenez le principe qui en est au cœur. C'est particulièrement vrai si votre but est de faire fortune ou d'obtenir d'autres compensations matérielles.

Ce chapitre sur le sixième sens est à dessein inclus dans un ouvrage de philosophie pratique. Tout individu peut s'y référer et, quel que soit le but poursuivi, s'en faire un guide. Si le désir est le point de départ de toute réalisation, à l'arrivée il y a le sixième sens, cette torche du savoir qui aide à se comprendre soi-même, à comprendre les autres et les lois de la nature et qui permet de comprendre et de reconnaître le bonheur.

Cette compréhension ne sera totale que lorsque l'individu se sera familiarisé avec le sixième sens et son utilisation, d'où l'inclusion de ce principe dans cette philosophie au bénéfice de ceux qui recherchent autre chose que de l'argent.

Avez-vous remarqué qu'en lisant ce chapitre vous vous êtes élevé à un niveau de stimulation mentale plus haut ? Bravo ! Relisez-le dans un mois et vous observerez alors que la stimulation sera encore plus forte.

Refaites l'expérience de temps en temps, sans vous préoccuper du peu ou de tout ce que vous avez appris jusque-là, et vous vous trouverez bientôt en possession d'un pouvoir qui vous aidera à faire fi de tout découragement, à maîtriser la peur, à surmonter l'hésitation et à faire fonctionner librement votre imagination. Vous aurez alors touché à ce « quelque chose » d'inconnu qui a été l'inspiration des très grands penseurs, chefs, artistes, musiciens, écrivains et hommes d'État. Vous pourrez transformer votre désir en son équivalent matériel aussi aisément qu'autrefois vous abandonniez la partie à la première difficulté.

De la foi et de la peur

Dans les chapitres précédents, nous avons décrit comment développer la foi par l'entremise de l'autosuggestion, du désir et du subconscient. Les dernières pages de ce livre vous présenteront des instructions détaillées pour maîtriser la peur.

Vous y trouverez une description exhaustive des six peurs qui sont à l'origine du découragement, de la timidité, de la procrastination, de l'indifférence, de l'indécision et du manque d'ambition, de confiance en soi, d'initiative, de maîtrise de soi et d'enthousiasme. Examinez-vous avec soin pour identifier ces six ennemis ; et comme ces derniers pourraient fort bien n'exister que dans votre subconscient, ils seront difficiles à détecter. Souvenez-vous, pendant que vous analyserez les « six fantômes de la peur », qu'ils ne sont rien de plus qu'une fabrication de votre esprit. Souvenez-vous aussi que les fantômes – fruits d'une imagination débridée – sont la cause des pires ravages pour l'esprit humain. Il va donc sans dire que ces fantômes sont aussi dangereux que s'ils étaient en possession d'un corps physique[123].

▪▪▪

Il ne fait aucun doute que la faiblesse la plus courante de tous les êtres humains est l'habitude qui consiste à ouvrir leur esprit à l'influence négative des autres.

▪▪▪

Épilogue Comment vaincre les six fantômes de la peur

Faites votre propre inventaire et voyez si une forme quelconque de peur fait obstacle sur la route que vous vous êtes tracée.

Avant d'être capable de mettre cette philosophie en pratique, vous devez préparer votre esprit à la recevoir. Cette préparation ne présente pas de difficultés. Elle commence par l'étude, l'analyse et la compréhension de trois ennemis qu'il faut chasser de votre esprit : l'indécision, le doute et la peur.

Le sixième sens ne fonctionnera pas tant que vous hébergerez un de ces trois ennemis à caractère négatif. Ils sont étroitement liés ; lorsqu'on en trouve un, les deux autres ne sont pas loin.

L'indécision est le germe de la peur ! Elle se cristallise au contact du doute et tous deux s'acoquinent alors pour engendrer la peur. Ces trois ennemis sont particulièrement dangereux parce qu'ils germent et croissent *sans qu'on se rende compte de leur présence.*

Ce chapitre éclaire un but qui doit être atteint avant que la philosophie puisse être appliquée dans son ensemble[124].

Il traite d'une condition qui a réduit de nombreuses personnes à la pauvreté et il établit une vérité qui doit être comprise de tous ceux qui veulent devenir riches, soit en argent, soit spirituellement, ce qui a encore plus de valeur.

Notre intention est d'attirer l'attention du lecteur sur la cause et la guérison des six formes fondamentales de la peur. Pour vaincre un ennemi, il faut connaître son nom, ses habitudes et son gîte. Tout en lisant, analysez-vous soigneusement et déterminez celles des six formes de la peur qui ont élu domicile en vous. Ne vous trompez pas sur les habitudes de ces ennemis rusés. Souvent, ils demeurent cachés dans le subconscient, où il est difficile de les traquer et encore plus de les débusquer.

Les six peurs fondamentales

C'est toujours une des six formes fondamentales de la peur ou leur combinaison qui fait souffrir l'homme à un moment ou à un autre. Ils peuvent s'estimer heureux, ceux qui ne sont pas victimes de ces pestes que nous énonçons ici par ordre d'importance ; il y a la peur :

- de la pauvreté ;
- de la critique ;
- de la maladie ;
- de perdre l'objet de son amour ;
- de la vieillesse ;
- de la mort.

Toutes les autres peurs sont de moindre importance. Les peurs qui n'ont pas été mentionnées ici se rattachent d'une façon ou d'une autre à l'une ou l'autre de ces formes fondamentales de la peur.

Ces peurs en tant que calamités se manifestent sous forme de cycles. Pendant presque six ans, pendant que la grande dépression battait son plein, nous nous débattîmes dans la peur de la pauvreté. Durant la Grande Guerre, nous étions dans la peur de la mort. Juste après la Première Guerre mondiale, nous fûmes assaillis par la peur des épidémies qui donnaient des signes de recrudescence dans le monde[125]. La peur n'est rien d'autre qu'un état d'esprit. Comme nous l'avons démontré à plusieurs reprises dans ce livre, l'état d'esprit se transforme grâce au contrôle et à la détermination[126].

L'homme ne peut rien créer qu'il n'a auparavant conçu sous la forme d'une pensée. Voici une constatation encore plus importante : les pensées de l'homme commencent immédiatement à se transformer en leur équivalent physique, qu'elles soient volontaires ou non. Les pensées qui surgissent accidentellement (pensées émises par d'autres esprits) peuvent déterminer le destin financier, professionnel ou social de quelqu'un aussi sûrement que le feraient des pensées créées intentionnellement.

C'est un fait très important. Il l'est plus encore pour ceux qui ne comprennent pas pourquoi certaines personnes semblent toujours « avoir de la chance » alors qu'eux-mêmes, tout aussi capables et expérimentés, paraissent voués à la malchance. Il faut savoir que *tout être humain est capable de contrôler entièrement son esprit* et par là, de l'ouvrir aux idées d'autrui comme d'en fermer l'accès et de n'admettre que les pensées de son choix.

La nature a doté l'homme d'un contrôle absolu sur une chose et une seule : son esprit. Ajoutez cela au fait que tout ce que l'homme crée commence sous la forme d'une pensée et vous avez l'antidote de la peur.

S'il est vrai que toute pensée tend à se transformer en son équivalent physique (et c'est vrai sans aucun doute), il est également évident que les pensées de peur et de pauvreté ne peuvent se transformer ni en courage ni en richesse !

Les Américains ont commencé à se soucier de la pauvreté dans les jours qui ont suivi le krach boursier de 1929. Lentement, mais sûrement, la préoccupation des masses se cristallisa en son équivalent physique, connue sous le nom de dépression. Ce qui devait arriver arriva ; conformément aux lois de la nature.

La peur de la pauvreté

Il ne peut y avoir de compromis entre la pauvreté et la richesse, car leurs routes divergent. Si vous voulez être riche, vous devez refuser tout compromis qui mène à la pauvreté. (Le mot « richesse » est utilisé ici dans son sens le plus large ; il comprend les aspects financiers, matériels et spirituels.) Le point de départ de la richesse est le désir. Dans le premier chapitre qui en traite, vous avez vu comment le rendre fécond. Dans ce chapitre sur la peur, vous trouverez des instructions sur la façon de préparer votre esprit à l'utilisation pratique du désir.

Le moment est venu de vous lancer un défi. Vous saurez ainsi dans quelle mesure vous avez assimilé cette philosophie. Vous pourrez prédire ce que l'avenir vous réserve. Si, après avoir lu ce chapitre, vous choisissez la pauvreté, vous devrez également préparer votre esprit à la recevoir. C'est une décision que vous ne pourrez éviter de prendre.

Si vous choisissez la richesse, déterminez-en la forme et la valeur. On vous a donné une carte routière qui, si vous l'étudiez attentivement, vous permettra de trouver la bonne route, celle de la richesse. Ne vous en prenez qu'à vous si vous négligez de partir ou si vous vous arrêtez en chemin. Vous n'avez aucune excuse et serez le seul à blâmer si vous ne demandez pas à la vie votre part de richesse ou si vous refusez de le faire, car pour que la vie vous donne ce qui vous revient, vous n'avez besoin que d'une seule chose (et comme par hasard c'est la seule que vous pouvez contrôler !) : un état d'esprit. Un état d'esprit doit être assumé. Il ne peut être acheté, il doit être créé.

La peur de la pauvreté est un état d'esprit, rien de plus ! Mais elle suffit à détruire toute chance de réussite dans n'importe quelle entreprise ; vérité qui devient cruellement évidente dans ces temps d'incertitudes économiques.

La peur paralyse la raison, détruit l'imagination, tue la confiance en soi, mine l'enthousiasme, décourage l'initiative, conduit à l'incertitude et pousse à la procrastination.

Elle efface tout le charme d'une personnalité, détruit toute possibilité d'une pensée juste, détourne toute concentration vers l'effort ; elle vainc la persévérance, annihile la volonté, écarte toute ambition, obscurcit la mémoire et engendre l'échec ; elle tue l'amour et assassine les plus beaux sentiments, décourage l'amitié, attire le désastre sous des centaines de formes, conduit à l'insomnie, à la misère et au malheur, et tout cela dans un monde où afflue tout ce que le cœur peut désirer sans autre obstacle entre ces désirs et nous-mêmes que l'absence d'un but précis.

La peur de la pauvreté est sans aucun doute la plus destructive des peurs. Elle est aussi la plus difficile à vaincre. Il faut un courage à toute épreuve pour s'avouer cette peur et un courage encore plus grand pour l'accepter. La peur de la pauvreté vient de la tendance innée qu'a l'homme de faire de son semblable sa proie économique. Presque tous les animaux sont mus par l'instinct, mais leur aptitude à penser étant limitée, leur semblable leur sert de proie physique. L'homme, avec son sens supérieur de l'intuition, son aptitude à raisonner, ne se repaît pas de son semblable ; il éprouve plus de désir à le « détruire » financièrement. Les hommes sont si avides que toutes les lois ont été créées pour les protéger les uns des autres.

De toutes les époques de l'histoire du monde, il semble que nous vivions dans une ère où l'argent est roi. On considère les gens comme des moins que rien s'ils n'ont pas un compte de banque bien garni. Mais s'ils ont de l'argent – peu importe la manière dont ils l'ont acquis –, on les considère comme des membres de la royauté, de gros bonnets. Ils semblent être au-dessus des lois, ils font la pluie et le beau temps en politique, dans le domaine des affaires et tout le monde s'incline bien bas devant eux.

Que d'humiliations et de souffrances la pauvreté ne traîne-t-elle pas dans son sillage ! Seuls comprendront ceux qui en ont fait l'expérience.

Il n'est pas étonnant que l'homme *craigne* la pauvreté. À la suite de la grande expérience dont il a hérité, l'homme a assurément appris qu'on ne pouvait pas se fier à certaines personnes quand il s'agit d'argent et de biens terrestres. C'est triste à dire, mais c'est une affirmation que nul ne peut contredire.

La plupart des mariages sont d'intérêt, il ne faut donc pas s'étonner du nombre élevé de divorces et de leurs compensations financières. L'homme est si acharné à posséder des richesses qu'il en acquerra par tous les moyens, légaux si possible, sinon par d'autres méthodes...

L'analyse de soi met en lumière des faiblesses que l'on ne souhaite pas avouer. Cet examen est indispensable si l'on veut exiger de la vie autre chose que la médiocrité et la pauvreté. Souvenez-vous, quand vous vous examinerez point par point, que vous êtes à la fois le tribunal et le juré, le procureur et l'avocat, le plaignant et l'accusé ; et qu'il s'agit d'un procès. Regardez les faits en face. Posez-vous des questions précises et répondez-y sans détour. Si vous ne vous estimez pas impartial, demandez à quelqu'un qui vous connaît bien de vous aider à répondre. Vous cherchez la vérité. *Il faut que vous la trouviez, peu importe le prix, et même si cet examen peut se révéler embarrassant.*

Si l'on demande aux gens ce qu'ils craignent le plus, la plupart répondent qu'ils n'ont peur de rien. Ce n'est pas vrai, mais rares sont ceux qui se rendent compte qu'ils sont handicapés spirituellement et physiquement par une forme de peur. La peur est si subtile et si profondément ancrée qu'on peut l'endurer toute sa vie sans en être conscient. Seule une analyse courageuse dévoilera la présence de cet ennemi universel. Lorsque vous l'entreprendrez, fouillez bien votre caractère. Voici une liste des symptômes que vous devez rechercher.

La peur de la pauvreté se reconnaît à six indices

1. *L'indifférence.* Elle est communément exprimée par le manque d'ambition, l'acceptation de la pauvreté, la paresse physique et mentale, le manque d'initiative, d'imagination, d'enthousiasme et de maîtrise de soi.
2. *L'indécision.* L'habitude de laisser les autres penser pour soi.
3. *Le doute.* Il s'exprime généralement sous forme d'excuses propres à couvrir, à expliquer ou à justifier les échecs, ou par l'envie et la critique à l'égard de ceux qui ont réussi.
4. *Le souci.* Il se manifeste par une tendance à rechercher les défauts des autres, à dépenser plus que son revenu, à négliger son apparence, à bouder et à se renfrogner, à abuser de l'alcool ou des drogues qui engendrent l'extrême nervosité, le manque d'équilibre et de connaissance de soi.
5. *L'excès de prudence.* Ne voir que le côté négatif des événements ; penser à l'échec possible et en parler au lieu de se concentrer sur le moyen de réussir ; connaître toutes les voies qui mènent au désastre sans jamais chercher à les éviter ; attendre le moment propice pour mettre en action idées et plans, et faire de cette attente une habitude permanente. Se souvenir de ceux qui ont échoué et oublier ceux qui ont réussi ; ne voir que les trous du gruyère ; être le pessimiste qui digère mal, élimine mal, s'intoxique et offre le spectacle d'un pitoyable état général.
6. *La procrastination.* L'habitude de remettre au lendemain ce qui aurait dû être fait l'année précédente. Passer autant de temps à imaginer des excuses qu'à mener à bien le travail. Ce symptôme décèle aussi l'excès de prudence, le doute et parfois le souci.

Refuser d'accepter certaines responsabilités. Préférer le compromis au combat, s'accommoder des difficultés au lieu de les vaincre. Marchander avec la vie au lieu de lui demander prospérité, opulence, richesse, joie et bonheur. Élaborer des plans de retraite en prévision d'un échec au lieu de couper les ponts derrière soi pour rendre la retraite impossible. Faire preuve d'un manque total de confiance en soi, de détermination, de maîtrise de soi, d'initiative, d'enthousiasme, d'ambition, d'économie et de bon sens. Se résigner à la pauvreté au lieu d'exiger la richesse. S'associer aux fatalistes au lieu de rechercher la compagnie de ceux qui demandent et reçoivent la fortune.

L'argent mène le monde

Certains lecteurs aimeraient peut-être savoir pourquoi j'ai écrit un livre sur l'argent. Pourquoi n'estimer la richesse qu'en dollars ou en euros? Il existe, c'est vrai, d'autres formes de richesse tout aussi désirables. Oui, il y a beaucoup de richesses qu'on ne peut évaluer en argent, mais il existe, aussi des millions de gens qui prétendent qu'avec «juste un peu d'argent» ils se procureront tout le reste.

J'ai écrit ce livre sur l'argent parce que le monde a vécu récemment une expérience qui a laissé des millions de personnes aux prises avec la peur de la pauvreté. Westbrook Pegler dans le *New York World-Telegram* décrit bien les effets de cette peur[127].

«L'argent n'est qu'un disque de métal ou un morceau de papier, et il existe des trésors du cœur et de l'âme qu'il ne peut acheter; mais la plupart des gens qui ont été vaincus sont incapables de s'en souvenir et de nourrir leur esprit de cette vérité.

«Lorsqu'un homme n'arrive pas à trouver du travail, un changement s'opère en lui, immédiatement trahi par l'affaissement de ses épaules, sa démarche et son regard. Parmi des gens qui ont un travail régulier, même s'il sait qu'ils sont moins intelligents et moins capables que lui, il ne peut échapper au sentiment d'infériorité.

«Ces gens, même ses amis, se sentent supérieurs à lui et le considèrent, peut-être inconsciemment, comme une victime. Il empruntera, mais insuffisamment pour vivre comme avant et il ne pourra emprunter très longtemps. Emprunter pour vivre est une expérience déprimante et ce viatique n'a pas le pouvoir stimulant de l'argent gagné. Bien sûr, cette constatation ne s'applique ni aux épaves ni aux vagabonds, mais aux hommes qui se respectent et sont normalement ambitieux.

«Les femmes dans la même situation semblent différentes. Étrangement, nous ne pensons pas aux femmes lorsque nous pensons aux personnes sans moyens de subsistance. Elles ne portent pas les mêmes stigmates que les hommes au chômage. Bien sûr, je ne parle pas des clochardes, mais de femmes relativement jeunes, convenables et intelligentes. Elles doivent être nombreuses mais leur désespoir passe inaperçu dans la foule.

«Un chômeur broie souvent du noir. Souvent, il fera des kilomètres pour rencontrer un employeur éventuel pour apprendre que la place est déjà prise, qu'il s'agit d'un travail rémunéré à la commission, qu'il porte sur la vente de colifichets dont personne ne veut, que personne n'achète, si ce n'est par pitié. Il se retrouve dans la rue, sans but. Il marche. Il s'attarde devant les vitrines où s'étalent des objets de luxe qui ne sont plus pour lui. Lorsque des passants s'arrêtent près de lui, il se sent en état d'infériorité et s'écarte. Pour se reposer, il va jusqu'à la gare ou dans une bibliothèque où il s'assied et se réchauffe. Mais ce n'est pas ainsi qu'il trouvera du travail.

« Brusquement, il ressort et se remet en quête, sans but précis. Il ne le sait pas, mais ce n'est pas ainsi qu'il trouvera ce qu'il cherche. Il est bien habillé pour avoir conservé en bon état ses vêtements d'un temps meilleur, mais il ne peut cacher sa lassitude.

« Il voit des milliers d'employés, de libraires, de pharmaciens, tous occupés par leurs activités, indépendants et respectables, et il les envie. Il n'arrive pas à se persuader qu'il est lui aussi un brave homme. Alors il s'interroge, raisonne et finalement, après des heures de réflexion, arrive à une conclusion réconfortante : il lui manque "juste un peu d'argent" pour retrouver sa dignité[128]. »

La peur de la critique

Comment l'homme en est-il arrivé à craindre les critiques ? Personne n'a jamais pu le découvrir. Tout ce que l'on sait, c'est que cette crainte est fortement développée en lui. J'incline à voir dans cette peur fondamentale l'héritage héréditaire qui pousse l'homme non seulement à s'emparer des biens d'autrui, mais, pour se justifier, à critiquer ses semblables. Il est bien connu qu'un voleur chargera celui qu'il dépouille, que les politiciens cherchent à s'imposer non pas en démontrant leurs propres qualités, mais en attaquant la personnalité de leurs rivaux.

La peur de la critique emprunte plusieurs formes, la majorité d'entre elles étant mesquines et futiles[129]. Les astucieux fabricants de vêtements n'ont pas mis longtemps à exploiter cette crainte de la critique. Chaque saison, ils changent la mode de nombreux articles. Qui en décide ? Certainement pas les acheteurs, mais bien les fabricants. Et pourquoi changent-ils de mode si souvent ? La réponse coule de source : pour vendre davantage à ceux qui redoutent d'être critiqués parce qu'ils sont démodés.

C'est pour la même raison que les fabriques d'automobiles modifient chaque année leurs modèles. Personne ne veut être vu au volant d'une voiture qui n'est pas du dernier modèle, bien que le vieux modèle puisse être d'une qualité supérieure.

Nous avons vu comment les gens se conduisent par crainte d'être critiqués dans les petites choses de la vie. Observons maintenant leur conduite dans les événements importants qui régissent les relations humaines. Prenons, par exemple, un individu qui a atteint l'âge de la maturité mentale (entre 35 et 40 ans, en moyenne). Si vous pouviez lire ses pensées les plus secrètes, vous sauriez qu'il refuse toutes les fables qu'on lui a fait admettre dans sa jeunesse.

Il est pourtant assez rare de trouver quelqu'un qui a le courage de ses opinions sur le sujet. La plupart des gens, si on les presse suffisamment, préféreront mentir plutôt qu'admettre qu'ils ne croient pas aux affabulations religieuses, tout particulièrement si leur religion (ou secte) est très dogmatique et ne tolère aucune remise en question.

Pourquoi donc la plupart des gens, même à notre époque de liberté, n'osent-ils pas avouer qu'ils ne croient plus aux fables? Uniquement par peur d'être critiqués. Hommes et femmes ont été brûlés vifs pour avoir osé nier l'existence des fantômes. Il n'est pas étonnant que nous ayons hérité de cette peur des critiques. L'époque où les remises en question étaient punies de mort n'est pas si lointaine et est encore de mise dans certains pays.

Elle enlève à l'homme toute initiative, détruit son imagination, limite son individualité, lui ôte toute confiance en soi et le diminue de nombreuses autres façons. Les parents font souvent un mal irréparable à leurs enfants quand ils les critiquent sans raison. La mère d'un de mes camarades d'enfance avait l'habitude de le punir en le frappant avec une badine et en lui répétant: «Tu fêteras tes 20 ans au pénitencier!» À 17 ans, il fut envoyé dans une maison de correction.

La critique est une forme de «service» que l'on a tendance à trop rendre.

Les plus proches parents sont ceux qui ont la langue la plus pointue. Faire naître chez un enfant un complexe d'infériorité en le critiquant sans raison valable devrait être reconnu comme un crime (en réalité, c'en est un et des pires). Les employeurs qui comprennent la nature humaine obtiennent le meilleur de leurs employés non pas en les critiquant, mais en leur faisant des suggestions constructives. Les parents doivent suivre le même exemple avec leurs enfants. La critique fera naître la peur ou le ressentiment. Jamais elle ne sèmera l'amour ou l'affection.

Les comportements qui recèlent la peur d'être critiqué

Cette peur est presque aussi répandue que la peur de la pauvreté et ses effets sont tout aussi contraires à la réussite. Elle détruit l'initiative et décourage l'utilisation de l'imagination. Ses indices les plus importants sont:

1. *Le manque d'assurance.* La nervosité, la timidité dans la conversation et dans les rapports avec des étrangers, par des mouvements gauches des mains et des jambes.
2. *Le manque de prestance.* L'inaptitude à contrôler sa voix, la nervosité en présence de tiers, un relâchement des attitudes corporelles, une mémoire défaillante.
3. *Le manque de personnalité.* L'incapacité de prendre des décisions fermes, le manque de charme personnel et d'habileté à exprimer des opinions définitives. Contourner les difficultés au lieu de les affronter, être toujours d'accord avec les autres sans se donner la peine d'établir ses propres opinions.
4. *Le complexe d'infériorité.* L'habitude de se féliciter de ses paroles et de ses actes pour cacher son sentiment profond d'infériorité; utiliser de grands mots pour impressionner les autres (le plus souvent sans en connaître la signification); imiter les autres dans leur façon de s'habiller, de s'exprimer, de se tenir; se vanter de succès imaginaires, ce qui ressemble parfois à un sentiment de supériorité.
5. *La prodigalité.* L'habitude de vouloir «mener le train de vie des Dupont» qui oblige à dépenser bien plus que son revenu.
6. *Le manque d'initiative.* L'impossibilité de saisir l'avancement qui se présente, la peur d'exprimer ses opinions, le manque de confiance en ses propres idées, les réponses évasives aux questions posées par ses supérieurs, le manque d'assurance dans son comportement et ses paroles, les tromperies en paroles et en actes.
7. *Le manque d'ambition.* La paresse mentale et physique, la tiédeur, la lenteur à prendre les décisions, être trop facilement influençable, l'habitude de critiquer les autres derrière leur dos et de les flatter en face; l'habitude d'accepter la défaite sans protester ou d'abandonner une entreprise que les autres condamnent; soupçonner les autres sans cause; le manque de tact en paroles et en manières; refuser de reconnaître ses erreurs.

La peur de la maladie

Cette peur peut être d'origine héréditaire ou culturelle. Elle est intimement associée à la peur de vieillir et de mourir parce qu'elle rapproche l'homme « des terribles mondes » dont il ne sait rien, mais qui font l'objet d'histoires gênantes. L'opinion est assez répandue que certaines personnes immorales vendent « la santé » en laissant bien vivace la peur de la maladie.

En général, l'homme craint la maladie parce qu'on lui a dépeint de façon terrifiante ce qui lui arrivera quand il mourra. Il la craint également parce qu'elle risque de lui occasionner de grosses dépenses.

Un médecin réputé estimait que 75 % de la clientèle des praticiens souffrent d'hypocondrie (maladie imaginaire). On a également démontré que la peur de la maladie produit souvent les symptômes physiques que l'on redoute.

Puissance de l'esprit humain ! Il construit ou il détruit !

Tablant sur une faiblesse très répandue, soit la peur de la maladie, des compagnies pharmaceutiques ont fait fortune. Cette forme d'imposture devint si importante il y a quelques dizaines d'années qu'une revue populaire, le *Collier's Weekly Magazine*[130], mena une campagne contre quelques-uns des pires contrevenants[131].

Par une série d'expériences effectuées il y a quelques années, on a prouvé que les gens peuvent tomber malades par suggestion. On envoyait chez la « victime » à intervalles réguliers trois de ses connaissances avec mission de poser exactement la même question : « Qu'est-ce que vous avez ? Vous me paraissez bien pâle. » Le premier questionneur s'attirait généralement la réponse suivante, prononcée distraitement : « Non, non, je vais très bien ! » Le deuxième : « Je ne sais pas exactement, mais je ne me sens pas bien du tout ! » Au troisième, on avouait franchement qu'on était très malade ! Si vous ne croyez pas à cette expérience, essayez-la sur une de vos connaissances, mais ne la poussez pas trop loin parce que certaines personnes pourraient développer des symptômes physiques graves en réponse à cette suggestion. Il existe une secte religieuse qui se venge de ses ennemis en leur jetant un sort de la sorte. Il semble que certaines personnes soient décédées après avoir été ainsi ciblées.

On a également prouvé que souvent la maladie commence sous forme de pensées négatives créées par l'individu lui-même ou qui proviennent, par suggestion, des autres.

Un sage a dit un jour : « Lorsque quelqu'un me demande comment je me porte, j'ai toujours envie de lui répondre en lui lançant mon poing dans la figure ! »

Les médecins conseillent souvent à leurs patients le changement d'air parce qu'un changement « d'attitude mentale » leur est nécessaire. La peur de la maladie est comme une graine que les soucis, la peur, le découragement et la déception amoureuse ou professionnelle font germer et fructifier.

Les déceptions en affaires et en amour préparent la peur de la maladie. Après une déception amoureuse, un jeune homme dut être conduit à l'hôpital. Pendant des mois, il oscilla entre la vie et la mort. On consulta un psychothérapeute[132]. Aussitôt, ce dernier plaça au chevet du malade une *ravissante jeune femme* qui, dès le premier jour (et suivant les ordres du médecin), se montra très empressée et amoureuse de son patient. En l'espace de trois semaines, il était guéri et sortait de l'hôpital, bien que souffrant d'une tout autre maladie : il était amoureux et quelques mois plus tard il épousait sa ravissante infirmière…

La peur de la maladie et ses symptômes

Les symptômes de cette peur universelle sont :

1. *L'autosuggestion négative.* L'habitude d'utiliser l'autosuggestion de façon négative pour chercher et espérer trouver les symptômes de toutes sortes de maladies ; se « délecter » d'une maladie imaginaire et en parler comme si elle existait vraiment ; essayer tous les « trucs » et tous les remèdes « de bonne femme » recommandés par les autres ; raconter en détail des opérations, des accidents et toutes formes de maladie ; suivre un régime, faire de la gymnastique, des cures d'amaigrissement sans contrôle médical, essayer des médicaments et des remèdes de charlatan.
2. *L'hypocondrie.* L'habitude de parler de maladie, d'y concentrer son esprit, d'attendre qu'elle se manifeste jusqu'à ce que survienne une dépression nerveuse. Aucun médicament en flacon ne peut guérir l'hypocondrie. Elle est l'effet de pensées négatives et seules des pensées positives pourront y remédier. L'hypocondrie, ou maladie imaginaire, est plus néfaste que la maladie redoutée. La plupart des cas de nervosité excessive relèvent d'une maladie imaginaire.

3. *L'indolence.* La peur de la maladie empêche la pratique des exercices physiques de plein air et se traduit par un accroissement du poids.
4. *La prédisposition à la maladie.* La peur de la maladie brise la résistance naturelle du corps et crée un terrain favorable à toutes sortes de maux[133]. Elle est liée à la peur de la pauvreté. C'est le cas de l'hypocondriaque qui craint la facture d'hôpital ou les honoraires médicaux. Les gens de cette sorte gaspillent beaucoup de temps à parler de la mort, à prévoir des économies pour payer le cimetière, les frais d'enterrement, etc.
5. *La manie de se dorloter.* L'habitude de vouloir s'attirer la sympathie en utilisant comme appât la maladie imaginaire (les gens ont souvent recours à ce stratagème pour ne pas aller travailler !) ; l'habitude de simuler la maladie pour masquer la paresse ou le manque d'ambition.
6. *L'intempérance.* L'habitude d'user de l'alcool ou des narcotiques pour noyer des souffrances telles que maux de tête, névralgies, etc., au lieu d'en éliminer la cause. L'habitude de lire tout ce qui concerne la maladie, la crainte de la contracter, la lecture des annonces publicitaires vantant telle spécialité pharmaceutique.

La peur de perdre l'objet de son amour

La source de cette peur n'a pas besoin de présentation. Cette peur innée découle d'une tendance des hommes à la polygamie et à leur propension à voler les compagnes des autres hommes. Du côté des femmes, on constate que cette peur découle de l'instinct maternel et du besoin d'être protégée pendant la grossesse et l'allaitement.

La peur de perdre l'être aimé a, tant chez les hommes que chez les femmes, une base biologique et comportementale.

La jalousie et les autres formes semblables de névrose proviennent de la peur foncière de perdre l'être aimé. C'est la peur la plus douloureuse, celle qui probablement fait le plus de ravages dans le corps ou l'esprit.

Elle tire sans doute son origine de l'âge de pierre, quand l'homme s'emparait brutalement de la femme convoitée. Si les fins sont les mêmes, la technique a changé. Il persuade, charme, promet des toilettes, une belle voiture et attire avec d'autres appâts autrement plus efficaces que la brutalité. Depuis l'aube de la civilisation, les habitudes humaines sont les mêmes. Elles s'expriment différemment, voilà tout.

Une étude minutieuse a révélé que les femmes, plus que les hommes, craignent de perdre l'objet de leur amour, ce qui s'explique aisément : elles ont appris, souvent à leurs dépens, que la nature de l'homme est polygame.

Trois traits qui révèlent la peur de perdre l'être aimé

1. *La jalousie.* L'habitude de soupçonner sans raison ses amis et ceux qu'on aime. L'habitude, sans motif aucun, d'accuser sa femme ou son mari d'infidélité. (La jalousie est une forme de névrose et les gens qui en sont atteints peuvent devenir violents sans crier gare.) Soupçonner tout le monde et n'avoir confiance en personne.
2. *La critique.* Critiquer ses amis sans raison, ses parents, ses associés en affaires et ceux que l'on aime.
3. *Le jeu.* Jouer, voler, tricher pour donner de l'argent à ceux qu'on aime en croyant que l'amour s'achète. Dépenser au-delà de ses moyens ou s'endetter pour faire des cadeaux à ceux qu'on aime afin de se montrer sous un jour favorable.

Cette peur se manifeste aussi par de l'insomnie, de la nervosité, un manque de persévérance, une faiblesse de la volonté, un manque de maîtrise de soi, de confiance en soi, un mauvais caractère.

La peur de vieillir

En gros, cette peur provient de deux sources. La première provient de la croyance que la vieillesse est forcément synonyme de pauvreté. La seconde, et de loin la plus répandue, provient des pensées engendrées par la cruauté et la fausseté des enseignements du passé, qui ne font que perpétuer des visions apocalyptiques conçues dans le seul but de faire peur aux gens.

La peur de vieillir donne à l'homme deux bons motifs d'appréhender l'avenir : comment se fier à un prochain qui le dépouillera et comment ne pas se laisser hanter par l'horrible évocation de l'au-delà ; ces peurs ont été implantées dans son esprit par l'entremise de l'« hérédité sociale », et ce, longtemps avant qu'il n'atteigne l'âge de la raison.

Cette forme de peur est intensifiée par les risques de maladie et d'invalidité. L'érotisme y tient sa place, personne ne chérissant la pensée d'un pouvoir sexuel diminué.

À la peur du vieil âge s'associe la crainte de se retrouver à l'asile des pauvres[134]. La pensée de devoir finir ses jours dans une situation de pauvreté en se demandant toujours comment nous allons joindre les deux bouts n'est pas particulièrement réjouissante.

La peur de vieillir se manifeste aussi par la peur de perdre son indépendance ainsi que la liberté physique et économique.

Les symptômes de la peur de vieillir

Les symptômes les plus courants sont :

1. *Un ralentissement prématuré.* La tendance à mettre son corps et son esprit en veilleuse dès l'âge de 40 ans (l'âge de la maturité de l'esprit) et à développer un complexe d'infériorité en se croyant, à tort, fini. En fait, les années les plus productives tant mentalement que spirituellement se situent entre 50 et 60 ans.
2. *Demander que l'on excuse son âge.* L'habitude de parler de son âge ; s'excuser de ses 40 ou 50 ans, au lieu d'exprimer sa gratitude d'avoir atteint l'âge de la sagesse et de la compréhension.
3. *Tuer toute initiative.* L'initiative, l'imagination et la confiance en soi sont perdues quand on se croit à tort trop vieux pour les exercer. L'habitude très courante de copier les vêtements et les manières de ses cadets n'a pour résultat que de se rendre ridicule aux yeux des autres, même s'ils sont des amis.

La peur de la mort

Pour certains, cette peur fondamentale est la plus cruelle de toutes. Les terribles angoisses que donne la pensée de la mort sont, dans la plupart des cas, chargées de fanatisme religieux. Ceux que l'on appelle les « païens » ont moins peur de la mort que nous autres « civilisés ». Pendant des milliers d'années, les hommes se sont posé des questions auxquelles ils n'ont pas encore répondu : d'où venons-nous ? Et où allons-nous ?

Il fut une époque où des individus astucieux proposaient d'y répondre moyennant rétribution.

« Viens sous ma tente, embrasse ma foi, accepte mes dogmes et je te ferai présent d'un billet qui t'ouvrira le paradis immédiatement après ta mort », disait un adepte.

« Si tu ne viens pas, criait-il encore, le diable te pendra et te brûlera durant toute l'éternité. »

Nous savons tous que l'éternité, c'est long, et que le feu de l'enfer est une terrible punition. Le simple fait d'évoquer la pensée de l'éternel châtiment ôte tout intérêt à la vie et rend tout bonheur impossible.

Pendant ma recherche, je fis la critique d'un livre intitulé *A Catalogue of the Gods* (Un répertoire des dieux) dans lequel étaient énumérés plus de 30 000 dieux que les hommes ont adorés tout au long de l'histoire. Pensez-y bien ! Plus de 30 000 dieux représentés sous des formes qui vont de l'écrevisse à l'homme. Pas étonnant que les gens aient peur de la mort !

Tandis que les dirigeants religieux sont dans l'incapacité de garantir à leurs ouailles une place au paradis, cette disposition place le commun des mortels devant la terrible possibilité de l'enfer, une pensée qui frappe tellement l'imagination qu'elle paralyse l'esprit et y instaure la peur de la mort.

En fait, personne ne sait si le paradis et l'enfer existent. Ce manque de connaissance ouvre la porte aux charlatans de tout acabit qui se font fort de proposer un cortège de faux remèdes et de pieux mensonges.

La peur de la mort n'est pas aussi courante de nos jours qu'à l'époque où il n'y avait pas d'écoles supérieures et d'universités. Les chercheurs ont fait en sorte de démystifier ces vieilles croyances et d'imposer la méthode scientifique, ce qui eut pour effet de libérer les gens de cette peur de la mort. Les jeunes gens qui fréquentent les collèges et les universités ne croient plus au feu de l'enfer et aux autres discours apocalyptiques. Grâce à la biologie, à l'astronomie, à la géologie et autres disciplines scientifiques, les peurs ancestrales se dissipent.

Les asiles d'aliénés sont remplis de ces gens qui sont devenus fous à cause de leur peur de la mort.

Cette peur est inutile. La mort viendra d'une manière ou d'une autre, peu importe nos convictions à ce sujet.

Il faut accepter le fait que la mort est inéluctable et ne plus s'en préoccuper. La mort est peut-être beaucoup moins effrayante qu'on ne le dit.

Le monde se compose de deux éléments : l'énergie et la matière. En physique élémentaire, nous apprenons que ni l'une ni l'autre ne peut être créée ou détruite. L'une comme l'autre peuvent être transformées.

La vie est une énergie. Donc, elle ne peut être détruite. Comme les autres formes d'énergie, elle connaîtra plusieurs phases de transition, de changement, mais elle ne pourra être détruite. La mort n'est donc qu'une transition.

Dans ce cas, après la mort ne peut venir qu'un long, un éternel, un paisible repos et il n'y a aucune raison de craindre le repos. Vous pouvez donc définitivement balayer de votre esprit la hantise de la mort.

Symptômes révélant la peur de la mort

Cette peur se manifeste par l'habitude de penser à la mort au lieu de profiter de la vie et tient souvent à une absence de but ou à l'incapacité de trouver (peut-être par manque d'idéal) une occupation adéquate. Elle est plus répandue chez les personnes âgées, mais il arrive que les jeunes en soient victimes.

Le meilleur remède à la peur de la mort est un désir ardent d'agir et d'aider les autres. Celui qui est très occupé n'a pas le temps de penser à la mort. Parfois, cette peur de la mort est associée à celle de la pauvreté et à la situation dans laquelle seraient plongés ceux qu'on aime lorsque l'on ne pourra plus subvenir à leurs besoins.

Dans certains cas, la peur de la mort est causée par la maladie et, conséquemment, à l'affaiblissement du système immunitaire. La maladie, la pauvreté, l'absence d'une occupation appropriée, la déception en amour, le fanatisme religieux, un haut degré de névrose ou la folie sont les causes les plus fréquentes de la crainte de la mort.

Le souci est une peur insidieuse

Se faire du souci est un état d'esprit qui relève de la peur. Il travaille lentement, mais sûrement. Il est insidieux et subtil. Peu à peu, il « mine » jusqu'à paralyser le raisonnement et détruire la confiance en soi et toute initiative. Le souci est une forme de peur permanente motivée par l'indécision : c'est donc un état d'esprit qui peut être contrôlé.

Un esprit indécis n'est d'aucun secours. La plupart des gens manquent de volonté pour prendre des décisions rapides et s'y tenir, même dans les situations les plus anodines. Pendant les périodes de grands bouleversements économiques (comme celle que le monde vient de traverser), les individus sont handicapés non seulement par leur nature indécise, mais par l'influence qu'a cette indécision sur les gens qui les entourent, ce qui a tôt fait d'ériger cette indécision en système.

Durant une dépression économique mondiale, l'atmosphère se charge de peur et d'inquiétude, deux virus touchant l'esprit et ayant la capacité de se propager très rapidement. S'habituer à prendre des décisions promptes et rapides est la seule façon de contrer la peur et l'inquiétude.

Lorsque nous avons pris la décision de suivre une certaine ligne d'action, les soucis s'envolent. J'ai interviewé un homme deux heures avant qu'il ne s'assoie sur la chaise électrique[135]. Il était le plus calme des huit hommes dans l'antichambre de la mort, ce qui me poussa à lui demander comment on se sent lorsqu'on sait qu'on va mourir dans très peu de temps. Avec un sourire confiant, il me répondit : « On se sent bien ; pensez-y, mes ennuis vont se terminer. Je n'ai eu que ça dans la vie. J'ai toujours eu tellement de peine à me procurer de quoi manger et m'habiller. Je n'ai plus à m'en préoccuper maintenant et vous voudriez que je ne me sente pas bien ? Depuis que je sais que je vais mourir, je fais face à mon destin. »

Tout en parlant, il dévorait un dîner gargantuesque qui aurait suffi à nourrir trois hommes, en savourant chaque bouchée comme si demain n'existait pas.

La décision qu'avait prise cet homme fit en sorte qu'il acceptait son sort. À l'inverse, la décision peut aussi faire en sorte de ne pas accepter des circonstances non désirées.

Avec l'adjonction de l'indécision, les six peurs fondamentales se traduisent par un état fébrile d'inquiétude et d'anxiété. Délivrez-vous à jamais de la peur de la mort. Prenez la décision d'accepter celle-ci comme un événement inévitable, délivrez-vous de la peur de la pauvreté, en décidant de vous procurer la richesse ; de la peur de la critique, en décidant de ne pas vous soucier de ce que les gens pourront penser, dire ou faire ; de la peur de vieillir, en décidant d'accepter la vieillesse comme une grande bénédiction porteuse de la sagesse, de la maîtrise de soi et de la compréhension qui font défaut à la jeunesse ; de la peur de la maladie, en décidant d'oublier ses symptômes ; de la peur de perdre l'objet de votre amour, en décidant de vivre sans amour, si cela est nécessaire.

Cessez de vous faire du souci à propos de tout et de rien ; décidez une fois pour toutes que rien de ce que peut apporter la vie ne vaut le tourment qu'on se crée. Cette décision vous assurera équilibre, tranquillité d'esprit et, par le fait même, le bonheur.

Un homme qui a peur ne détruit pas seulement ses propres chances d'agir intelligemment, mais transmet également ces ondes destructrices aux cerveaux de tous ceux qui entrent en contact avec lui, détruisant ainsi leurs chances.

Un chien ou un cheval sent quand son maître est angoissé. Il recueille les ondes de peur émises par ce dernier et se comporte en conséquence. Nous retrouvons partout dans le règne animal cette capacité à capter la vibration de la peur. Cette dernière passe d'un esprit à un autre aussi rapidement et aussi sûrement que la voix humaine passe de la station émettrice au poste récepteur de votre radio[136].

Celui qui exprime par la parole ses pensées négatives ou destructives peut être sûr de les voir faire choc en retour. Sans même l'aide des mots, les pensées suffisent à attirer les mauvais coups du sort.

Premièrement, et c'est très important, celui qui libère des pensées destructives souffrira surtout dans son imagination créatrice, qui sera alors brisée. Deuxièmement: dans l'esprit, la présence de toute émotion destructive développe une personnalité négative qui, loin d'attirer les êtres, les repousse et souvent les rend hostiles. Troisièmement: ces pensées négatives s'incrustent dans le subconscient et finissent par faire partie du caractère.

Exprimer une idée ne nous libère jamais complètement de cette dernière, elle se répand à tous les vents, mais elle s'implante également et de façon permanente dans le subconscient de la personne qui l'a émise.

Sans doute, le but de votre vie est-il de réussir. Pour cela, vous devez trouver la paix de l'esprit, répondre aux besoins matériels indispensables et surtout parvenir au bonheur. Toutes ces preuves de succès naissent sous forme de pensées.

Vous pouvez contrôler votre propre pensée, la nourrir des idées que vous aurez choisies. Vous avez le privilège, mais aussi la responsabilité de l'utiliser dans un but constructif. Vous êtes le maître de votre destinée terrestre aussi sûrement que vous possédez le pouvoir de contrôler vos pensées. Vous pouvez directement ou indirectement influencer votre environnement, faire de votre vie ce que vous voulez qu'elle soit. Vous pouvez négliger d'exercer ce privilège, obéir à votre vie et vous jeter ainsi dans la vaste mer des « circonstances » où vous serez ballotté de-ci de-là comme un copeau sur les vagues de l'océan.

L'atelier du diable

La septième calamité fondamentale

Outre cette peur fondamentale qui s'exprime de six manières différentes, il est un mal dont tout le monde souffre.

Il constitue un sol fertile où les graines de l'échec germent en abondance. Il est si subtil que souvent il n'est pas détecté. On ne peut le classer parmi les formes de la peur étant le plus profondément ancrées et le plus souvent fatales. En attendant de lui trouver un meilleur nom, appelons-le « réceptivité aux influences négatives ».

Les hommes qui ont fait fortune se sont toujours protégés de ce mal. Les pauvres n'y sont jamais parvenus. Ceux qui réussissent tout ce qu'ils entreprennent ont dû apprendre à leur esprit à résister au mal. Si vous étudiez cette philosophie dans le but de faire fortune, examinez-vous très attentivement afin de déterminer si vous êtes ou non réceptif aux influences négatives. Si vous négligez cette autoanalyse, vous n'atteindrez pas l'objet de votre désir.

Après avoir lu les questions préparées à cet effet, répondez-y brièvement et sincèrement. Faites-le aussi attentivement que si vous cherchiez à démasquer un ennemi qui vous a tendu un piège et traitez vos erreurs en ennemis tangibles.

Vous pouvez aisément vous protéger des voleurs de grand chemin : la loi vous y aide, mais ce « septième mal fondamental » est plus difficile à maîtriser parce qu'il frappe, que l'on soit endormi ou éveillé, sans que l'on ait repéré sa présence. De plus, son arme est intangible : c'est un état d'âme. Il est dangereux parce qu'il frappe sous des formes très diverses et que pour chacun l'expérience est différente. Quelquefois, il entre en nous par les paroles bien intentionnées d'un parent ; d'autres fois, il vient de l'intérieur, par l'entremise d'une attitude mentale qui nous est propre. C'est toujours un poison mortel, bien qu'il n'entraîne pas une mort rapide.

Comment se protéger des influences négatives

Pour vous protéger des influences négatives créées par vous-même ou découlant des activités négatives de votre entourage, n'oubliez pas que le pouvoir de votre volonté est à votre disposition. Faites-le travailler jusqu'à ce qu'il élève autour de vous un mur de protection contre les mauvaises influences de votre propre esprit.

Reconnaissez que tous les êtres humains sont par nature paresseux, indifférents et réceptifs à toutes les suggestions qui flattent leurs faiblesses.

Reconnaissez que vous êtes par nature réceptif aux six formes fondamentales de la peur et qu'il vous faut bâtir des habitudes qui contrecarreront toutes ces peurs.

Reconnaissez que les influences négatives, bien que difficiles à détecter, agissent souvent sur vous par l'intermédiaire de votre subconscient ; n'ouvrez pas votre esprit aux gens qui vous dépriment ou qui vous découragent d'une façon ou d'une autre.

Mettez de l'ordre dans votre armoire à pharmacie, jetez tubes et flacons et cessez d'être le ministre complaisant de vos rhumes, maux de tête, douleurs et maladies imaginaires.

Recherchez délibérément la compagnie des gens qui vous poussent à réfléchir, à agir par vous-même.

Si vous vous attendez à des ennuis, vous en aurez.

Sans aucun doute, la faiblesse la plus courante chez l'être humain est l'habitude qu'il a de laisser son esprit ouvert à l'influence négative des autres. Cette faiblesse fait le plus de mal, parce que la plupart des gens ne savent pas qu'ils en sont la victime, et beaucoup de ceux qui le savent négligent ou refusent de la corriger. Elle devient finalement partie intégrante de leurs habitudes quotidiennes.

Pour aider ceux qui souhaitent se voir tels qu'ils sont réellement, nous avons préparé une liste de questions. Lisez-la et répondez-y tout haut de façon à entendre votre propre voix. Cela vous aidera à être sincère envers vous-même.

Test d'analyse personnelle

- Vous plaignez-vous souvent de ne pas vous sentir très bien ? Si oui, pourquoi ?
- Critiquez-vous les autres à la moindre provocation ?
- Faites-vous fréquemment des erreurs dans votre travail ? Si oui, pourquoi ?
- Êtes-vous sarcastique et agressif dans vos conversations ?
- Évitez-vous délibérément l'association avec certaines personnes ? Si oui, pourquoi ?
- Souffrez-vous d'indigestion ? Si oui, quelle en est la cause ?

- La vie vous semble-t-elle futile et votre avenir vous paraît-il sans espoir?
- Aimez-vous votre travail? Si non, pourquoi?
- Vous apitoyez-vous souvent sur vous-même? Si oui, dans quel cas et pourquoi?
- Enviez-vous ceux qui réussissent mieux que vous?
- À quoi pensez-vous le plus: au succès ou à l'échec?
- En vieillissant, augmentez-vous votre confiance en vous ou la perdez-vous?
- Avez-vous tiré une leçon valable de vos erreurs?
- Laissez-vous un parent ou une connaissance vous tourmenter? Si oui, pour quelle raison?
- Êtes-vous parfois au comble de l'exaltation et à d'autres moments dans l'abattement le plus profond?
- Qui a le plus d'influence sur vous – bonne cette fois? Quelle en est la cause?
- Tolérez-vous les influences négatives ou décourageantes que vous pourriez éviter?
- Négligez-vous votre apparence physique? Si oui, quand et pourquoi?
- Avez-vous appris à noyer vos ennuis dans un travail qui vous absorbe trop pour vous laisser le temps d'y penser?
- Estimeriez-vous que vous êtes un faible si vous laissiez les autres penser à votre place?
- Évitez-vous la purification interne au point où l'auto-intoxication vous rend de mauvaise humeur et irritable[137]?
- Combien avez-vous de sources d'ennui que vous auriez pu éviter et pourquoi les tolérez-vous?
- Avez-vous recours à l'alcool, aux narcotiques ou au tabac pour « calmer vos nerfs »? Si oui, pourquoi n'essayez-vous pas le pouvoir de votre volonté?
- Quelqu'un vous harcèle-t-il? Si oui, pour quelle raison?
- Avez-vous un but bien précis? Si oui, quel est-il et quel est le plan que vous avez élaboré pour l'atteindre?
- Souffrez-vous d'une ou de plusieurs des six formes fondamentales de la peur? Si oui, de laquelle ou desquelles?
- Avez-vous une méthode pour vous protéger des influences négatives des autres?

- Pour rendre votre esprit positif, avez-vous délibérément recours à l'autosuggestion?
- Qu'est-ce qui a pour vous le plus de prix? Vos possessions matérielles ou le pouvoir de contrôler vos pensées?
- Êtes-vous facilement influencé par les autres au détriment de votre propre jugement?
- La journée d'aujourd'hui a-t-elle ajouté quelque chose de valable à vos connaissances ou à votre état d'esprit?
- Affrontez-vous les circonstances qui vous rendent malheureux ou en fuyez-vous la responsabilité?
- Analysez-vous vos erreurs, les échecs que vous avez subis et essayez-vous d'en tirer une leçon profitable, ou pensez-vous que cela ne sert à rien?
- Pouvez-vous nommer trois des faiblesses qui vous font le plus de tort? Que faites-vous pour les surmonter?
- Encouragez-vous les autres à vous raconter leurs ennuis?
- Choisissez-vous dans votre expérience quotidienne les leçons ou les influences qui aideraient à votre avancement personnel?
- En règle générale, votre présence a-t-elle une influence négative sur les autres?
- Quelles sont les habitudes qui vous dérangent le plus chez les autres?
- Exprimez-vous vos opinions ou laissez-vous les autres vous influencer?
- Êtes-vous arrivé à un état d'esprit qui vous protège contre les influences déprimantes?
- Votre profession vous inspire-t-elle foi et espoir?
- Êtes-vous conscient de posséder des forces spirituelles dont le pouvoir suffit à garder votre esprit de toute forme de peur?
- Votre religion vous aide-t-elle à conserver un état d'esprit positif?
- Pensez-vous qu'il soit de votre devoir de partager les soucis des autres? Si oui, pourquoi?
- Si vous croyez que «qui se ressemble s'assemble», qu'avez-vous appris sur vous-même en étudiant les amis que vous avez choisis?
- Voyez-vous une relation, et quelle est-elle, entre les gens avec qui vous êtes le plus lié et un malheur quelconque qui vous est arrivé?

- Croyez-vous possible qu'une personne que vous considérez comme votre amie soit en réalité votre pire ennemie par l'influence négative qu'elle a sur votre esprit ?
- Selon quel critère jugez-vous ce qui vous est utile et ce qui ne l'est pas ?
- Vos associés en affaires sont-ils intellectuellement supérieurs ou inférieurs à vous ?
- En 24 heures, quelle est la part de temps que vous consacrez à :
  - votre profession ;
  - votre sommeil ;
  - vos loisirs et moments de détente ;
  - l'étude de connaissances utiles ;
  - ne rien faire du tout ?
- Qui, parmi vos connaissances :
  - vous encourage le plus ;
  - vous engage le plus à la prudence ;
  - vous décourage le plus ;
  - vous aide le plus d'autres façons ?
- Quelle est votre préoccupation la plus importante ? Pourquoi l'acceptez-vous ?
- Quand on vous donne un avis désintéressé et non sollicité, l'acceptez-vous sans poser de questions, sans chercher les motifs qui l'ont suscité ?
- Qu'est-ce que vous désirez le plus au monde ? Avez-vous l'intention de l'acquérir ?
- Êtes-vous décidé à subordonner tous vos autres désirs à celui-là ? Combien de temps par jour consacrez-vous à son accomplissement ?
- Changez-vous d'avis souvent ? Si oui, pourquoi ?
- D'habitude, finissez-vous tout ce que vous avez commencé ?
- Vous laissez-vous facilement impressionner par les titres, par le rang professionnel, par les diplômes ou les richesses des autres ?
- Êtes-vous facilement influencé par ce que les autres pensent et disent de vous ?
- Vous intéressez-vous aux gens en raison de leur position sociale et financière ?
- Quel est à votre avis le plus grand personnage vivant de notre époque ? En quoi cette personne est-elle supérieure à vous ?
- Combien de temps avez-vous mis pour étudier ces questions et y répondre ? (Il vous faut au moins une journée.)

Si vous avez répondu sincèrement, vous vous connaissez mieux que la plupart des gens ne se connaissent. Étudiez soigneusement vos réponses; pendant plusieurs mois, revoyez-les une fois par semaine et vous serez stupéfait des connaissances précieuses acquises par cette simple méthode. Si vous hésitez sur quelques réponses à donner, demandez conseil à ceux qui vous connaissent bien, particulièrement à ceux qui n'ont pas de raison de vous flatter, et voyez-vous à travers leurs yeux. L'expérience est stupéfiante.

Vous n'avez un contrôle absolu que sur vos pensées. Cet aspect de l'homme reflète sa nature divine. Cette prérogative est votre seul moyen de contrôle sur la destinée. Si vous n'arrivez pas à maîtriser votre propre esprit, vous pouvez être sûr que vous n'arriverez jamais à maîtriser quoi que ce soit.

Si vous devez négliger ce qui vous appartient, il vaut mieux que ce soit les biens matériels. *Votre esprit est votre bien spirituel!* Protégez-le et utilisez-le avec tout le soin que requiert son origine divine. Vous avez reçu à cet effet un pouvoir, celui de la volonté.

Malheureusement, il n'existe pas de protection légale contre ceux qui, intentionnellement ou par ignorance, empoisonnent l'esprit des autres par des suggestions négatives. Cette forme de destruction devrait être passible de lourdes sanctions pénales, parce qu'elle peut ruiner, ce qu'elle fait souvent, les chances qu'a tout homme d'acquérir des biens matériels.

Des gens d'esprit négatif essayèrent de persuader Thomas A. Edison qu'il était impossible de construire une machine propre à enregistrer la voix humaine et à la reproduire, «parce que, disaient-ils, personne n'y a encore jamais pensé». Edison ne les crut pas. Il savait que son esprit pourrait engendrer n'importe quel objet conçu par lui et auquel il croirait[138]. Cette connaissance lui permit de s'élever au-dessus du commun des mortels.

Des gens à l'esprit négatif prédirent à F. W. Woolworth qu'il irait à la ruine s'il ouvrait un magasin d'articles «bon marché». Il ne les crut pas, il savait qu'avec la foi, il pouvait soulever des montagnes. Comme il en avait le droit, il ferma son esprit aux suggestions négatives et amassa une fortune de plus de 100 millions de dollars.

Des gens à la tournure d'esprit négative dirent à George Washington qu'il ne pouvait espérer remporter la bataille contre les forces largement supérieures des troupes britanniques, mais ce dernier exerça sa prérogative divine d'y croire. C'est ce qui nous vaut aujourd'hui l'honneur d'être publié sous la protection des étoiles et des rayures du drapeau américain, alors que le nom de Lord Cornwallis est tombé dans l'oubli.

Des sceptiques ricanèrent lorsque Henry Ford essaya dans les rues de Detroit la première automobile, assez sommairement construite. Certains dirent que « cette machine » n'aurait jamais de succès, d'autres, que cette invention ne valait pas un sou. Ford riposta : « J'inonderai la terre d'automobiles. » Il tint parole. À ceux qui veulent faire fortune, je rappellerai la différence, à retenir, entre Ford et la plupart des gens : Ford avait un cerveau et le contrôlait. Les autres avaient aussi un cerveau, mais ils n'essayaient pas de le contrôler.

Tout au long de ce livre, j'ai donné Henry Ford en exemple pour une raison bien simple : il démontre ce qu'un individu doté d'un esprit indépendant doublé d'une forte volonté peut accomplir. Ses états de service portent un coup fatal à la bonne vieille excuse du « je n'ai jamais eu de chance dans la vie ». Henry Ford n'a jamais eu de chance lui non plus, mais il l'a créée de toutes pièces et s'est servi de sa ténacité jusqu'à ce qu'il devienne riche comme Crésus[139].

Le contrôle de l'esprit est le résultat de l'autodiscipline et de l'habitude. Ou vous contrôlez votre esprit ou c'est ce dernier qui le fait. Il n'y a pas de moyen terme. Prenez l'habitude de l'occuper dans un but précis, selon un plan défini. Étudiez la vie d'un homme qui a obtenu de grands succès. Vous verrez qu'il ne procède pas autrement.

Quelques excuses célèbres

Les gens qui ne réussissent pas ont un trait commun : ils connaissent les raisons de leurs échecs et les voient comme des alibis solides justifiant leur manque de succès.

Certaines de ces excuses sont ingénieuses, mais fort peu sont justifiées par les circonstances. Les excuses n'ont jamais fabriqué l'argent et le monde ne s'intéresse qu'à la victoire.

Voici une liste des excuses les plus couramment employées. Faites votre examen personnel et déterminez celles que vous avez coutume d'utiliser. Rappelez-vous que la philosophie que développe ce livre les infirme toutes.

Si je n'avais pas une femme et des enfants…

Si j'avais plus de courage…

Si j'avais de l'argent...
Si j'avais une bonne instruction...
Si je pouvais trouver du travail...
Si j'avais la santé...
Si seulement j'avais le temps...
Si les temps étaient meilleurs...
Si les autres me comprenaient...
Si les circonstances étaient différentes...
Si je pouvais revivre ma vie...
Si je n'avais pas peur du « qu'en-dira-t-on »...
Si on m'avait donné ma chance...
Si on me donnait ma chance...
Si les autres n'avaient pas une « dent » contre moi...
Si rien ne m'avait arrêté...
Si j'étais plus jeune...
Si je pouvais faire ce que je veux...
Si j'étais né riche...
Si je pouvais rencontrer un tel...
Si j'avais le talent que certains ont...
Si j'osais me mettre en avant...
Si seulement j'avais su profiter des occasions passées...
Si les gens ne m'énervaient pas autant...
Si je ne devais pas garder la maison et m'occuper des enfants...
Si je pouvais mettre de l'argent de côté...
Si mon patron pouvait seulement me remarquer...
Si au moins j'avais quelqu'un pour m'aider...
Si ma famille me comprenait...
Si je vivais dans une grande ville...
Si on pouvait m'aider à commencer...
Si seulement j'étais libre...
Si j'avais la personnalité d'un tel...
Si je n'étais pas si gros...
Si mon talent était reconnu...
Si je pouvais avoir la bonne idée...
Si je pouvais régler mes dettes...
Si je n'avais pas échoué...
Si seulement j'avais su comment...
Si personne ne me mettait des bâtons dans les roues...

Si je n'avais pas tant de soucis...
Si j'avais pu épouser la personne qu'il me fallait...
Si les gens n'étaient pas si bêtes...
Si ma famille n'était pas si extravagante...
Si j'étais sûr de moi...
Si la chance n'avait pas été contre moi...
Si je n'étais pas né sous une mauvaise étoile...
Si ce n'était pas vrai que « ce qui doit être sera »...
Si je n'avais pas à travailler si dur...
Si je n'avais pas perdu tout mon argent...
Si je vivais dans un autre milieu...
Si je n'avais pas de « passé »...
Si seulement j'avais un commerce...
Si les autres voulaient seulement m'écouter...

SI... et c'est le plus grand de tous, si j'avais le courage de me voir tel que je suis réellement, *je trouverais ce qui « cloche » en moi et j'y remédierais*. J'aurais alors une chance de savoir profiter de mes erreurs et de tirer un enseignement des expériences d'autrui. Je voudrais maintenant être là où j'aurais été si j'avais passé plus de temps à analyser mes faiblesses et moins de temps à leur chercher des excuses.

Justifier un échec par des excuses est un passe-temps national ! Cette habitude, aussi ancienne que l'homme, est *fatale au succès*. Pourquoi les gens tiennent-ils mordicus à leurs excuses ? Parce qu'ils les ont créées. Elles sont le produit de leur imagination et c'est dans la nature humaine de défendre le fruit de leurs entrailles.

Imaginer des excuses est une habitude fortement enracinée. Les habitudes sont difficiles à rompre, particulièrement quand elles veulent justifier des actes. Platon y pensait lorsqu'il disait : « La première et la plus belle victoire de l'homme est la conquête de soi-même. Être conquis par son être est la chose la plus honteuse et la plus répugnante qui soit. »

Un autre philosophe déclarait : « Je fus très surpris lorsque je découvris que la plupart des laideurs que je voyais chez les autres n'étaient qu'un reflet de ma propre nature. »

« Certaines personnes restent pour moi des énigmes, dit Elbert Hubbard, ce sont celles qui se trompent en consacrant beaucoup de temps à la mise au point de leurs excuses. Si elles consacraient ce temps à vaincre leurs faiblesses, elles n'auraient plus besoin d'excuses. »

Avant de terminer, je voudrais vous rappeler que si la vie est un échiquier, le joueur qui vous fait face est le temps. Si vous hésitez avant d'agir ou si vous négligez d'agir promptement, vos pièces seront balayées par le temps. Vous jouez contre un adversaire qui ne tolère aucune indécision. Jusqu'à présent, vous aviez peut-être une bonne excuse de ne pas contraindre la vie à vous donner ce que vous lui demandiez, mais votre excuse ne vaut plus rien, car vous possédez dorénavant le sésame de la richesse.

Ce dernier est intangible, mais tout-puissant. C'est le pouvoir d'*engendrer en votre esprit,* stimulé par un ardent désir, une forme définie de richesse. Si vous utilisez cette clé, aucune sanction ne sera prise contre vous. Si vous ne l'utilisez pas, vous risquez cependant d'avoir à le payer. Si vous vous en servez, une belle récompense vous attend : la satisfaction que ressentent tous ceux qui *se maîtrisent et qui forcent la vie à leur donner ce qu'ils lui demandent.*

La récompense vaut bien un effort de votre part. Tentez-le. Vous en serez plus vite convaincu.

« Si nous avons des points communs, a dit l'immortel Emerson, nous nous rencontrerons. » Puis-je lui emprunter cette pensée et ajouter : Si nous avons des points en commun, nous nous sommes rencontrés dans ces pages.

Annexe Un être d'exception

Napoleon Hill est né le 26 octobre 1883 dans le deux-pièces d'une cabane nichée dans les montagnes de Wise County, dans le sud-ouest de la Virginie. Il est le fils de James Monroe et de Sara Sylvania Blair Hill. Il est mort à l'âge de 87 ans le 8 novembre 1970 dans la maison de retraite près de Greenville, en Caroline du Sud, où il a passé les 13 dernières années de sa vie. Sa mort a été relativement soudaine : il venait d'être opéré avec succès d'une cataracte, ce qui lui a permis de continuer à lire et à s'adonner à l'œuvre de sa vie, l'étude des principes du succès. Il est mort la veille de celle de Charles de Gaulle, une personnalité imposante de l'histoire contemporaine que Napoleon Hill aurait sans doute adoré interviewer à propos de sa vie, sa philosophie et son cheminement vers le succès.

Napoleon Hill laisse dans le deuil sa femme, Annie Lou N. Hill, originaire de la Caroline du Sud, ses trois fils, James, Blair résidant à Lumberport, en Virginie-Occidentale et David, de Clarksburg, situé également en Virginie-Occidentale ; deux frères, Vivian de Washington et Paul de Harrisburg en Virginie, ainsi que sa sœur, Mme Willie Wise de la ville de Wise en Virginie. Le 12 novembre 1970, le journal *The Greenville (S. C.) News* publie l'entrefilet suivant :

« Napoleon Hill choisit de s'établir à Greenville il y a 18 [*sic*, 13 serait plus juste] ans, après avoir mené une vie active bien remplie durant laquelle il a rencontré de nombreuses célébrités américaines. Il est lui-même un écrivain célèbre, auteur de plusieurs livres portant sur le pouvoir de la pensée.

« Ces livres, publiés après que l'auteur eut atteint un âge où la plupart des gens sont à la retraite, ont été d'immenses succès en librairie.

« Homme d'une vaste culture, M. Hill avait le don de mettre ce savoir à la portée des lecteurs. Sociable et ouvert aux autres, il n'a jamais cessé d'apprendre et de communiquer son savoir au fil des ans.

« Il a été l'un des chantres du pouvoir de la pensée positive, un attribut de plus en plus recherché dans un monde où les pensées négatives semblent bénéficier d'une popularité croissante. Greenville et le pays tout entier viennent de perdre un grand citoyen en la personne de Napoleon Hill, décédé récemment à l'âge de 87 ans. »

Napoleon et Annie Lou Hill reposent aujourd'hui côte à côte dans le cimetière Frederick Memorial Gardens, situé sur la route Cherokee Foothills Scenic Highway, à la sortie de l'Interstate 85, à environ 1,6 kilomètre des limites de la ville de Gaffney, en Caroline du Sud. Si jamais vous passez dans le coin, et que Napoleon Hill vous est cher, arrêtez-vous au Frederick Memorial Gardens.

Les tombes de Napoleon et de sa bien-aimée Annie Lou – décédée le 21 décembre 1984, à l'âge de 90 ans – se trouvent dans la section B-1, lot 16, sous l'ombre d'un imposant érable de Floride. Sur la dalle de bronze ornée d'esquisses de fleurs de cornouiller, on peut lire l'épitaphe suivante : *Napoleon Hill – auteur.* Les racines exposées du vieil érable ont progressivement envahi la surface jusqu'à donner l'impression de rejoindre Napoleon Hill dans son dernier repos. C'est une métaphore vivante de l'œuvre de sa vie, qui continue à fournir souffle, inspiration et énergie à une multitude de personnes.

La topographie du Frederick Memorial Gardens présente un autre aspect métaphorique, également fortuit, de ce que la vie et l'œuvre de Napoleon Hill représentent pour le monde. De l'autre côté du chemin qui mène à sa tombe se trouve un monument conçu par John Erwin Ramsay, un architecte de Salisbury, en Caroline du Nord.

C'est un monument chrétien qui illustre la futilité de ce monde – une stèle triangulaire représente la Sainte Trinité tandis que l'eau à ses pieds symbolise la vie éternelle. À proximité de cette stèle s'élève une arche qui s'élance vers le ciel en empruntant la trajectoire parabolique d'une chandelle romaine qui se serait pétrifiée en cours de route; une arche de Saint-Louis à l'échelle réduite. Elle symbolise la naissance et la mort et la nécessité de l'homme d'être en relation avec Dieu, mais l'envolée vers le ciel de cette arche nous rappelle également d'une manière inattendue la philosophie de Napoleon Hill et sa conviction profonde que les hommes sont maîtres de leur destin. L'inscription se lit à peu près comme suit: « De la terre, l'homme, grâce à ses propres efforts, se hissera vers le ciel à la recherche de la vie éternelle... »

Notes

1. Préface de l'auteur
Je n'étais qu'un étudiant. Napoleon Hill, âgé à l'époque de 25 ans, travaillait comme journaliste à la pige pour payer ses cours de droit à l'Université de Georgetown lorsqu'il réalisa la fameuse entrevue avec Andrew Carnegie. Ce dernier vivait sa période philanthropique, s'affairant à distribuer 350 millions de sa vaste fortune (équivalant à plus de 6,5 milliards de dollars aujourd'hui) à des fins caritatives. À l'automne de l'année 1908, Hill rendait visite à Carnegie afin de l'interviewer pour le *Bob Taylor's Magazine*. La relation qui se développa entre le vieil industriel et le jeune journaliste ne s'est pas soldée par une entrevue de trois heures, mais bien par une discussion-marathon qui dura trois jours et trois nuits, entrecoupée seulement par les heures de sommeil et de repas. Carnegie lui confia avec enthousiasme les principes qui avaient guidé son ascension et les mesures pratiques qu'il avait adoptées pour amasser l'une des fortunes les plus colossales au monde.

Le vieil Écossais est une personnalité fascinante. Il a immigré de l'Écosse aux États-Unis à l'âge de 13 ans, s'installant avec sa famille dans la ville d'Allegheny, en Pennsylvanie. Pauvre et sans beaucoup d'instruction, il travaille d'abord dans une manufacture de coton, puis (comme Thomas Edison) dans un poste de télégraphe avant de travailler pour le Pennsylvania Railroad. En 1859, à l'âge de 24 ans, il était devenu chef de la division occidentale de l'entreprise.

À en juger par la vitesse à laquelle le jeune Carnegie gravit les échelons, il ne fait aucun doute qu'il possède des qualités d'observation, d'initiative et une connaissance instinctive des principes qui sous-tendent la réussite. Il mettra ces qualités ainsi que son énorme capacité de travail à profit en 1865 pour créer son entreprise de fabrication d'acier après avoir quitté la société ferroviaire. En 1899, il est à la tête de la Carnegie Steel Company. En 1901, il vend l'entreprise à un consortium chapeauté par le financier J. P. Morgan pour la somme de 400 millions de dollars (7,4 milliards en dollars d'aujourd'hui).

Carnegie consacrera le reste de sa vie à des causes philanthropiques. Il établit un réseau de bibliothèques publiques, fonde le Carnegie Institute of Technology (qui deviendra plus tard l'Université Carnegie-Mellon) et, en 1911, met sur pied la Carnegie Foundation, organisme voué à « l'avancement et la diffusion du savoir ». L'une de ses réalisations les plus significatives, bien que peu publicisée, est certainement d'avoir aiguillé le jeune Napoleon Hill à entreprendre sa quête qui l'a amené à interviewer les plus grands bâtisseurs du monde entier et à coucher sur papier les principes du succès et la philosophie de *Réfléchissez et devenez riche !*, principes que Carnegie voulait partager avec le plus de gens possible.

2. **Arthur Nash**. Arthur Nash (1870-1927) était un ministre du culte (Disciples du Christ) qui a troqué son ministère pour une carrière dans l'industrie du vêtement. Après seulement sept ans dans ce domaine, il fonde, à Cincinnati, une entreprise de confection de vêtements en gros. Le « plan Nash », grâce auquel les employés étaient copropriétaires de l'entreprise, était l'une de ses innovations. Nash est également l'auteur de *The Golden Rule of Business* (La règle d'or des affaires), un ouvrage très populaire dans les années 1920.
3. **Le secret a été transmis**. Stuart Austin Wier (1894-1959) était avocat, ingénieur, inventeur, conférencier et auteur prolifique. Selon le biographe officiel de Napoleon Hill, Michael J. Ritt Jr (*A Lifetime of Riches,* écrit en collaboration avec Kirk Landers, 1995), Hill fit sa rencontre sur un champ pétrolier au Texas et Wier devint son meilleur ami et son confident. Originaire de la paroisse des Avoyelles en Louisiane, Wier a fréquenté les établissements scolaires suivants : Louisiana State Normal College, Rice Institute, les universités de Chicago, Southern Methodist, Cornell et George Washington. Il a servi dans le corps des ingénieurs de l'armée des États-Unis au cours de la Première Guerre mondiale et a été ingénieur en construction à Dallas, à Wichita Falls (Texas) et à Chicago de 1917 à 1920. Après la guerre, il fit des conférences sous les auspices de la Chicago Welfare League et des journaux de Chicago. Wier et Hill étaient tous deux des conférenciers bien connus. En 1925, après avoir été reçu au barreau, il devint avocat en brevets et détiendra lui-même une quarantaine de brevets américains et étrangers. Auteur aux goûts éclectiques, il écrivit des livres juridiques, sur la littérature (sur Shakespeare entre autres), ainsi que *How to*

Remember (Comment se souvenir), *The Art and Science of Selling* (L'art et la science de la vente) et *The Art and Science of Influence* (L'art et la science de la suggestion) qui ont dû grandement intéresser Hill.

4. **Alors que j'étais directeur**. Jesse Grant Chapline (1870-1937) était un pédagogue et un auteur dans le domaine des affaires et de la vente. Il fonda l'Université LaSalle Extension en 1908. L'école offrait des cours professionnels par correspondance dans des domaines comme la comptabilité, le droit, les affaires, entre autres. Les publicités de cette université alimentèrent les conversations de tous les foyers américains durant les années 1950 et 1960. LaSalle a été achetée par la Crowell-Collier Publishing Company en 1961. D'abord située sur Dearborn Street à Chicago, l'école s'établira à Wilmette, en banlieue.
5. **Ce secret fut largement utilisé**. Selon au moins une source, Hill et Wilson se sont rencontrés la première fois lorsque Hill se présenta à lui porteur d'une lettre d'introduction d'Andrew Carnegie alors que Wilson était président de l'Université de Princeton. Selon le biographe de Hill, lorsque éclata la Première Guerre mondiale, Hill écrivit au président Wilson pour lui offrir ses services, celui-ci l'accueillit au sein de son équipe à titre d'assistant bénévole aux relations publiques. Nous ne savons pas si Hill faisait référence à l'entraînement des troupes et à l'effort de guerre (collecte de fonds). Quoi qu'il en soit, il est évident que le président Wilson était fortement impressionné par le travail de Hill. Des années plus tard, il écrira à Hill le petit mot suivant: «Puis-je vous féliciter de votre ténacité. Tout homme qui a consacré autant de temps à l'étude du succès doit assurément faire des découvertes d'importance à ce sujet. Les principes du "cerveau collectif" que vous avez élaborés sont, à mon avis, particulièrement féconds.»
6. **Au début du xxe siècle**. Depuis sa première publication en 1937, le livre *Réfléchissez et devenez riche!* a eu une profonde influence, bien que rarement publicisée, sur un grand nombre d'hommes d'affaires et de politiciens dans le monde. Manuel L. Quezon (1878-1944) est l'une de ces personnalités sur la scène internationale. Il a été élu président du Commonwealth des Philippines en 1935, l'année où le Commonwealth a été fondé pour préparer le pays à l'indépendance économique et politique des États-Unis. En 1909, il devient représentant des Philippines à la Chambre des représentants des États-Unis, avec le droit de prendre la parole, mais non celui de voter. Pendant l'occupation japonaise durant la Deuxième Guerre mondiale, il dirige le gouvernement des Philippines en exil aux États-Unis et c'est pendant ce séjour qu'il prend connaissance du livre *Réfléchissez et devenez riche!*. Il meurt de la tuberculose en 1944, deux ans avant que son rêve d'indépendance pour les Philippines ne se réalise.
7. **Pendant 20 ans de recherches**. Andrew Carnegie joua de ses relations et présenta Napoleon Hill à un ensemble de gens d'affaires, de professionnels, d'hommes publics et de philanthropes, y compris quatre

présidents des États-Unis, afin que celui-ci puisse s'entretenir avec eux et poursuivre son travail. Tous étaient des personnalités fascinantes à part entière, mais certains peuvent ne pas être connus des lecteurs d'aujourd'hui. Vous trouverez donc dans ces notes des détails biographiques à propos de plusieurs de ces personnages, soit pour souligner l'ampleur et la singularité de leurs réalisations ou pour mettre en évidence (même indirectement) un principe de succès ou un argument et insuffler un peu de vie aux biographies de ces gens qui sont décédés depuis longtemps. Le fait de donner ces renseignements nous aidera, pensons-nous, à recréer l'excitation et l'enthousiasme que Napoleon Hill éprouva en étudiant la vie et l'esprit de ces gens hors du commun.

William Wrigley Jr. William J. Wrigley Jr (1861-1932) était, à l'âge de 13 ans, vendeur itinérant pour son père, fabricant de savon. En 1891, il vendait du savon et de la levure. En 1892, il se met à vendre de la gomme à mâcher. Les ventes sont si bonnes qu'il cesse de vendre du savon et de la levure pour se consacrer uniquement à la vente de gomme à mâcher. Il réussit tant et si bien que le nom « Wrigley » devint vite un nom connu dans tous les foyers américains. Il innova en accordant des primes – comme des horloges, des moulins à café, des articles de pêche – aux distributeurs. En 1893, il introduit la gomme à mâcher Spearmint. Dès 1908, le chiffre d'affaires de sa compagnie atteint le million de dollars chaque année.

John Wanamaker. John Wanamaker (1838-1922) innova en proposant une nouvelle formule de magasin. En 1875, il acheta une gare de marchandises de la Pennsylvania Railroad pour abriter son nouveau concept de vente consistant à regrouper sous un même toit plusieurs magasins spécialisés. Pour vendre son idée de grand magasin avec rayons multiples, il fut l'un des premiers détaillants à faire appel à une agence de publicité. En plus de toutes ses activités d'affaires, il occupa la fonction de ministre des Postes sous le président Benjamin Harrison.

George S. Parker. À l'âge de 16 ans, George S. Parker (1867-1953), encouragé par son frère aîné Charles, fonda sa propre entreprise de jeux. George était un joueur invétéré qui a inventé et vendu presque 500 planchettes d'un jeu intitulé Banking.

En 1888, Charles se joint à la compagnie : Parker Brothers venait de naître. (Edward, l'aîné des Parker, se joindra à ses frères en 1898.) George écrivit les règles de tous les jeux qu'ils produisirent (29 à la fin des années 1880) et était responsable de la publicité dans les magazines et les journaux, une pratique inconnue jusqu'alors. En plus des jeux de société, l'entreprise Parker Brothers produisit des jeux de cartes comme Flinch and Rook et, en 1935, deux ans avant la publication de *Réfléchissez et devenez riche !*, le jeu le plus célèbre de tous les temps, Monopoly. George S. Parker aura inventé plus de 100 jeux au total.

E. M. Statler. Les hôtels de E. M. Statler (1863-1928) furent les premiers à être équipés d'eau courante et d'une salle de bain privée dans chaque chambre. Vers le milieu des années 1920, il est le propriétaire de la chaîne d'hôtels la plus importante des États-Unis. Son slogan, « Le client a toujours raison », a fait le tour du monde.
Henry L. Doherty. Henry Doherty (1870-1939) mit sur pied en 1910 et devint président de la Cities Services Company, une société de portefeuille regroupant plus de 100 entreprises de services publics et pétrolifères dont les actifs totaux excédèrent un milliard de dollars (17 milliards aujourd'hui). Il dirigea le mouvement de conservation du pétrole et déposa plusieurs brevets ayant trait aux procédures et équipements de combustion liés à l'industrie gazière.
Cyrus H. K. Curtis. Cyrus H. K. Curtis (1850-1933) fonda le magazine *Tribune and Farmer* à Philadelphie en 1876 avec sa femme, Louise Knapp Curtis, responsable de la rubrique féminine. Celle-ci connut un succès si phénoménal que Curtis fonda le *Ladies Home Journal* en 1883. Il mettra sur pied l'entreprise Curtis Publishing Company en 1890 et se portera acquéreur pour 1000 dollars du *Saturday Evening Post*. Grâce à cet achat judicieux, les deux revues devinrent rapidement deux des plus grands succès de l'histoire des périodiques, avec le *Ladies' Home Journal* qui atteint un taux de tirage d'un million d'exemplaires en 1893 et le *Saturday Evening Post* qui en fit tout autant en 1909.
George Eastman. George Eastman (1854-1932), dont l'appareil photographique Kodak, portable à la main, et le Brownie destiné aux enfants et vendu un dollar ouvrirent le marché de la photographie à la population, et distribua en 1924 la moitié de sa fortune, soit environ 75 millions (plus de 790 millions aujourd'hui), à des institutions comme l'Université de Rochester et le Massachusetts Institute of Technology. Il fut le premier industriel d'importance à distribuer une partie de ses bénéfices à ses employés sous forme de primes de rendement.
John W. Davis. John W. Davis (1873-1955), originaire de la Virginie comme Napoleon Hill, fut solliciteur général des États-Unis, ambassadeur en Grande-Bretagne et conseiller du président Woodrow Wilson à la conférence de paix de Paris. Il a été battu par Coolidge à l'élection présidentielle de 1924. En 1952, il remporta une victoire historique devant la Cour suprême lorsqu'il convainquit la cour que le président Harry Truman avait outrepassé ses droits constitutionnels en s'emparant des aciéries.
Wilbur Wright. Wilbur Wright (1867-1912) a eu l'idée de fabriquer avec son frère Orville leur fameux avion en examinant le vol des buses. En observant les gracieuses arabesques que faisaient les oiseaux, il comprit que pour voler, les avions devaient être en mesure de se mouvoir dans les trois axes : monter et descendre, tourner à droite et tourner à gauche.

William Jennings Bryan. William Jennings Bryan (1860-1925) était un orateur charismatique qui n'a toutefois jamais réussi à gagner la Maison-Blanche malgré trois essais. Il fut procureur de l'État dans le fameux procès du singe portant sur la théorie de l'évolution, où il fit face au légendaire avocat de la défense Clarence Darrow.

Docteur David Starr Jordan. David Starr Jordan (1851-1931) était une sommité mondiale de la faune marine. Il identifia plus de 2500 espèces de poissons. Il fut, vers la fin de sa carrière (après avoir été président de l'Université Standford), directeur en chef de la World Peace Foundation.

Daniel Willard. En plus de ses responsabilités dans le domaine ferroviaire, Daniel Willard (1862-1942) reçut un jour le conseil d'un plaisantin d'« inventer un objet qu'on peut utiliser avant de le jeter ». Cette idée – un rasoir en forme de T, muni d'une lame en acier à deux tranchants – lui vint à l'esprit pendant qu'il affûtait un rasoir classique. En 1903, il vendit 51 rasoirs et 168 lames. À la fin de 1904, son entreprise qui portait le nom d'American Safety Razor Company (qui devint plus tard Gillette Company) vendit 90 000 rasoirs et 12,4 millions de lames.

John D. Rockefeller. L'entreprise de John D. Rockefeller (1839-1937), la Standard Oil Company, domina l'industrie pétrolière pendant de nombreuses années et fut la première grande fiducie. Son quasi-monopole dans le domaine pétrolier conduisit directement à l'adoption du Sherman Antitrust Act de 1890. En 1910, la fortune de Rockefeller équivalait à presque 2,5 % de toute l'économie des États-Unis, soit environ 250 milliards en dollars d'aujourd'hui. En 1911, la cour ordonna que la Standard Oil soit fragmentée en plusieurs grandes compagnies – la Standard Oil du New Jersey (Esso qui devint Exxon), la Standard Oil de New York (Socony puis Mobil), la Standard Oil de Californie (Chevron), la Standard Oil de l'Indiana (Amoco qui fera partie plus tard de BP) et la Standard Oil de l'Ohio. Ses dons généreux ont permis la mise sur pied de l'Université de Chicago, de l'Université Rockefeller ainsi que de la Fondation Rockefeller. Rockefeller fit don de 500 millions de dollars durant sa vie à de multiples organismes de charité au point où, en 1955, ses dons ainsi que ceux de son fils John D. Jr avaient atteint la somme de 2,5 milliards de dollars (soit environ 17 milliards de dollars d'aujourd'hui).

Frank A. Vanderlip. Frank A. Vanderlip (1864-1937) fut reporteur financier puis rédacteur en chef de la section finances au *Chicago Tribune* avant de devenir banquier. Il fut aussi président du Comité d'épargne de guerre, qui offrait des certificats d'épargne durant la Première Guerre mondiale, et fut également un fiduciaire de la Carnegie Foundation.

F. W. Woolworth. Franklin W. Woolworth (1852-1919) ouvrit son premier magasin à prix unique en 1879, à Lancaster, en Pennsylvanie. Dès 1904, il avait ouvert 120 magasins dans 21 États et au moment de sa mort, l'entreprise comptait plus d'un millier de magasins. Il innova en achetant en volume et en étalant la marchandise avec ingéniosité. L'empire Woolworth s'étendit jusqu'en Grande-Bretagne, en Irlande et dans d'autres pays, mais la chaîne perdit la bataille qu'elle menait depuis de nombreuses années contre les magasins de vente au rabais. En 1997, la Woolworth Corporation annonce la fermeture de ses derniers 400 magasins remerciant ainsi 9000 employés et mettant fin à une entreprise honorable qui n'était tout simplement plus rentable.

Col. Robert A. Dollar. Col. Robert A. Dollar (1844-1932) naquit à Falkirk, en Écosse, et immigra avec sa famille aux États-Unis en 1856. À l'âge de 13 ans, il travaillait dans un camp de bûcherons canadien. Il se rendit ensuite à San Francisco où il exportera du bois d'œuvre tout en devenant l'un des armateurs les plus importants de l'époque. Avant sa mort en 1932, il avait reçu les clés des villes de Falkirk, Boston, New York et Shanghai.

Edward A. Filene. Edward A. Filene (1860-1937), avec l'aide de son frère Lincoln, rendit le grand magasin Filene de Boston célèbre dans le monde entier. Offrant des vêtements à la mode de haute qualité, ce magasin est surtout connu pour son sous-sol, où l'on soldait la marchandise défraîchie à 25 % au bout de 12 jours, à 50 % après 18 jours, puis à 75 % au bout de 24 jours. Après 30 jours, on donnait les articles soldés aux œuvres de charité. Filene révolutionna le système de plaque de charge, la facturation cyclique et l'exploitation des sociétés filiales. En 1929, la firme se joignit à la F. & R. Lazarus and Company ainsi qu'à la Abraham and Strauss pour former la société Federated Department Stores Inc. Edward A. Filene est aussi le co-inventeur du système de traduction simultanée Filene-Finlay, utilisé lors des procès de Nuremberg, puis lors des sessions aux Nations unies. En raison de la croisade qu'il mena pendant 30 ans pour l'établissement des coopératives d'épargne et de crédit, il est aujourd'hui reconnu comme le chef de file de ce mouvement aux États-Unis.

Arthur Brisbane. À l'époque, Arthur Brisbane (1864-1936) fut le rédacteur en chef le mieux rémunéré des États-Unis et l'un des éditorialistes les plus lus au monde en tant qu'éditeur en chef du journal de William Randolph Hearst, *The New York Evening Journal*. Il était reconnu comme le maître du sensationnalisme et il écrivit la chronique éditoriale de 1917 jusqu'à sa mort, en 1936. Réputé pour ses gros titres et ses articles-chocs, il milita parallèlement pour l'amélioration des écoles, des lois du travail et contre la peine de mort et la prohibition.

Luther Burbank. Horticulteur dont la carrière s'échelonna durant 55 ans, Luther Burbank (1849-1926) développa plus de 800 variétés et souches de plantes, comprenant plus de 200 variétés de fruits (y compris la pêche Freestone), plusieurs légumes, céréales, noix et de nombreuses plantes ornementales. Il était connu mondialement comme l'un des spécialistes de la sélection des plantes les plus innovateurs et les plus prolifiques. En 1871, il créa la pomme de terre Burbank, qui a été utilisée en Irlande dans la lutte pour enrayer la grande famine. Il était un ami de Thomas Edison et de Henry Ford. La ville de Santa Rosa lui rend hommage chaque année en organisant la parade de la rose.

Edward W. Bok. Edward W. Bok (1863-1930) publia pendant trois décennies la revue *Ladies' Home Journal.* Il se vit confier le poste de rédacteur en chef de ce magazine après avoir développé, par le truchement de la Bok Syndicate Press, une page complète d'articles d'intérêt féminin qu'il proposait à divers journaux. Il fut un ardent défenseur du droit de vote des femmes, de la conservation de la faune, de la propreté des villes et de l'interdiction des panneaux publicitaires sur les autoroutes. Sa plus grande croisade fut celle qu'il mena contre les abus de l'industrie pharmaceutique, qui pava la voie à l'adoption en 1906 du Pure Food and Drug Act, l'une des premières lois de protection des consommateurs. La revue *Ladies' Home Journal* a été le premier magazine américain à mentionner les maladies vénériennes, ce qui montre son attachement profond et l'importance qu'il accorde à bien informer les familles sur des sujets qui peuvent les toucher. Edward Bok, fils d'immigrants pauvres originaires des Pays-Bas, gagna le prix Pulitzer en 1921 pour son autobiographie intitulée *The Americanization of Edward Bok.*

Frank A. Munsey. Frank Munsey (1854-1925) fut un maître des fusions et des absorptions dans le domaine des médias. En plus de sa carrière journalistique, il publia le premier magazine illustré bon marché (10 cents l'exemplaire) à grand tirage, le *Munsey's Magazine.* À sa mort en 1925, il légua la plus grosse partie de sa fortune de 40 millions de dollars (soit l'équivalent de plus de 412 millions de dollars d'aujourd'hui) au Metropolitan Museum of Art de la ville de New York.

Julius Rosenwald. Julius Rosenwald (1862-1932) était un marchand de vêtements établi à New York, puis à Chicago, qui acheta des parts de l'entreprise Sears, Roebuck and Company, avant d'en devenir le président en 1910 et le président du conseil d'administration en 1925. C'est sous sa houlette que Sears prit l'habitude de fabriquer les produits que le magasin mettait en vente. Il est l'instigateur de la fameuse politique : « Satisfaction garantie ou argent remis. » Il se révélera un philanthrope « exigeant ». Refusant la notion de « dotation perpétuelle » mise de l'avant par Andrew Carnegie, il se fait plutôt l'avocat de la notion de « fonds de dotation appariée ». Il aida à mettre sur pied 5000 écoles dans 15 États du Sud pour l'éducation des Afro-Américains. Il contribua à l'implantation du Museum of Sciences and Industry à Chicago et fit des dons importants à la jeune Université de Chicago.

Clarence Darrow. Après avoir exercé pendant neuf ans le droit dans une petite ville de l'Ohio, Clarence Darrow (1857-1938) déménagea à Chicago à la recherche de causes plus stimulantes comme avocat de la défense. Ses vues libérales l'incitent à accepter les causes les plus célèbres en ce début du XXe siècle, dont celle de Leopold-Loeb, où il sauva les deux hommes de la peine capitale ; la cause Sweet, où il prit la défense d'une famille d'Afro-Américains à Detroit qui avait été accusée de violence envers une foule qui voulait les forcer à déménager d'un quartier réservé aux Blancs ; et le procès du singe, où l'enseignant du Tennessee John T. Scopes était accusé d'avoir enseigné l'évolution au lieu du créationnisme. Son principal opposant était William Jennings Bryan, ancien aspirant à la présidence. Contrairement à l'opinion générale qui veut que Darrow ait gagné ce procès, John Scopes a été trouvé coupable.

Jennings Randolph. Jennings Randolph (1902-1998) obtint son diplôme du Salem College en 1924. Jeune homme, il travailla un temps comme journaliste, à l'instar de Napoleon Hill. Il obtint sept mandats en tant que représentant de la Virginie-Occidentale au Congrès américain (1933 à 1947) et quatre mandats à titre de membre du Sénat américain (1958 à 1985). Affectueusement appelé le « dernier démocrate du New Deal », il acquit une certaine renommée en tant que président du comité sénatorial sur les travaux publics et fut le père législatif du National Air and Space Museum à Washington, DC. À son décès, son collègue au Sénat Robert C. Byrd rappelle sa passion pour l'aéronautique.

« Le 6 novembre 1948, un pilote professionnel aux commandes, Jennings s'envola de l'aéroport de Morgantown, en Virginie-Occidentale, vers l'aéroport de Washington dans un avion à hélices propulsé par de l'essence fabriquée à partir de charbon. C'était tout à fait lui : en train d'innover non seulement avec le type d'engin, mais aussi avec un type de carburant en provenance de la Virginie-Occidentale – le charbon. Ce coup d'éclat était un véritable acte de foi de la part du sénateur Randolph qui restera longtemps dans nos mémoires. »

Randolph fut l'auteur du 26e amendement à la Constitution qui accorda le droit de vote aux jeunes de 18 ans. Il est considéré comme le père de la Commission régionale appalachienne et l'un de ses derniers gestes aura été de parrainer la loi visant à préserver cette région. Il fut pendant des années un membre du conseil d'administration de la Fondation Napoleon-Hill, mise sur pied en 1926 par Hill et sa femme, Annie Lou. Randolph mourut des suites d'une pneumonie le 8 mai 1998, à l'âge de 96 ans. Il est enterré au cimetière baptiste Seventh-Day, à Salem, sa ville natale, en Virginie-Occidentale. Il était la dernière personne survivante à être mentionnée par son nom (à part des membres de la famille Hill) dans l'édition originale (1937) de *Réfléchissez et devenez riche !*.

8. **En ce qui concerne les études**. Les locomotives à vapeur remplissaient leurs chaudières en arrêtant le long des voies ferrées pour prendre de l'eau des réservoirs installés à cet effet.

Introduction Le pouvoir de la pensée

9. **Edwin C. Barnes a découvert**. Le titre de travail de Hill pour *Réfléchissez et devenez riche!* était à l'origine *Les 13 étapes vers la richesse.* Selon une anecdote, l'éditeur de Hill, Andrew Pelton, voulait que le titre du livre soit *Use Your Noodle to Win More Boodle* (Servez-vous de votre ciboulot pour gagner plus d'oseille). Alors que l'origine du titre final n'a jamais été tirée au clair, il n'en reste pas moins que cette suggestion a sûrement influencé le titre final: *Réfléchissez et devenez riche!*.
10. **Peut-être deux ou trois millions de dollars**. Bien que Hill fît référence à la valeur du dollar en 1937, la somme que la réalisation de ce désir rapporta à Barnes se situerait en fait de 25 à 37,5 millions en dollars d'aujourd'hui (d'après le taux d'inflation de l'indice des prix à la consommation).
11. **Mais cette somme, aussi élevée soit-elle**. La notion de «transmutation» – littéralement le processus par lequel un objet se transforme en un autre d'une nature, forme ou condition différente – est cruciale pour comprendre la philosophie du succès de Napoleon Hill. Ce dernier se sert de ce terme pour décrire le processus par lequel une pensée intangible se traduit par un changement matériel dans le monde. Il s'en sert également pour décrire le processus qui consiste à convertir un état d'esprit en un autre. La meilleure façon de saisir précisément ce que Hill entendait par «transmutation» est de lire tout le livre en vous laissant imprégner par le sens qu'il donnait à ce terme.
12. **Au départ, il n'avait pas d'argent**. Edwin C. Barnes naît à Jefferson City, dans le Wisconsin, en 1876 et meurt à l'âge de 78 ans à Bradentown (aujourd'hui Bradenton), en Floride, en 1954. Sa relation avec l'entreprise Edison le rendit indépendant de fortune et il eut des bureaux à New York, à Milwaukee et dans d'autres villes en plus de son bureau en chef à Chicago. Il quitta Chicago pour Bradenton pendant le boom immobilier des années 1920 et devint le promoteur principal du quartier luxueux Palma Sola Park. Un article du *Manatee River Journal-Herald*, en date du 21 août 1924, nous donne un aperçu de la relation qu'il entretenait avec Thomas Edison jusqu'à la mort de ce dernier en 1931:

    «Edwin C. Barnes de Bradentown et de Chicago fit la une du *New York Times* en compagnie de Thomas Edison. L'impeccable Edwin démontra qu'il pouvait donner un coup de pied dans un chapeau tenu à hauteur de l'épaule et M. Edison, qui est son aîné d'environ 35 ans, prouva qu'il pouvait faire de même... M. Barnes, le principal actionnaire de l'entreprise Palma Sola Park située dans notre ville... est depuis de nombreuses années associé à l'entreprise d'Edison et ils sont, lui et le génie, des amis intimes. Ils partagent un autre intérêt... leur amour de la Floride... M. Edison possède une résidence à Fort Myers où il se réfugie tous les hivers et M. Barnes possède une très belle résidence à Bradentown.»

Barnes est aussi un vieil ami de Napoleon Hill. Ce dernier dédicaça son livre *Law of Success* (La loi du succès) à trois personnes: Andrew Carnegie, Henry Ford et Edwin C. Barnes. La dédicace qu'il lui écrivit se lit comme suit: «... un associé d'affaires de Thomas A. Edison dont l'amitié vieille de plus de 15 ans s'est révélée d'un grand soutien pour l'auteur de ces lignes et l'a aidé à poursuivre sa recherche malgré tous les obstacles et les défaites temporaires subis durant la rédaction de cet ouvrage.»

13. **Un oncle de R. U. Darby**. R. U. Dandy est la seule personne mentionnée dans le livre sur laquelle nous n'avons pu trouver de notes biographiques.
14. **Un jour, le président**. William Rainey Harper (1856-1906) a été le premier président de l'Université de Chicago, laissant son poste de professeur de langues sémitiques à l'Université Yale pour assumer la présidence de l'Université de Chicago. Il innova en instaurant l'éducation permanente, de nouvelles disciplines comme la psychologie et la sociologie, et joua un rôle clé dans l'établissement des collèges préuniversitaires.
15. **Comme Henry Ford**. Henry Ford (1863-1947), fils d'immigrants irlandais, abandonna ses études en cours de route. À l'âge de 15 ans, il est apprenti machiniste à Detroit, puis il travaille ensuite à titre d'ingénieur en chef dans l'entreprise Edison à Détroit jusqu'en 1899, année où il fonda avec d'autres la Detroit Auto Company. En 1903, il fait cavalier seul et fonde la Ford Motor Company. Il présente le Modèle T en 1908, le travail à la chaîne en 1913, le Modèle A en 1927 et le moteur V-8 en 1932. Il sollicite un siège au Sénat, mais il ne sera pas élu. Pendant quelque temps il envisage même de se présenter à la présidence des États-Unis.
16. **Il y a quelques années**. Napoleon Hill s'est toujours intéressé à l'enseignement supérieur et à l'éducation postsecondaire en général tout au long de sa vie et fut associé à un grand nombre d'établissements scolaires. Son credo était que l'éducation ne devait pas seulement communiquer le savoir, mais aussi apprendre aux élèves comment organiser ce savoir et l'appliquer à des objectifs bien précis.

Après avoir reçu son diplôme de l'école secondaire, il étudia à l'école de commerce de Tazewell, en Virginie, puis le droit à la Faculté de droit de l'Université Georgetown, à Washington, DC, mais abandonna ses cours la première année à cause de difficultés financières. En 1913, il travaille au département de la publicité et des ventes de l'Université LaSalle Extension, à Chicago, où il se découvre un talent pour motiver les étudiants et leur enseigner les rudiments de la vente. En 1916, il fonde le George Washington Institute pour enseigner la vente par correspondance. En 1923, il fait des démarches pour acheter et exploiter le Metropolitan Business College à Cleveland (c'est à cette époque qu'il est invité à prononcer le discours de remise des diplômes au collège de Salem).

Napoleon Hill fonde l'International Publishing Corporation of America ainsi que l'International Success University pour diffuser le savoir relatif au succès en lançant, entre autres, une revue intitulée *Success Magazine*. À partir de 1941, il donne des conférences en psychologie au Presbyterian College, à Clinton, en Caroline du Sud, et prononce devant les étudiants de premier cycle une conférence portant notamment sur «la philosophie de l'exploit américain». Il reçoit un doctorat honorifique de l'Université Pacific International à la fin des années 1940 et sera nommé directeur du nouveau Département de philosophie de l'industrie de cette même université.

En 1962, Hill et sa femme Annie Lou mettent sur pied la Fondation Napoleon-Hill, une organisation à but non lucratif à la mission fortement éducative. Le siège de la Fondation – ainsi que le Napoleon Hill World Learning Center – est situé à Purdue University Calumet, à Hammond, en Indiana. Au fil des années, la Fondation a été associée à plusieurs établissements d'enseignement supérieur, y compris le Johnson Wales College (anciennement au Rhode Island), l'Université Salem en Virginie-Occidentale, l'Université du Pacifique, l'Université du Texas et l'Université Northern Iowa. Un professeur d'université, Judith Williamson (qui dirige aussi le Hill World Learning Center) siège au conseil d'administration de la Fondation Napoleon-Hill. Docteur Bill L. Atchley, président d'université, et docteur Horace Fleming, futur président d'université (University of Southern Mississippi), ont également siégé sur ce conseil d'administration.

Voici une «note de fin d'une note de fin» qui nous conduit de l'enseignement supérieur, à la Fondation Napoleon-Hill, jusqu'à l'un des grands noms de l'industrie de la radiodiffusion. Bill Lee Atchley est né en 1932, à Cape Girardeau, au Missouri, cinq ans avant la publication de *Réfléchissez et devenez riche!*. Son père, Cecil Atchley, est manœuvre en cimenterie, et sa mère, blanchisseuse. Billy Lee Atchley applique plusieurs des principes du livre de Napoleon Hill depuis son plus jeune âge. Malgré ses origines plutôt humbles, il fit carrière dans le baseball professionnel, chez les Giants de New York, il devint titulaire d'un doctorat en ingénierie avant de devenir le président de l'Université Clemson, en Caroline du Sud (période pendant laquelle il travailla pour la Fondation Hill). Il occupa plus tard le poste de président de l'Université du Pacifique à Stockton, en Californie, puis de l'Université Southeast Missouri State. Sa veuve Pat (il mourut en 2000) est la cousine de Rush Limbaugh III, originaire lui aussi de Cape Girardeau, au Missouri, qui anime ce que beaucoup considèrent comme l'émission la plus réussie et la plus rentable de l'histoire de la radio. L'émission de Limbaugh – à qui l'on reconnaît l'exploit d'avoir réinventé la formule de l'infovariété –, en ondes depuis 1988, est la parfaite illustration de la manière de se servir d'«un objectif bien défini» pour guider ses faits et gestes et atteindre le succès dans la vie. Il a certainement prouvé la prédiction de Hill voulant « qu'il y ait amplement de place dans le domaine de la radio pour ceux qui sont capables de penser et de reconnaître une idée ». (Voir la note 61 p. 279.)

17. **Jennings Randolph**. Randolph écrira ce mot d'appui à l'œuvre de Napoleon Hill : « J'ai connu Napoleon Hill en 1922, alors que j'étudiais à l'Université Salem dans ma ville natale. M. Hill devait prendre la parole à la remise des diplômes. En l'écoutant parler, j'entendais plus que les mots qu'il prononçait ; j'ai senti la substance – la sagesse – et l'esprit de l'homme et de sa philosophie. M. Hill disait que l'instrument le plus puissant que nous avions était le pouvoir de notre esprit. Napoleon Hill rassemble au bénéfice de ses auditeurs cette philosophie de la réalisation. Je vous exhorte chaleureusement à appliquer cette philosophie à votre domaine d'expertise. »

Chapitre 1 Le désir

18. **Le lendemain du grand incendie**. Nourri par les bâtiments et les trottoirs en bois et survenant tout de suite après une longue période de sécheresse, l'incendie de Chicago fit rage du 8 au 10 octobre 1871, détruisant tout sur une surface de six kilomètres carrés, dont le quartier d'affaires. Deux cent cinquante personnes y perdirent la vie, 90 000 autres n'eurent plus d'endroit pour se loger et les dommages matériels se chiffrèrent à plus de 200 millions de dollars. Alors qu'il écrivait sur l'incendie de Chicago, Hill devait avoir en tête une autre catastrophe, d'ordre personnel, impliquant également un feu dans la Cité des vents.

    En 1923, après avoir perdu le contrôle du *Napoleon Hill's Magazine*, qu'il avait fondé, il revint sur les lieux pour s'apercevoir que l'immeuble en question avait été la proie des flammes. La perte encourue était inestimable. Des photographies autographiées, des lettres très importantes, dont certaines de la main de plusieurs présidents des États-Unis, et surtout, les questionnaires qui avaient été remplis par des centaines d'individus parmi les plus brillants et les plus célèbres d'Amérique qui avaient tous accepté de participer à la recherche menée par Hill. Tout était parti en fumée. Mais Napoleon Hill ne se découragera pas et mènera son projet à terme. Quatorze ans plus tard, *Réfléchissez et devenez riche !* sera enfin publié.

19. **Pour Marshall Field**. Jeune homme, Marshall Field (1835-1906) quitta la ferme familiale de Conway, au Massachusetts, pour devenir employé dans une mercerie. Il déménagera à Chicago en 1856 et devint d'abord un associé minoritaire, puis associé principal dans la firme connue sous le nom de Field, Palmer & Leiter. Lorsque Palmer et Leiter prirent leur retraite, il dirigea l'entreprise qui se spécialisait dans les tissus et les articles de mercerie en gros et en détail. Il consacra le reste de sa vie à la philanthropie, en portant une attention particulière à l'Université de Chicago.

20. **Il est bon que les sceptiques sachent**. Soit plus d'un milliard en dollars d'aujourd'hui. En fait, Hill se fait plutôt conservateur dans son estimation, car Carnegie dans ses années de déclin donna plus de trois fois et demie ce montant (toujours en dollars d'aujourd'hui) à divers organismes de charité.
21. **Seuls les rêveurs stériles abandonnent**. Dans la version originale de *Réfléchissez et devenez riche !*, l'exemple d'Edison est suivi de celui-ci : « Whelan rêvait d'une chaîne de magasins de tabac. Il transforma son rêve en réalité et maintenant les United Cigar Stores occupent les coins les plus affairés aux États-Unis. » Contrairement à la philosophie de Napoleon Hill et les principes menant au succès qu'il a élaborés, les bureaux de tabac n'ont pas survécu au test des années.

    George Whelan était un financier américain qui en 1912, après le démantèlement du monopole du tabac aux États-Unis, transforma son entreprise en société de portefeuille – la Tobacco Products Corporation – et se mit à acquérir de petites compagnies de tabac. En 1919, il acheta la filiale américaine de la société londonienne Philip Morris (fondée en 1847) et fonda une nouvelle société, la Philip Morris & Company Inc. Les magouilles de Whelan provoquèrent son effondrement financier en 1929, mais grâce à une nouvelle gestion, l'entreprise survivra malgré tout. Elle poursuivra ses activités avec les cigarettes Marlboro en produit-vedette, et continue à se diversifier pour devenir en ce début du XXIe siècle, le plus grand producteur et négociant de marchandises emballées du monde avec des filiales comme Kraft Foods et Miller Brewing Company.
22. **Marconi rêva**. Guglielmo Marconi (1874-1937) invente le premier appareil de télégraphie sans fil et ses efforts seront récompensés en 1909 par le prix Nobel de physique. Son œuvre rendit possibles les communications longue distance sans fil et sans les contraintes des autres moyens de transmission physiques, et posa les fondations de l'industrie de la radiodiffusion.

    Napoleon Hill utilise le mot « éther » plutôt que « spectre électromagnétique » en parlant des travaux de Marconi, à la fois dans l'édition originale et dans les éditions subséquentes de *Réfléchissez et devenez riche !*. Il ne faisait qu'utiliser le langage scientifique qui était alors à la mode. À la fin du XIXe et au début du XXe siècle, plusieurs scientifiques croyaient à l'existence d'une substance invisible qu'ils nommaient « éther », qui se retrouvait partout dans l'univers, y compris dans l'espace « vide ». On pensait que grâce à ce véhicule, la lumière et les autres radiations se propageaient à la manière des vibrations dans un bol de gelée. Les expériences de Michelson-Morley et les travaux d'Albert Einstein, qui nous donna la théorie de la relativité, ont forcé les scientifiques à abandonner le concept de l'éther.

    Avec les années, l'univers et son incroyable foisonnement de forces électromagnétiques, nucléaires et gravitationnelles se révèlent encore plus mystérieux que tout ce que Hill et les scientifiques du début du XXe siècle avaient pu imaginer. L'effort qu'il mettra à décrire, dans des termes clairs et compréhensifs, le phénomène de l'énergie – de la radiodiffusion aux ondes cérébrales – donne à la terminologie qu'il utilise dans la version originale de *Réfléchissez et devenez riche!* une saveur métaphysique et métaphorique à laquelle il n'aurait probablement pas eu recours si cet ouvrage avait été écrit à notre époque.

Les quelques changements à la terminologie utilisée dans cette édition corrigée du livre, comme l'utilisation de «spectre électromagnétique» plutôt que «éther», ont été apportés dans le seul but d'épurer le style et de rendre le texte plus facile à comprendre. L'essentiel des idées de Hill reste inchangé.

23. **Le chêne repose dans le gland**. La citation est extraite du livre de James Allen, *As a Man Thinketh* (L'homme est le reflet de ses pensées), essayiste américain né en Angleterre (1864-1912). Napoleon Hill était sans aucun doute très familier avec l'œuvre d'Allen qui comprend aussi des titres comme *Eight Pillars of Prosperity, From Poverty to Power* ainsi que *As a Man Does: Morning and Evening Thoughts.* Allen y soutenait que c'est dans l'esprit que se trouve la clé du pouvoir personnel. La première phrase de son livre va comme suit: «L'homme est ce qu'il pense dans son cœur» – en d'autres mots, nous sommes ce que nous pensons et notre caractère est la somme de toutes nos pensées. Ce thème sera présent tout au long de l'ouvrage *Réfléchissez et devenez riche!*.
24. **Un tel exploit**. Le visionnaire dont il est question est le président Franklin D. Roosevelt. La Tennessee Valley Authority (TVA) est un organisme fédéral établi en 1933 par l'administration Roosevelt pour maîtriser les crues, améliorer les voies navigables, renouveler la productivité des fermes avoisinantes et produire de l'électricité à partir de la rivière Tennessee et de ses affluents. Un projet d'une envergure titanesque. Le territoire du bassin hydrologique de la rivière Tennessee englobe en partie sept États du Sud. La TVA comprend 51 barrages dont 9 très importants, un réseau d'écluses, des installations portuaires qui s'étendent tout au long de la rivière, 12 centrales thermiques au charbon puis 2 centrales nucléaires. La production d'électricité dépasse les 30 millions de kilowatts. La TVA est un organisme voué à la planification et à la gestion des ressources naturelles prototypiques. Selon le biographe officiel de Hill, il occupa, comme il l'avait fait avec Woodrow Wilson, le poste de conseiller bénévole auprès de Roosevelt au début du New Deal. Il élabora des plans pour influencer l'opinion publique, des idées pour alimenter la réflexion du président et il semble qu'il serait peut-être même l'auteur de la fameuse phrase que prononça Roosevelt dans son allocution inaugurale: «La seule chose que nous ayons à craindre, c'est la crainte elle-même.» Hill a été présenté au président Roosevelt par l'entremise du sénateur Jennings Randolph.

25. **O. Henry découvrit**. O. Henry était le nom de plume de William Sydney Porter (1862-1910), auteur passé maître dans l'art de l'ironie, des finales inattendues et de la romance de l'ordinaire, qui s'est rendu coupable de fraude envers l'institution bancaire pour laquelle il travaillait.

    Il fut condamné à la prison, mais ne passera que trois ans et trois mois dans un pénitencier de l'Ohio grâce à une remise de peine pour bonne conduite. Il est intéressant de noter que la Fondation Napoleon-Hill s'est donné pour mission d'enseigner aux prisonniers les principes du succès dans la vie. Des études montrent que la récidive est considérablement réduite chez les prisonniers ayant suivi ces cours.
26. **Les voies de l'Intelligence infinie**. L'Intelligence infinie est le terme utilisé par Hill pour décrire Dieu, la Divine Puissance ou l'Être suprême dont l'influence est omniprésente dans l'univers. Sa conception de Dieu ou de l'Intelligence infinie est riche et complexe. Dieu est plus qu'une force divinement spirituelle, personnelle et morale. Dieu est la source de l'intelligence, de la communication directe et de l'échange d'information entre l'Intelligence suprême elle-même et l'individu. Il est clair que Hill écrit dans une perspective judéo-chrétienne, mais sa conception de l'Intelligence infinie est tolérante et miséricordieuse. En lisant ce livre, vous remarquerez comment Hill perçoit l'Intelligence infinie à travers la vie de Jésus, Gandhi et Mahomet, ainsi que chez les individus dont l'état mental est en harmonie avec la force de l'Intelligence infinie. Hill n'est jamais moralisateur à ce propos, mais pour utiliser et bien saisir l'ouvrage de Napoleon Hill, il est nécessaire de comprendre le rôle qu'y joue l'Intelligence infinie, c'est-à-dire Dieu.
27. **Il ressentit si vivement**. Deux jours après le douzième anniversaire de naissance de Dickens (1812-1870), son père fut emprisonné à Londres pour dettes impayées. Sa mère l'envoya alors travailler dans une manufacture de cire noire à chaussures. De quatre à six mois, Dickens travailla 12 heures par jour dans un entrepôt infesté de rats, gagnant à peine six ou sept shillings par semaine. C'est ce genre d'épisodes malheureux vécus par des hommes qui connaîtront la célébrité que Hill analysa. Dickens n'a jamais oublié et s'en servit souvent dans ses nouvelles, mais il n'a jamais révélé à quiconque ce qu'il avait enduré sauf à sa femme. Ces faits ne furent connus qu'après sa mort. Une des «tragédies» qu'avait vécues Dickens est sa relation amoureuse avec Maria Beadwell, fille d'un banquier anglais.

    En 1830, Dickens a 18 ans et travaille pour des clopinettes comme sténographe au Palais de justice. Il tombe éperdument amoureux de Maria Beadwell qui a 19 ans. Les parents de cette dernière le considèrent comme un mauvais parti pour leur fille et finiront par déménager à Paris pour l'éloigner de Dickens. Il se consumera d'amour pour la belle durant quatre ans, mais ses sentiments ne sont pas partagés. Les critiques et les biographes ont émis l'hypothèse que son intense passion suivie de son immense déception ont aiguisé son sens artistique et l'ont rendu éminemment sensible aux laissés pour compte et aux opprimés. On pense que le personnage de Dora dans *David Copperfield* est inspiré de Maria Beadwell.

28. **Une fois que vous aurez**. Au début, Hill avait ajouté: «Laissons Emerson formuler cette pensée dans les mots suivants: "Tout proverbe, livre, mot d'ordre qui te viennent en aide l'auront fait directement ou par voie détournée. Celui qui se montre à toi dans toute sa grandeur et sa tendresse, serre-le sur ton cœur."»
29. **Je lui expliquai**. Le manuscrit original poursuit: «Par exemple, les professeurs à l'école, en voyant qu'il n'avait pas d'oreilles, lui témoigneraient de l'intérêt et beaucoup de bonté. Ce qu'ils n'ont jamais manqué de faire. Sa mère s'en assura en les rencontrant et en convenant avec eux de la meilleure façon de traiter notre fils. Je l'ai convaincu également que lorsqu'il serait assez âgé pour vendre des journaux (son frère aîné vendait déjà des journaux), il aurait un grand avantage sur ce dernier, car les gens lui donneraient de plus gros pourboires parce qu'ils verraient qu'ils avaient affaire à un jeune homme intelligent, travaillant malgré le fait qu'il n'ait pas d'oreilles.»
30. **Nous refusâmes de l'envoyer**. Hill avait d'abord écrit: «Blair n'a pas fréquenté d'école pour les sourds et muets.» Les perceptions et les attitudes envers les gens souffrant d'infirmité sont aujourd'hui très différentes de celles qui existent à l'époque où Hill rédige son ouvrage. L'attitude de Hill envers le handicap de son fils aurait peut-être été très différente s'il avait vécu à notre époque, bien qu'une telle chose ait été fort peu probable compte tenu de sa propension à voir le côté positif des choses et à surmonter les épreuves. Malgré son infirmité et sa difficulté à se servir du langage des signes, Blair Hill réussira dans la vie.
31. **Pour la première fois de sa vie**. Le premier appareil auditif électrique, l'Acousticon, a été breveté en 1901. C'était un appareil difficile à manier qui comprenait un récepteur téléphonique qu'on portait à l'oreille et un boîtier pour les piles de la taille d'une grosse boîte à lunch. En 1935, l'Amplivox est le premier appareil portatif; son poids est d'un kilo. On ignore si Hill faisait référence à l'un ou l'autre de ces appareils.
32. **Alors que je terminais**. Ernestine Schumann-Heink (1861-1936) fut la plus célèbre contralto de sa génération, qui se distingua par sa voix forte et robuste. Née en Allemagne, dans la ville de Lieben, elle est choisie à l'âge de 15 ans pour chanter dans la *Neuvième symphonie* de Beethoven à Graz. À la suite d'une carrière bien remplie en Europe, elle fit ses débuts en Amérique au Metropolitan Opera en 1899 dans le rôle d'Ortrud dans le *Lohengrun* de Wagner. Elle y poursuivra sa carrière jusqu'en 1932. Au moment de sa mort, en 1936, elle était à Hollywood pendant que Hill écrivait *Réfléchissez et devenez riche!*.

Chapitre 2 La foi

33. **Lorsque la foi et la pensée s'interpénètrent**. Hill choisit de décrire par les termes de «vibrations de la pensée» le processus complexe et peu connu par lequel les impulsions électrochimiques du cerveau créent et transmettent les «pensées» et les «émotions». Le terme «vibration» possède une dimension descriptive et métaphorique, tout comme celui de «physique» que Hill utilise tout au long de son ouvrage. De toute façon, ce qui importe n'est pas l'imprécision des mots utilisés par Hill pour décrire le processus en question – toute langue est imparfaite –, mais bien l'aperçu tout à fait fascinant qu'il nous fait entrevoir sur la façon dont les pensées, soutenues par la force de la foi, peuvent avoir un effet sur le subconscient et créer de nouvelles aptitudes et des pouvoirs de communication. Ce serait une erreur de tenter de comprendre des termes comme «vibration de la pensée» dans un sens strictement littéral. La clé consiste à lire et à relire ces énoncés dans leur contexte et de se «laisser porter par la vague» des idées de Hill. Ce faisant, vous parviendrez à comprendre le sens profond de ce que Hill voulait transmettre.
34. **Il est donc essentiel**. Docteur Norman Vincent Peale (1898-1993) et les autres contribueront à la popularité du «pouvoir de la pensée positive» comme le firent Napoleon Hill et son dernier collaborateur en titre, patron et ami, W. Clement Stone, dans leur livre *Success through a Positive Mental Attitude* (Le succès par la pensée constructive) (1960).

    Dites-vous bien que chaque fois que vous écouterez un CD de motivation ou entendrez un conférencier vanter les vertus de la pensée positive, vous êtes en présence d'un émule de Napoleon Hill.
35. **De tout temps, les dévots**. Jamais Hill ne s'est prêté à des campagnes de dénigrement à propos de la religion. Au contraire, il croit en Dieu et à l'Intelligence infinie, mais il n'a que peu d'estime pour les gens dogmatiques et sectaires, ceux qui sont convaincus qu'ils sont les seuls détenteurs de la «vérité». Rien – ni dogme, ni credo, ni enseignement – ne doit entraver la relation entre l'individu et l'Intelligence infinie. Ce n'est pas la religion qui dérange Hill mais l'idée que s'en font les gens.
36. **J'ai rédigé une description très claire**. Les exemples de gens qui appliquent les idées et les principes de Hill pour parvenir au succès dans la vie abondent. Un de ces exemples fascinants est celui d'une personne qui a suivi le conseil de Hill d'écrire en des termes très clairs le but qu'elle se fixait dans la vie. On retrouva sur les murs d'un restaurant de la chaîne Planet Hollywood (connue pour abriter une collection d'objets ayant appartenu à des vedettes du cinéma), situé à la sortie de l'autoroute 17 à Myrtle Beach, en Caroline du Sud, l'inscription suivante:

    «Le but que je m'engage à atteindre:

    «Je soussigné, Bruce Lee, deviendrai le premier Oriental le mieux payé de l'histoire du cinéma aux États-Unis. En retour, je donnerai en tant qu'acteur une prestation de très haut calibre. En 1970, je serai au faîte de ma renommée et à la fin de 1980, j'aurai dix millions de dollars en ma possession. Je mènerai la vie que je veux et j'atteindrai le bonheur et la sérénité intérieure. »

Bruce Lee
Janvier 1969

Bruce Lee atteignit son but et devint la vedette des arts martiaux que l'on connaît.

Le succès qu'il obtint fut planétaire et sa carrière cinématographique donna naissance à une entreprise très lucrative de CD, DVD, bandes sonores et bandes-vidéo d'autoapprentissage des arts martiaux. Malheureusement, il décéda en 1973 des suites d'une réaction allergique à un médicament, l'année même où sortira son film le plus célèbre, *Enter the Dragon* (Opération Dragon). Le magazine *Time* écrira à son propos : « Avec simplement ses mains et ses pieds et une volonté de fer, il a réussi à transformer le petit bout d'homme en un dur à cuire. » Bruce Lee attribuait en grande partie son succès à sa pratique de la philosophie de Napoleon Hill.

37. **Méditez les mots**. Certains attribuent ce poème à W. D. Wintle et d'autres croient qu'il est d'origine inconnue.
38. **Un autre exemple du pouvoir**. Mohandas K. Gandhi (« Mahatma » est un terme hindou qui signifie « grande âme ») est né en 1869 et sera assassiné par un extrémiste indien en 1948. Considéré comme le père de la nation indienne, il guidera son peuple vers l'indépendance de la Grande-Bretagne. Sa philosophie de la désobéissance civile non violente a eu beaucoup d'influence, tout particulièrement sur le mouvement des droits civiques aux États-Unis. Albert Einstein dira de lui : « L'influence morale que Gandhi a exercée sur la civilisation sera fort probablement plus durable qu'il n'y paraît à notre époque où la force brute est à l'honneur. Nous sommes très reconnaissants d'avoir eu un contemporain aussi brillant, un modèle incomparable pour toutes les générations à venir. » Pour Hill, Gandhi représente la quintessence moderne du pouvoir d'une idée – et de l'esprit humain – à changer le monde.
39. **De plus – et c'est la chose la plus cruciale** – Tout au long de cette discussion, Hill entrevoit la gestion participative, les équipes de gestion de la direction du travail, les programmes de productivité et la participation aux bénéfices – à peu près toute la gamme des processus prônés par la théorie et la pratique de la gestion moderne.
40. **Si vous avez le moindre doute**. Napoleon Hill n'était manifestement pas superstitieux, lui qui n'hésita pas à se servir du numéro 13. Il est possible qu'il ait choisi ce nombre intentionnellement pour attirer l'attention, mais il est plus probable que c'est celui auquel il est arrivé lorsqu'il compila toutes ses années de recherche et d'analyse pour élaborer tous ses principes du succès. Nous pouvons presque l'entendre

dire que si ces derniers sont au nombre de 13, qu'il en soit donc ainsi. Alors que Hill fait parfois montre de qualités mystiques, il est avant tout un cartésien. Il déclarera au chapitre 13: «Je ne crois pas aux miracles et je ne m'en fais pas l'avocat. Je connais suffisamment bien la nature pour savoir qu'elle *ne déroge jamais à ses lois.* Parce que quelques-unes d'entre elles nous semblent incompréhensibles, nous n'hésitons pas à qualifier leurs effets de miraculeux.»

41. **Tous, y compris John Pierpont Morgan**. Le financier et banquier J. P. Morgan (1837-1913) est une figure de proue de l'histoire de la finance américaine. Il a transformé le paysage de l'industrie en réorganisant l'industrie ferroviaire et en devenant la force motrice qui a contribué à la création des sociétés General Electric et International Harvester et, comme nous le verrons, la première société milliardaire, la U.S. Steel.
42. **Et plus tard**. Le fédéral intenta des poursuites en vue de démanteler la U.S. Steel, mais la Cour suprême des États-Unis jugea en 1920 que la société n'était pas un monopole et ne contrevenait donc pas aux lois antitrusts. La U.S. Steel fêta en 2001 le centenaire de sa fondation et était à ce moment-là le plus important producteur d'acier de filière intégrée des États-Unis. Son siège social est situé à Pittsburgh, en Pennsylvanie.
43. **Si vous les aviez exigés**. Dès que le contrat a été signé, Morgan avisa Hill et celui-ci s'empressa de féliciter Carnegie dans ces termes: «M. Carnegie, je veux vous féliciter, vous êtes devenu aujourd'hui l'homme le plus riche du monde.»
44. **Des études révélèrent**. Environ 11 milliards de dollars d'aujourd'hui (d'après le taux d'inflation de l'indice des prix à la consommation).

Chapitre 3 L'autosuggestion

45. **Si vous répétez un million**. Émile Coué (1857-1926) était un pharmacien et psychologue français, et est le père de la méthode Coué, qui insiste sur les vertus de l'autosuggestion pour améliorer le bien-être et la santé générale du sujet. Cette méthode se caractérise par la répétition de la fameuse formule Coué: «Tous les jours, à tout point de vue, je vais de mieux en mieux». Le pouvoir de l'autosuggestion jumelé à un désir intense et à la foi a des incidences formidables sur la santé mentale et physique des gens. Le producteur et commentateur Bill Moyers a exploré ce lien incroyable entre le corps et la pensée et son rôle dans la guérison dans un livre populaire et dans la série télévisuelle *Healing and the Mind*, diffusée sur le réseau PBS en 1993.
46. **Alors que, les yeux fermés**. Hill avait saisi le pouvoir immense de la visualisation bien avant qu'elle ne devienne à la mode dans la pratique des sports modernes et les cours de développement personnel. Jack Nicklaus, considéré en général comme le plus grand golfeur de l'histoire

du sport, a souvent dit qu'il ne frappait jamais la balle tant qu'il n'avait pas vu dans sa tête l'image de la trajectoire de la balle qu'il vient de frapper avec son bâton, décrivant une courbe parfaite et atterrissant à l'endroit précis de son choix. La technique de la visualisation semble avoir porté des fruits dans son cas, Nicklaus ayant remporté plus de championnats (18 en tout) que quiconque dans l'histoire du golf.

47. **Placez une copie de cette déclaration**. L'importance d'écrire et de se référer constamment aux « directives d'action » m'a été confirmée il y a bon nombre d'années lors d'un dîner à la chambre de commerce de Greenville, en Caroline du Sud. Un entrepreneur du nom de Leighton Cubbage faisait partie des convives. Leighton avait fait fortune dans l'industrie des télécommunications; était également présent Bill Lee, un conseiller en affaires commerciales, le principal architecte du succès de Builder Marts of America, le groupe d'achat de matériaux de construction et de bois d'œuvre le plus important aux États-Unis; moi-même, Ross Cornwell (à l'époque, éditeur en chef de *Think & Grow Rich Newsletter*); Boo Cheney, président d'Imagine Inc., une maison d'édition; et Mike Ritt, qui était à l'époque directeur administratif de la Fondation Napoleon-Hill et qui est devenu plus tard le biographe officiel de Hill. Tout au long du repas, Mike a dû répondre à de nombreuses questions à propos de Napoleon Hill et à un moment donné, j'ai été étonné de voir Leighton Cubbage sortir de petites fiches de sa poche sur lesquelles étaient notées des citations de *Réfléchissez et devenez riche !*. Il nous a confié qu'il ne sortait jamais sans ses fiches et qu'il appliquait les techniques et les idées qu'il avait apprises dans le livre dans sa vie et sa façon de mener son entreprise. Bill Lee nous confia à peu près la même chose.

Chapitre 4 La spécialisation

48. **Les universités doivent**. Les cours en alternance, les spécialisations, les conseillers pédagogiques et l'orientation professionnelle sont aujourd'hui au cœur de la vie estudiantine en Amérique.
49. **L'avantage de cet apprentissage**. Hill serait ravi, peut-être même stupéfait, s'il voyait tous les CD, DVD, MP3, fichiers balados, bandes sonores et vidéo didactiques qui permettent de nos jours aux gens de carrière d'acquérir des connaissances et de nouvelles habiletés partout et en tout temps.
50. **L'autodiscipline**. La version originale du livre se lisait comme suit :

    « Les écoles par correspondance sont des établissements qui se révèlent des modèles de commerces bien organisés. Les frais de scolarité exigés sont si bas que ces institutions se voient forcées d'insister pour qu'ils soient acquittés promptement. Comme l'étudiant doit payer ses cours, qu'il ait de bonnes notes ou pas, cette obligation financière a pour effet de l'inciter à poursuivre ses cours alors qu'il aurait pu être tenté d'abandonner. Les écoles par correspondance n'insistent pas suffisamment sur ce point et sur le fait que leurs services de recouvrement offrent le meilleur enseignement sur ce qu'il est convenu d'appeler la prise de décision, la promptitude, l'action et l'habitude de terminer ce qui est commencé. »

51. **Le revenu total**. Hill avait eu l'idée de proposer ce service aux milliers de chômeurs durant la grande dépression, mais ses remarques conviennent tout autant aux travailleurs d'aujourd'hui qui perdent leur emploi à la suite d'une réduction des effectifs ou de toute autre perturbation économique. On en a pour preuve la prolifération des petites entreprises d'arts graphiques qui produisent des cartes professionnelles, des circulaires, des logos et des en-têtes de lettres pour des travailleurs autonomes partout au pays.

52. **Dan Halpin**. Daniel D. Halpin est né le 14 juin 1906 et a grandi à New Haven, au Connecticut. Il semble avoir été le premier élève originaire de New Haven à fréquenter l'Université Notre Dame et, dans le train qui le menait en Indiana, il resta éveillé toute la nuit dans l'espoir de rencontrer un Indien (ce qui ne se produisit pas).

    Sur le campus, il exerça plusieurs petits boulots pour payer ses frais de scolarité et subvenir à ses besoins. Ses parents étaient incapables d'assumer ses études, mais un oncle qui possédait la librairie Dunster Books à Cambridge, au Massachusetts, lui donna une collection des grands classiques reliés en cuir et il devint ainsi l'heureux propriétaire de la bibliothèque personnelle la plus fournie du campus.

    Halpin était fasciné par ce qu'il avait entendu dire à propos du fameux entraîneur Knute Rockne et de l'équipe de football de Notre Dame, ce qui explique qu'il ait choisi de parfaire ses études à cette université.

    Il devint cadre supérieur dans le milieu athlétique universitaire à la fin de l'année scolaire 1930. Il a été le dernier gestionnaire sous les ordres de Rockne, mais il fut également son secrétaire, ce qui correspondrait aujourd'hui à un travail de directeur commercial. Il devint un intime de la famille Rockne et les aida souvent dans leurs rapports avec l'Université.

    Le leadership de Halpin dépassait le seul volet des sports. Après un an ou deux, il s'aperçut que le campus avait besoin d'un service de buanderie, qu'il s'empressa de mettre sur pied. Il créa également le logo pour la buanderie et chaque pièce de vêtement était étiquetée « la UND ry ». Ce service s'avéra si rentable que l'Université Notre Dame prit la relève et s'occupa de sa gestion.

    Après le tragique accident d'avion en mars 1931 dans lequel Rockne perdit la vie, Halpin fut chargé par le président de l'Université d'escorter la dépouille mortelle de Rockne du Kansas à Notre Dame. Après avoir reçu son diplôme au mois de juin 1931, Halpin fut embauché par le studio MGM comme spécialiste de la vie de Rockne pour le film *Knute Rockne of Notre Dame*.

Mettant un point final à cette période de sa vie, il retourna sur la côte Est accompagné de sa jeune épouse, Margaret Hyland Halpin, et loua un appartement au 425 Riverside Drive à Manhattan en plein cœur de la dépression. Il décroche alors un premier emploi comme vendeur d'appareils auditifs sur la 42e Rue à New York. Comme le rapporte Napoleon Hill dans son livre *Réfléchissez et devenez riche !*, Halpin est un si bon vendeur qu'il dépasse les ventes de l'entreprise concurrente, le « Dictograph », qui fait beaucoup de publicités à la radio. Les dirigeants de cette entreprise le recrutent et lui offrent le poste de directeur des ventes, puis celui de vice-président. Son premier enfant naîtra en 1932 et la famille est financièrement très à l'aise.

Le fils de Halpin, Dan Halpin Jr, nous confia : « Mon père mentionnait souvent le nom de Napoleon Hill et si je me souviens bien, il a servi de témoin au mariage de Blair, son fils, qui est né sans oreilles. Mon père lui avait procuré un appareil auditif qui lui a permis d'entendre un peu. Ils devinrent des amis par la suite et ils le sont toujours demeurés. Je me souviens de l'admiration avec laquelle mon père parlait de Napoleon Hill et il était très fier que ce dernier l'eût mentionné dans son livre. Papa disait que *Réfléchissez et devenez riche !* était le premier d'une longue lignée de livres sur la motivation destinés aux gens d'affaires. »

Les Halpin demeurèrent à Manhattan jusqu'en 1940 avant d'emménager au sud du New Jersey, dans la ville de Haddonfield. Dan devint alors vice-président et directeur général des ventes à la Radio Corporation America à Camden, au New Jersey. Son nouveau travail consistait à mettre en marché un nouvel appareil de divertissement appelé « télévision ». Il demeura les 12 années suivantes au service de la RCA. En 1952, la famille déménagea à Montclair, au New Jersey, où Dan devint vice-président et directeur général de l'entreprise DuMont Television. Il termine sa carrière comme chef de publicité chez Young & Rubicam Advertising, où il est responsable du compte de la General Electric Television.

Ayant bien des innovations à son crédit, il est fier d'être le premier directeur des ventes à convaincre une chaîne importante d'hôtels d'installer un téléviseur dans toutes ses chambres au début des années 1950. Il a été celui qui a incité les gens à se procurer deux appareils pour se faciliter la vie – le second appareil portant le surnom de la télévision « belle-mère ». L'entreprise RCA vendit ainsi des millions d'appareils de plus. Il est reconnu dans l'industrie comme étant celui qui a mis sur pied la stratégie de vente des télévisions couleur. Daniel Halpin fut un véritable pionnier des balbutiements de l'industrie de la télévision.

Daniel Halpin mourut dans son sommeil à l'âge de 63 ans, le 21 août 1970, environ six semaines avant que ne décède Napoleon Hill à Greenville, en Caroline du Sud.

53. **Dan Halpin m'a confié**. Knute Rockne a été l'un des entraîneurs de football les plus innovateurs et les plus charismatiques de l'Amérique, et

possédait tous les attributs que Napoleon Hill jugeait essentiels pour réussir dans la vie. Rockne est né le 4 mars 1888 à Voss, en Norvège, et meurt le 31 mars 1931 à Bazaar, au Kansas, lorsque son avion en partance de Kansas City à destination de Los Angeles s'écrase. Il avait 43 ans. Il a été entraîneur en chef de l'équipe des Fighting Irish de Notre Dame de 1918 à 1931. Notre Dame gagna pendant cette période 105 parties et 6 championnats nationaux. En 13 ans, il ne perdit que 12 parties et ne connut que 5 matchs nuls. Ses statistiques de victoires sont de 0,881, un score jusqu'ici inégalé, dans le football tant universitaire que professionnel. Rockne est surtout reconnu pour ses joueurs du champ arrière, les « Four Horsemen » (quatre cavaliers) et pour son discours pour encourager ses joueurs à remporter la victoire, connu sous le nom de « Win One for the Gipper » en 1928. En 1999, il était cité en dixième position sur la liste du ESPN SportsCentury des 10 meilleurs coachs de tous les temps, toutes disciplines sportives confondues.

54. **Et c'est pourquoi**. Hill avait ajouté ce qui suit dans la version originale :

« Avec les changements provoqués par l'effondrement de l'économie mondiale vint aussi le besoin de nouvelles et meilleures façons de commercialiser les services personnels. Il est difficile de déterminer pourquoi les gens n'ont pas découvert plus tôt ce besoin si criant, compte tenu du fait qu'il s'échange davantage d'argent pour des services personnels que pour toute autre raison. La somme versée en salaires et en traitements est si importante qu'elle atteint par mois des centaines de millions et par année, des milliards de dollars. »

55. **L'idée d'offrir**. Eût-il écrit aujourd'hui, Hill aurait sans doute choisi de citer l'exemple d'entrepreneurs comme Sam Walton de Wal-Mart, Ray Kroc de McDonald's, Steve Jobs d'Apple ou Bill Gates de Microsoft. Et dans son manuscrit original, Hill commente longuement le cas de la femme qui avait préparé un plan marketing pour mousser les services personnels de son fils. Voici ce qu'il écrit à ce propos :

« Ceux qui voient une chance à saisir dans cette suggestion trouveront des renseignements précieux dans le chapitre sur l'élaboration des plans. Incidemment, un marchand de services personnels efficace trouvera toujours preneur partout où les gens cherchent de meilleurs débouchés pour leurs services. En appliquant le principe du cerveau collectif, des gens aux talents complémentaires peuvent s'associer et fonder une entreprise qui deviendra rapidement rentable. L'un d'eux devra avoir une bonne plume, avec un bon sens de la publicité et de la vente, le deuxième, savoir dactylographier, et le troisième devra être un fonceur de première qui saura faire connaître au monde entier l'existence d'une telle entreprise. Si une personne possède tous ces talents, elle pourrait gérer seule son entreprise jusqu'à ce que la croissance de cette dernière n'exige de nouveaux effectifs.

« La femme qui a préparé le plan de marchandisage pour son fils est dorénavant sollicitée dans tout le pays par des gens qui veulent un plan semblable pour vendre leurs services. Elle emploie à l'heure actuelle une équipe formée de dactylographes, de graphistes et de rédacteurs qui créent des monographies si efficaces que les services personnels qu'elle propose sont payés sensiblement plus chers que des services similaires.

« Elle est si confiante qu'elle accepte même d'être payée un pourcentage de la somme *supplémentaire* que son client ira chercher grâce à ses services.

« Il ne faut pas croire que son plan consiste à demander plus d'argent pour des services que ses clients vendaient précédemment moins chers. Elle veille aux intérêts du vendeur et de l'acheteur de services personnels, et prépare ses plans de manière à ce que l'employeur bénéficie d'une valeur ajoutée pour la somme supplémentaire qu'il débourse. La méthode grâce à laquelle elle parvient à ce résultat étonnant est un secret professionnel qu'elle ne divulgue à personne, sauf à ses propres clients.

« Si vous avez de l'imagination et que vous cherchez un débouché plus rentable pour vos services personnels, cette suggestion est peut-être l'incitatif qu'il vous fallait. Cette idée pourrait générer un revenu plus élevé que celui que gagne un médecin, un avocat ou un ingénieur "moyen", dont l'éducation exige plusieurs années d'université. Elle est, de plus, profitable pour ceux qui cherchent un nouvel emploi qui demande des aptitudes de gestion et de direction et pour ceux qui souhaitent diversifier leurs sources de revenus. »

Chapitre 5 L'imagination

56. **Nous lui devons**. Dans une entrevue du *Parade Magazine*, l'auteur-compositeur-interprète Lionel Ritchie nous donne une excellente description de la façon dont l'imagination créative fonctionne. Lorsqu'on lui demande comment lui viennent ses mélodies, il répond: « J'aimerais bien le savoir... C'est comme si j'avais une radio qui diffusait des chansons dans ma tête et que je me retrouvais dans la douche à chantonner à l'unisson. Ce qui est embêtant, c'est que je me rends compte alors qu'il n'y a pas de radio. » Lorsqu'on lui demande s'il considère Dieu comme son coauteur, il réplique: « Absolument! Je crois que si vous êtes le moindrement chanceux, l'univers peut vous donner une tâche que vous êtes le seul à pouvoir accomplir. »
57. **Nous étions d'ailleurs**. Dans la version originale du livre *Réfléchissez et devenez riche!,* Hill se lance dans une apologie de la célèbre boisson gazeuse, où il fait l'éloge de ses vertus de « stimulation mentale ». (La caféine contenue dans le coca-cola avait un effet stimulant que les consommateurs ressentaient sans bien en comprendre le mécanisme. Jusqu'en 1892, la boisson contenait de la cocaïne.) Voici ce que Hill écrit à ce propos: « Maintenant que vous savez que la bouilloire magique

contient en fait la boisson gazeuse la plus populaire du monde, il va de soi que l'auteur confesse que la ville qui lui a donné naissance (Atlanta) lui a accordé l'une de ses filles en mariage, et que ce nectar des dieux qui a l'heur de le stimuler intellectuellement sans l'intoxiquer lui procure donc la fraîcheur d'esprit que doit posséder tout auteur pour fournir le meilleur de lui-même.»

58. **Qui que vous soyez**. Asa Candler (1851-1929) fut l'un des plus grands génies du marchandisage et l'un des vendeurs les plus imaginatifs que le monde a connus. En 1891, il quitte son emploi dans une pharmacie d'Atlanta, en Géorgie, achète les droits d'un médicament pour les maux de tête qui se vendait mal et en fait le produit connu internationalement comme «The Real Thing» (le vrai de vrai). Il travaille 14 heures par jour, s'accordant à peine cinq heures de sommeil par nuit, et devient le porte-parole et le représentant infatigable de son produit. Il avait l'habitude de répéter «Une vente de Coca-Cola ratée aujourd'hui n'en est pas une qui se fera automatiquement le lendemain», et si l'un de ses clients veut acheter un seul gallon de sirop de Coca-Cola, il se fait un point d'honneur de le préparer lui-même. Il distribue gratuitement son produit dans les ascenseurs. Il donne des panneaux de signalisation «Poussez» et «Tirez» sur lesquels est imprimé le logo de Coca-Cola pour installer sur les portes. Son budget publicitaire sera pendant des années plus élevé que ses ventes et dès 1909, le Coca-Cola devient le produit le plus publicisé en Amérique, avec des panneaux publicitaires couvrant plus de 200 000 mètres carrés de surface sur les murs des immeubles partout dans le pays.

Candler représente la quintessence de l'entrepreneur selon Hill. Il se fixe des buts pour tout. Il se fixe des objectifs de vente par mois. Il n'assiste jamais à une réunion sans avoir au préalable écrit ce qu'il voulait régler dans cette réunion. Méthodiste dévoué, Candler couche également sur papier ses buts spirituels, comme les sujets de ses prières et les passages de la Bible à lire... Lorsque Candler se fixe un but, il n'en démord pas. Elizabeth Candler Graham (son arrière-arrière-petite-fille) dira de lui: «Il ne pensait jamais à l'échec, il refusait de l'accepter.» Il avait quitté l'école assez tôt, mais il cherchait sans cesse à accroître ses connaissances. Adolescent, il se déniche un emploi dans une pharmacie, il lit des livres de médecine et étudie le soir le grec et le latin. En définitive, ce fut sa détermination, et non sa formation ou son intelligence, qui l'aida à bâtir son empire...» (Michael Tasala, «Coca-Cola's Asa Candler», *Investor's Business Daily*, 1er février 1999, p. A-8.)

Candler, à l'instar de tant d'entrepreneurs à la tête d'immenses fortunes, passa les 10 dernières années de sa vie à faire des dons à des hôpitaux, des orphelinats et des maisons d'enseignement. Il a donné huit millions de dollars – équivalant à plus de 80 millions de dollars aujourd'hui – à l'Université Emory, à Atlanta.

59. **Je m'appelle Phillip D. Armour**. Armour (1832-1901) était un grossiste en viandes qui contribua à l'essor du parc à bestiaux de Chicago. Il innova en acheminant les porcs vivants à Chicago pour y être abattus et leur viande, mise en conserve et exportée. Son fils, J. Ogden Armour (1863-1927) fera de l'entreprise Armour and Company l'usine de transformation de la viande la plus importante et la plus prospère au monde. L'Armour Institute of Technology, auquel P. D. Armour contribua à hauteur de presque deux millions de dollars, ouvrit ses portes au mois de décembre 1892 sous la présidence de Frank W. Gunsaulus. Mme P. D. Armour et son fils, J. Ogden, donnèrent plus tard un autre million de dollars à l'institution. L'Armour Institute fusionna avec le Lewis Institute pour devenir l'Illinois Institute of Technology. Gunsaulus mourut en 1921, à l'âge de 65 ans.
60. **Ce livre décrit**. Cette anecdote sert à démontrer plusieurs des principes défendus par Hill – le pouvoir du subconscient à concrétiser des choses, sa capacité à créer un état d'esprit semblable à la « prière » en jumelant un désir brûlant à une foi sans faille, son aptitude à « vibrer » et à fonctionner à plein, à se connecter au subconscient d'un autre être humain dans un esprit d'harmonie. L'histoire du docteur Gunsaulus est l'illustration parfaite des idées de Napoleon Hill à ce sujet.
61. **Lorsqu'ils la voyaient**. Dans la première version du livre, Hill discourt sur l'avenir de la radio, laissant entendre à ses lecteurs que c'est un domaine prometteur qu'il vaut la peine d'explorer. Ses prédictions à propos de la publicité et de la façon dont les exigences du nouveau média affecteront cette industrie se sont révélées très pertinentes. Toutefois, ceux qu'il qualifie de chanteurs de charme et de gens qui parlent pour ne rien dire sont encore bien présents de nos jours et aucune programmation sérieuse n'a pu enrayer ce phénomène. Voici ce qu'en dit Hill :

    « La prochaine vague de millionnaires sera issue du milieu de la radio, qui est un domaine nouveau et qui n'attire pas encore des gens à l'imagination foisonnante.

    « Ceux qui feront fortune seront ceux qui s'avéreront capables de créer des émissions de radio plus méritoires, ceux qui auront la capacité de reconnaître le talent et de donner aux auditeurs une chance d'en profiter.

    « Le commanditaire ! Cette pauvre victime qui paie à l'heure actuelle le prix de ces émissions de radio dites de "divertissement" deviendra de plus en plus consciente et exigera d'en avoir pour son argent. Mais entre-temps, l'homme qui coiffera le commanditaire sur le poteau et fournira une programmation digne d'intérêt public, cet homme-là s'enrichira.

    « Les chanteurs de charme et les beaux parleurs qui polluent présentement les ondes avec leurs blagues et leurs fous rires insignifiants céderont la place aux vrais artistes dont les prestations contribueront tant à divertir qu'à nourrir l'esprit.

« Voici un domaine nouveau, riche de promesses, qui se retrouve aux mains de gens sans imagination. La radio a besoin par-dessus tout de nouvelles idées !

« Si ce nouveau domaine vous attire, voici un conseil qui pourrait vous être profitable : les programmes de radio du futur auront davantage tendance à créer des publics "d'acheteurs" plutôt que "d'auditeurs". En d'autres mots, le concepteur d'émissions de radio devra, pour avoir du succès, trouver des manières pratiques de convertir les "auditeurs" en "acheteurs". De plus, le producteur prospère de l'avenir devra adapter ses émissions pour qu'elles frappent l'imaginaire de son auditoire.

« Les annonceurs se lasseront de commanditer des émissions qu'on leur aura vendues à coups d'argumentaires creux. Ils en viendront bien vite à exiger que ladite émission, prétendument capable de faire crouler de rire des millions de personnes, soit également capable de faire vendre les produits annoncés.

De plus, ceux qui envisagent de faire carrière dans ce nouveau domaine prometteur devront comprendre que la publicité radiophonique sera gérée par un tout nouveau groupe d'experts en publicité qui diffère des publicistes au service des journaux et des magazines.

« Les vieux routiers de la publicité ne sont pas à même de créer des messages publicitaires radiophoniques, car ils ont été habitués à pondre des concepts publicitaires qu'on doit *voir* plutôt qu'*entendre*. Je dois avouer qu'en tant qu'auteur, j'ai dû consacrer un an de dur labeur et plusieurs milliers de dollars pour apprendre cette leçon.

« La radio est actuellement au même stade que le cinéma lorsque Mary Pickford et ses boucles apparaissaient en gros plan sur l'écran. Dans le domaine de la radio, il y a place pour les gens qui peuvent produire et reconnaître les *idées*.

« Si les commentaires précédents n'ont pas réussi à enclencher votre moulin à idées, la radio n'est peut-être pas faite pour vous. Si ces commentaires vous ont intrigué dans une certaine mesure, poursuivez votre réflexion et vous trouverez peut-être l'*idée* qui changera votre carrière du tout au tout.

« Ne vous laissez jamais décourager par votre manque d'expérience dans ce domaine. Andrew Carnegie connaissait bien peu de choses sur la fabrication de l'acier – il me l'a confirmé lui-même –, mais il s'est servi de deux des principes énoncés dans cet ouvrage pour diriger l'aciérie la plus importante des États-Unis et amasser une immense fortune. »

Chapitre 6 **L'élaboration de plans**

62. **Napoléon, Guillaume II**. Après sa cuisante défaite à Waterloo, Napoléon est expatrié sur l'île Sainte-Hélène, dans le sud de l'Atlantique, où il meurt en 1821. Guillaume II abdique en 1918, après que l'Allemagne a été défaite par les Alliés durant la Première Guerre

mondiale. Il se réfugie aux Pays-Bas, où il vivra paisiblement jusqu'à sa mort en 1942. Au début de 1917, Nicholas II, le dernier tsar de la Russie, est forcé d'abdiquer son trône. Il sera exécuté avec tous les membres de sa famille. Alphonse XIII d'Espagne a été déposé en 1931, après une décennie de soulèvements politiques. Il meurt en exil 10 ans plus tard.

63. **Il doit prendre l'habitude**. Hill était sans contredit en avance sur son temps. Il vante les mérites de l'art de déléguer bien avant que ce concept ne devienne à la mode.
64. **Le dirigeant vraiment digne**. Il est tentant de croire que *Réfléchissez et devenez riche!* a eu une certaine influence sur l'entraîneur de l'équipe de football de l'Université d'Alabama, Paul «Bear» Bryant (1913-1983).

    Sous sa direction, l'équipe remporta 6 championnats nationaux, gagna 323 parties, en perdit 85 et fit 17 matchs nuls. Il avait l'habitude de dire: «Lorsque l'on gagne, c'est grâce à l'équipe, lorsque l'on perd, c'est à cause de moi.» C'est une paraphrase des numéros 6 et 10 des *Onze secrets qui font un bon dirigeant* (voir le chapitre 6). Bryant avait 24 ans lorsque l'ouvrage de Napoleon Hill a été publié pour la première fois.
65. **Les journaux du futur**. Les journaux d'aujourd'hui sont certainement moins des outils de propagande pour les publicitaires qu'ils ne l'étaient à l'époque, mais les journaux à scandales continuent de pulluler. La locution «en fin de compte» pourrait signifier une très longue période.
66. **DEMANDE D'EMPLOI**. Presque un demi-siècle avant tout le monde, Hill exhortait les gens à maîtriser l'art du réseautage.
67. **Dans le futur**. Certaines personnes suggèrent parfois que le livre de Hill est trop matérialiste en mettant l'accent sur les aptitudes à faire de l'argent et trop centré sur soi en insistant sur l'autonomie, la réalisation personnelle et l'importance d'avancer dans la vie. Ces personnes ne saisissent pas l'aspect spirituel et altruiste qui sous-tend la philosophie du succès de Hill. La règle d'or a une importance capitale aux yeux de Hill. En 1921, il publie à Chicago le premier numéro du *Napoleon Hill's Magazine* avec, en sous-titre: «Revue mensuelle nationale de philosophie des affaires», au coût de 25 cents l'exemplaire. Voici sa politique rédactionnelle. Notez la nature positive, non discriminatoire et inclusive de ses remarques (les hommes et les femmes ensemble... sans égard à la race ou aux croyances... pour alléger la souffrance de l'humanité), qui sont tout à fait remarquables étant donné qu'il écrivait des décennies avant le mouvement pour les droits civiques et le mouvement de libération des femmes.

    «Le magazine découle d'une idée qui est née, il y a plus de 20 ans, dans l'esprit de l'éditeur; soit la conviction que la règle d'or doit régir toutes les relations humaines, particulièrement dans les domaines des affaires, de l'industrie et du commerce.

« En publiant ce magazine, nous cherchons uniquement à rassembler les hommes et les femmes dans un esprit d'étroite collaboration, sans égard à la race et aux croyances, pour qu'ils se rendent compte de l'avantage à placer les principes au-dessus de l'argent et l'humanité au-dessus de l'individu ; pour inspirer ceux qui ne sont pas encore "arrivés" et les aider à comprendre que le chemin qui mène au succès est celui du service rendu aux autres ; pour enseigner aux hommes et aux femmes l'inutilité et la folie de la haine, de l'envie et de l'intolérance ; pour amener les hommes à saisir que le succès ne réside pas tant dans la possession de biens, que dans le fait de rendre des services qui aident à alléger la souffrance humaine et à redonner aux générations futures ; pour toucher le cœur de ses lecteurs et y remplacer les pensées destructrices par des pensées constructives.

« Ce magazine ne vise pas à établir une excellence littéraire, il cherche plutôt à faire passer un message, et son éditeur est prêt à sacrifier l'art de la littérature pour toucher le cœur des hommes. L'éditeur utilise souvent la première personne du singulier dans ses écrits parce que ceux-ci portent sur ce qu'il a ressenti et expérimenté au cours de son périple dans la "vallée de l'ombre" des 20 dernières années, ce qui, d'ailleurs, est davantage une explication qu'une apologie.

« Ce magazine n'est associé en aucun cas à tout autre magazine qui utiliserait le nom de "Golden Rule", une distinction qu'il faut à tout prix garder à l'esprit. » (Hill fait référence au magazine *Golden Rule* qu'il avait lancé en 1919 et dont il avait perdu le contrôle en octobre 1920, lorsque l'éditeur s'en empara au terme d'une chaude dispute.)

Au bas de cet éditorial figure cette pensée : « La fortune et le statut qui ne s'appuient pas sur la vérité et la justice ne résisteront pas à l'usure du temps. » Ailleurs, il poursuit : « Vos éditeurs s'engagent sans réserve à aider les gens à comprendre l'importance de placer les principes au-dessus de l'argent et l'humanité au-dessus de l'individu égoïste, dont le seul but dans la vie est de prendre sans donner. » Et c'est avec de tels sentiments en toile de fond que Hill s'affaire à mener ses recherches pour *Réfléchissez et devenez riche !* qu'il publiera 16 ans plus tard. En passant, il est intéressant de noter que Stuart Austin Wier est désigné comme rédacteur en chef adjoint du *Napoleon Hill's Magazine*. Pour plus d'information concernant Wier, voir la page 254.

68. **La clientèle qu'ils desservent**. Dans la version originale, Hill ajoutait ce qui suit :

« La dépression a été finalement une manifestation puissante d'un public lésé dont les droits ont été bafoués de toutes les manières inimaginables par ceux qui défendaient les avantages et les profits individuels. Lorsque la poussière sera retombée et que toutes les entreprises auront retrouvé leur équilibre, les employeurs comme les employés reconnaîtront qu'ils n'ont plus le privilège de faire de bonnes affaires au détriment de leur clientèle. »

69. **Toute personne qui compte**. L'excellence dans le service à la clientèle sera remise à la mode au début des années 1980. Dans le manuscrit original, Hill se sert des trains et des tramways pour illustrer les effets négatifs d'un mauvais service à la clientèle.

«Presque toutes les sociétés ferroviaires aux États-Unis sont en difficultés financières, ce qui n'est guère étonnant, étant donné le manque de courtoisie de leurs employés. Qui ne s'est pas un jour informé à la billetterie d'une gare de l'heure de départ d'un train pour se voir répondre avec hargne de consulter le tableau d'affichage?

«Les entreprises de tramways ont dû, elles aussi, faire face à de grands changements occasionnés par le temps qui passe. Il n'y a pas si longtemps, les conducteurs de tramways étaient fiers de se colleter avec les passagers. Les rails de tramways ont presque tous disparu de nos villes et les passagers voyagent maintenant en autobus, dans lesquels les chauffeurs font preuve d'une grande courtoisie. Presque partout au pays, les tramways ne sont plus qu'un souvenir et dans les endroits toujours desservis par ces derniers, les passagers n'ont plus à discuter avec le chauffeur; ils peuvent même se permettre de lui faire signe d'arrêter entre deux stations et le chauffeur s'arrêtera avec plaisir pour les faire monter à bord.

«Les temps changent! Et ces changements ne touchent pas seulement les trains et les tramways, mais tous les autres aspects de notre vie. La politique voulant "que le public aille au diable" a été remplacée par celle du "à votre service, messieurs, dames".»

70. **À votre service**. Hill écrit à ce propos dans son manuscrit original:

«Les banquiers ont appris une chose ou deux pendant ce changement abrupt des dernières années. Le manque de courtoisie de la part d'un employé de la banque est aussi rare aujourd'hui qu'il était répandu il y a une douzaine d'années. À cette époque, certains banquiers se donnaient un air d'austérité tel que l'emprunteur potentiel craignait de l'approcher pour lui demander un prêt.

«Les milliers de faillites bancaires durant la dépression ont eu pour effet d'éliminer les lourdes portes derrière lesquelles les banquiers se barricadaient. Leurs bureaux sont aujourd'hui aménagés à la vue de tous, où ceux qui le veulent peuvent les approcher facilement dans une ambiance d'affabilité et de compréhension.

«Il fut un temps où il était normal pour les clients d'avoir à attendre debout à l'épicerie du coin que les employés aient terminé leurs échanges avec leurs amis et que le propriétaire ait terminé de faire son dépôt bancaire avant d'être servis. Plus maintenant. Aujourd'hui, les grands magasins, gérés par des gens courtois, feront tout pour vous offrir un service imbattable, sauf peut-être cirer vos chaussures. Les temps changent vraiment!»

71. **Le privilège de la servir**. Hill avait, dans sa première version, écrit ce qui suit:

« Nous nous souvenons tous de l'époque où le releveur de compteur frappait à grands coups dans la porte. Lorsque l'on venait lui ouvrir, il se faufilait alors sans un mot, le visage fermé, pour vous reprocher sans ambiguïté de l'avoir fait attendre. Cette époque est bel et bien terminée. Le releveur de compteur se comporte aujourd'hui comme un homme courtois, ravi d'être à notre service. Car avant que les entreprises gazières ne comprennent que la mine renfrognée de leurs releveurs de compteur leur avait causé un tort irréparable, les vendeurs polis de brûleurs à mazout avaient en catimini commencé leur travail de sape. »

72. **Le prix en question comprend toutes les taxes**. Le manuscrit original comprend cette curieuse déclaration à propos des taxes et des politiciens:

    « (Voici un fait que les politiciens ont passé sous silence alors qu'ils exhortaient leurs commettants à démettre leurs opposants de leur fonction parce que les gens étaient taxés jusqu'à l'os.) »
73. **Dont on jouit aux États-Unis**. Nous ignorons pourquoi Hill s'est senti obligé d'ajouter cette parenthèse (les italiques sont de lui):

    « (*Et ceci n'est pas de la propagande politique ni économique.*) »
74. **De plus, ils peuvent voyager**. À l'origine, Hill avait écrit: « En Allemagne, en Russie, en Italie ainsi que dans la plupart des pays européens et orientaux, les gens ne peuvent voyager en toute liberté et à si bon compte. » Ce qui n'est pas tout à fait le cas aujourd'hui.
75. **Pendant des décennies**. Andrew Carnegie a dit un jour: « Ce serait une grave erreur pour la communauté de tuer les millionnaires, car ils sont les abeilles qui font le meilleur miel et qui contribuent le plus à la ruche, même après s'être gorgées à fond. »
76. **S'empresse de leur accorder**. Hill avait au départ ajouté ce commentaire plein d'ironie: « Leurs conceptions de leurs droits et libertés ont été démontrées à New York, où une plainte a été déposée contre des postiers par un groupe de bénéficiaires de l'aide sociale parce que les premiers s'obstinaient à leur livrer leurs chèques gouvernementaux en les tirant de leur lit dès 7 h 30. Ils exigent que le courrier ne leur soit livré qu'à partir de 10 h. »
77. **Il y aura toujours**. Hill cite trois exemples: l'Allemagne et l'Italie, qui sont à l'époque dirigées par des dictateurs fascistes, puis la Russie qui était gouvernée par la « dictature du prolétariat ».
78. **Si votre objectif est de faire fortune**. Les chiffres cités au chapitre 6 sont des données datant de 2001, provenant du *Statistical Abstract of the United States*. Les commentaires originaux de Hill qui suivent sont cités à des fins de comparaison:

    « Si votre objectif est de faire fortune, ne négligez pas les possibilités qu'offre un pays dont les citoyens sont si riches que les femmes dépensent plus de 200 millions de dollars annuellement pour du rouge à lèvres, du fard et des cosmétiques. Pensez-y deux fois, si votre objectif est de faire fortune, avant de détruire le système capitaliste d'un pays dont les citoyens dépensent plus de 50 millions de dollars par année en cartes de souhaits, qui est une façon de montrer leur appréciation de leur liberté.

«Si votre objectif est de faire fortune, donnez toute votre considération à un pays qui dépense des centaines de millions de dollars annuellement en cigarettes pour se calmer les nerfs et se donner un look de nonchalance et dont les revenus seront partagés entre quatre grandes compagnies.

«Et surtout, soyez respectueux d'un pays dont les citoyens dépensent annuellement plus de 15 millions de dollars pour le privilège de voir des films, et ajoutez à cela quelques millions en alcool, drogues et autres boissons gazeuses.

«Ne vous montrez pas trop pressés de vous éloigner d'un pays dont les gens donnent volontairement des millions de dollars par année pour assister à des matchs de football, de baseball et à des combats de boxe.

«Et surtout, restez fidèles à un pays dont les habitants dépensent plus d'un million de dollars par année pour se procurer de la gomme à mâcher et un million supplémentaire pour se procurer des lames de rasoir.»

79. **Nous n'avons jamais**. Hill fait allusion à la suppression des libertés individuelles sous Hitler, Mussolini et Staline.
80. **Il n'y a aucun moyen**. Il serait fort intéressant d'entendre les commentaires de Napoleon Hill sur la dette nationale qui touche les États-Unis aujourd'hui.
81. **Mais il y a une limite à ne pas franchir**. Hill fait référence à la saisie hypothécaire, tant résidentielle que commerciale, découlant des procédures de faillite. La grande dépression a été dévastatrice pour les familles et les entreprises. Par exemple, de 1929 à 1932, le revenu moyen par personne (net) des fermes familiales aux États-Unis passe de 2 297 dollars à 74 dollars – une chute incroyable de presque 97 %.

Chapitre 7 La décision

82. **C'est important**. Napoleon Hill adore critiquer à l'occasion les escrocs et les politiciens malhonnêtes comme on peut le constater en lisant ce commentaire qu'il écrit dans la première version du livre: «Les escrocs et les politiciens malhonnêtes ont piétiné les idéaux pour lesquels des hommes comme Adams ont donné leur vie.»

Chapitre 8 La persévérance

83. **Le succès passe par la persévérance**. La conviction que le succès réside dans l'attitude se retrouve au cœur de toutes les pages écrites par Napoleon Hill au cours de sa longue carrière. Marilyn vos Savant, qui

possède l'un des quotients intellectuels les plus élevés au monde, est du même avis. Elle écrit dans sa célèbre chronique « Ask Marilyn » : « Alors que je demeure convaincue que la capacité intellectuelle normale dépasse grandement ce qui est requis pour accomplir à peu près toutes les tâches, j'ai la conviction que la plupart d'entre nous atteignons nos limites de motivation, de dur labeur et de persévérance bien avant d'avoir atteint les limites de notre intelligence. En d'autres mots, nos attitudes nous limitent davantage que nos aptitudes. »

84. **Comment conquérir Broadway**? Romancière, dramaturge et scénariste, Fannie Hurst (1889-1968) connaît le succès dès la vingtaine et écrit sur les femmes pour les femmes. Plusieurs de ses romans ont été adaptés au grand écran comme *Back Street* et *Imitation of Life*, ce dernier titre ayant fait l'objet de deux adaptations cinématographiques, en 1933 puis en 1959.
85. **Mlle Smith**. Kate Smith (1909-1986) était connue comme la « grande dame de la radio ». Elle anima le *Kate Smith Show* sur CBS Radio de 1931 à 1947, puis le *Kate Smith Hour* à la télévision de 1950 à 1954. Elle entreprend sa carrière en chantant dans des spectacles de vaudeville. À huit ans, elle chantait pour les soldats à Washington DC durant la Première Guerre mondiale. Elle avait deux chansons fétiches : *When the Moon Comes Over the Mountain*, qui était sa chanson thème, et *God Bless America*, le succès qu'Irving Berlin lui a écrit et qu'elle a enregistré la première fois en 1938. Bien qu'elle n'ait pas étudié le chant, sa voix pleine et robuste de soprano devint l'une des plus reconnues de l'industrie du spectacle. Elle a enregistré plus de 3000 chansons au cours de sa longue carrière.
86. **Durant la crise de 1929**. W. C. Fields (né Claude Dukenfield en 1880) s'enfuit de la maison paternelle à l'âge de 11 ans et devient en l'espace de trois ans un jongleur connu. Il sera jongleur comique aux Ziegfield Follies de 1915 à 1921. Il réussit à s'imposer dans le milieu du cinéma en 1923 dans le film *Poppy*. En 1931, il s'installe à Hollywood et écrit, dirige et joue dans ses propres films. W. C. Fields est l'un des plus grands comédiens américains, connu pour son sens de la répartie et de l'à-propos. On se souviendra de lui dans les films suivants : *The Bank Dick* (1940), *My Little Chickadee* (1940) et *Never Give a Sucker an Even Break* (1941). Il est décédé en 1946.
87. **Marie Dressler se retrouva**. Marie Dressler (1869-1934) était l'une des personnalités cinématographiques les plus en vue au début des années 1930. Elle personnalisait les femmes drôles et fortes. Elle fit ses débuts en 1914 dans le film de Mack Sennett, *Tillie's Punctured Romance*, dont Charlie Chaplin et Mabel Norman faisaient également partie de la distribution. Marie Dressler remporta l'Oscar de la meilleure actrice en 1931 pour son rôle dans le film *Min and Bill*, où elle partageait la vedette avec Wallace Beery.

88. **Eddie Cantor perdit tout**. Eddie Cantor, aux yeux grands comme des soucoupes, de son vrai nom Edward Israel Iskowitz, est né en 1892, dans le Lower East Side de New York. Orphelin à l'âge de deux ans, il est élevé par sa grand-mère. Il fera carrière dans le vaudeville, le burlesque, le théâtre puis la radio et la télévision. Jeune homme, il fait le clown, chante et danse dans les rues de New York en échange d'un peu de monnaie. Il se noircissait le visage pour jouer dans les vaudevilles, fit plusieurs tournées avec des compagnies théâtrales et il connaît instantanément le succès avec l'émission de radio *The Chase and Sanborn Hour* de 1931 à 1949. Il animera l'émission *The Eddie Cantor Variety Theater* à la télévision, distribuée sous licence en 1955. Il décède en 1964.
89. **On ne peut compter que sur la chance**. « Vous savez, plus je travaille et plus je deviens chanceux », ce mot d'esprit que l'on attribue au golfeur Arnold Palmer (et à beaucoup d'autres athlètes, selon les auteurs) résume bien ce que Napoleon Hill veut dire lorsqu'il parle des occasions qu'on provoque et qui sont les conséquences de la persévérance qui, en retour, découle d'un but net, clair et bien circonscrit.
90. **Je ne connais pas tous les dessous**. La relation entre la deux fois divorcée Wallis Simpson et Édouard, duc de Windsor, qui abdiqua pour l'épouser, demeure *la* grande histoire d'amour du XXe siècle. Édouard (1894-1972) portait le titre de prince de Galles en 1931 lorsqu'il rencontra pour la première fois Mme Simpson (1896-1986), née sujet britannique, mais devenue depuis citoyenne américaine. Avec le temps, il en tomba amoureux fou. Lorsqu'elle divorça de son deuxième mari – le riche armateur Ernest Simpson – au mois d'octobre 1936, Édouard était roi d'Angleterre depuis à peine neuf mois. Lorsqu'il annonce publiquement son intention de marier Wallis Simpson, il offense autant les royalistes que la hiérarchie religieuse d'Angleterre, et provoque une crise constitutionnelle. Le 10 décembre 1936, Édouard renonce au trône dans un discours à la nation radiodiffusé en disant, entre autres, ces mots : « Je suis incapable de m'acquitter de mes fonctions de roi sans l'aide et le soutien de la femme que j'aime. »

    Le nouveau roi, George VI, créa le titre de duc de Windsor pour son frère aîné et, le 3 juin 1937, Édouard et Wallis se marièrent en France. Édouard ne pardonna jamais au nouveau roi l'affront qu'il lui fit subir en refusant d'accorder à sa femme le titre de duchesse de Windsor. De 1937 à 1939 et après la fin de la Deuxième Guerre mondiale, en 1945, le duc et la « duchesse » résidèrent la plupart du temps en France, menant une existence mondaine, et devinrent au fil des ans le sujet d'une foule d'articles de revue et de livres. Les mémoires de Wallis Simpson, *Le cœur a ses raisons*, ont été publiés en 1959. Après la mort du duc en 1972, Wallis garda sur sa table de chevet un message encadré du duc qui se lisait comme suit :

« Mon amie, vivre avec toi valait mieux que de posséder une couronne, un sceptre et un trône. »

91. **Que dire du roi Édouard**? La relation entre le duc de Windsor et Wallis Simpson fut l'un des plus grands scandales de l'époque. Aujourd'hui, toute cette histoire nous semble presque innocente en comparaison des frasques des jeunes membres de la famille royale au début des années 1990.

92. **Qui n'aspire qu'à s'exprimer**. Le manuscrit original comprenait cette envolée :

« Et lorsqu'il rencontre son âme sœur, animée du même désir de s'exprimer, il la reconnaît et lui ouvre son cœur. Toutes les mauvaises langues du monde ne peuvent détruire la beauté de ce drame international, où deux personnes ont trouvé l'amour et le courage de faire face à la critique et de renoncer à tout le reste pour sanctifier cette relation. »

93. **Ce prix était trop élevé**. Hill avait écrit ceci dans la marge : « Sûrement pas Celui qui a dit : "Que celui d'entre vous qui est sans péché lui lance la première pierre." »

94. **Et d'en payer le prix**. Dans ce passage, Hill devient carrément lyrique :

« Si l'Europe du siècle passé avait compté en son sein davantage de dirigeants de la trempe de l'ex-roi Édouard, avec ses qualités de cœur, le monde, aujourd'hui envahi par la cupidité, la haine, la luxure, la corruption politique et les menaces de guerre, aurait certainement connu un autre destin.

« Un monde où l'amour et non la haine aurait régné.

Nous levons notre verre et buvons à la santé de l'ex-roi Édouard et de Wallis Simpson : "Heureux celui dont les pensées les plus secrètes sont les pensées les plus douces. Heureux celui qui des abîmes les plus profonds voit émerger le visage lumineux de l'amour."

« Avec ces mots, nous voulons rendre hommage à ces deux personnes qui ont été vilipendées pour la simple raison qu'elles avaient trouvé le trésor le plus grand de la vie et qu'elles s'en sont saisies. »

95. **Ce que nous voulons de la vie**. La version originale de *Réfléchissez et devenez riche !* comporte cette curieuse note en bas de page à propos du duc de Windsor et de son épouse : « Mme Simpson a lu et approuvé cette analyse. » Il semble que Hill lui ait soumis cette partie de son manuscrit pour avoir ses commentaires et suggestions.

Chapitre 9 Le pouvoir du « cerveau collectif »

96. **Le « cerveau collectif » découle**. W. Clement Stone, qui a travaillé étroitement avec Napoleon Hill pendant une décennie, aura le commentaire suivant à ce sujet : « Pendant notre association d'une dizaine d'années, j'ai trouvé ce qui me manquait pour réussir dans la vie – le principe du cerveau collectif qui résulte des efforts conjugués de

deux ou plusieurs individus œuvrant dans un esprit d'harmonie, en vue d'atteindre un but précis... La philosophie de Napoleon Hill nous enseigne ce que nous n'avons jamais appris, c'est-à-dire à reconnaître, à assimiler et à appliquer des principes qui font que l'on peut accomplir tous les buts que l'on veut dù moment qu'ils ne violent pas la loi universelle – la loi de Dieu et les droits de vos semblables» (sous la rubrique «Editorial Reviews» sur le site Amazon.com, le 12 novembre 2003). Stone qui est mort en 2002, à l'âge de 100 ans, a fondé une entreprise d'assurances, la Combined Insurance Co., qui a fusionné en 1982 avec l'entreprise Ryan Insurance, rebaptisée Aon Corp. en 1987. Stone, l'une des personnes les plus riches des États-Unis, a longtemps été président de la Fondation Napoleon-Hill.

97. **Il absorbe l'énergie**. Dans la version originale du livre, Hill utilise le terme et le concept dépassé d'«éther» plutôt que celui de «force unificatrice». Presque un siècle après la mort d'Einstein, les physiciens et les mathématiciens tentent toujours d'élaborer cette «théorie unificatrice» qu'Einstein cherchait pour expliquer ce qui relie toutes les choses de l'univers – de la gravitation qui structure les galaxies et l'espace lui-même jusqu'aux forces les plus infimes qui peuplent le monde atomique. Hill, bien sûr, n'avait qu'une vague idée de ces phénomènes, mais il avait la conviction que quelque chose, une force mystérieuse, était à l'œuvre dans l'univers. Comme il maniait des concepts qui demeurent difficiles à saisir, il recourra donc à des analogies comme celle qu'il utilise dans le passage qui nous occupe.
98. **Ford réalisa ses plus grandes**. Harvey S. Firestone (1868-1938) fonde la Firestone Tire and Rubber Company en 1900 avec un investissement de 10 000 dollars, ce qui en fait le propriétaire à 50 % de l'entreprise. Cette dernière vend à l'origine des pneus de caoutchouc pour les voitures. En 1904, ils commencent à fabriquer des pneus pour une nouvelle forme de transport, l'automobile. Firestone développe diverses techniques pour fabriquer les pneus gonflables qui seront utilisés sur le modèle T de Ford. John Burroughs (1837-1921) est un naturaliste de renom. Après une brève carrière comme commis à la trésorerie et inspecteur de banque, il consacrera le reste de ses jours à écrire et à cultiver des fruits. L'auteur de *Signs and Seasons*, *Camping and Tramping with Roosevelt* et *The Breath of Life* était un émule de Thoreau qui fit des voyages de camping avec Théodore Roosevelt et son collègue naturaliste John Muir. Quant à Luther Burbank, il est le père de l'hybridation scientifique des plantes.
99. **Si vous vous trouvez du côté**. Des études ont montré que le maintien d'une attitude positive – à votre égard et à celui de la vie – a une incidence non seulement sur vos finances, mais aussi sur votre longévité. Dans une étude menée auprès de 1500 garçons commencée en 1921 en Californie, les chercheurs ont découvert que les «pessimistes» du groupe avaient

25 % plus de risque de mourir avant l'âge de 65 ans que les « optimistes ». Les chercheurs de l'Université du Wisconsin (Brain Imaging and Behavior Laboratory) ont démontré que les sujets optimistes ont des taux plus élevés de cellules K ainsi qu'un meilleur système immunitaire.

« L'estime de soi a beaucoup à voir avec l'appréciation, le respect de soi et une certaine confiance et volonté d'exprimer sa propre vérité », écrit Emmett E. Miller, auteur de *Deep Healing: The Essence of Mind/ Body Medicine*, dans un article du *USA Weekend*. « C'est un tonique pour le système immunitaire et tous les organes. »

Chapitre 10 Le mystère de la transmutation sexuelle

100. **Domptée**. L'analyse de Hill est presque métaphysique tout en étant éminemment pragmatique. Le fait d'être « domptées et redirigées » s'applique non seulement aux forces subliminales du subconscient, mais aussi à la sexualité : « Donnez à votre sexualité la place qui lui revient dans votre vie, exercez-la avec plaisir, mais avec bonne mesure. Vous devez la contrôler et non être contrôlé par elle. »
101. **Si l'on détruit les glandes sexuelles**. Quiconque a déjà fait castrer un animal de compagnie comprend les effets décrits. Alors que Hill généralise ces effets pour y inclure l'être humain qui aurait subi une intervention chirurgicale similaire, il va sans dire qu'il écrivait ce passage longtemps avant l'avènement de l'hormonothérapie substitutive.
102. **On lui en demanda la raison**. Ces moments de méditation qui font appel à l'imagination créative pour communiquer avec la source de l'intelligence supérieure (Intelligence infinie) sont expliqués de façon exhaustive dans un article paru le 5 août 1994 dans le *Christian Science Monitor* (page 17), dans un style qui n'est pas sans rappeler celui de Napoleon Hill:

    « Que vous soyez solitaire ou simplement absorbé dans vos pensées, vous effectuez le gros de votre réflexion lorsque vous vous laissez guider par Dieu. Vous pouvez vous tourner vers Dieu pour recevoir conseils, inspiration et idées. Parce qu'Il est l'Esprit saint et que notre intelligence est à son image. Nous pouvons "entendre" les idées de l'Esprit saint, ressentir sa présence et être guidés par Lui.

    « La méditation est non seulement un excellent moyen de résoudre des problèmes et de devenir plus serein, mais elle est également essentielle au travail de création. L'inspiration vient avec une précision prodigieuse lorsque l'on sait qu'elle provient de l'Esprit saint, de Dieu et qu'on se laisse guider par Lui.

    « Les idées, qu'elles nous viennent au compte-gouttes ou de façon torrentielle, doivent être considérées avec sagesse. Elles doivent être nourries par un sentiment d'intimité avec Dieu. Ce n'est qu'alors que nous percevons celles qui sont bonnes pour nous.

    « Le temps que l'on passe à réfléchir est précieux, surtout lorsque nous écoutons ce que Dieu a à nous dire. »

103. **Le docteur Gates gagnait sa vie**. Un processus similaire est décrit par le journaliste de la télévision David Brinkley dans son livre *Washington Goes to War* (Alfred A. Knopf, 1988). Il raconte comment Beardsley Ruml, trésorier travaillant chez R. H. Macy & Company, a eu l'idée de l'impôt retenu à la source, un concept révolutionnaire pour l'époque (1940). Lorsqu'il voulait trouver la solution à un problème, Beardsley Ruml avait l'habitude de s'enfermer dans une pièce vide – sans journaux, magazines, radio, etc. – et de s'installer dans un fauteuil inclinable pendant quelques heures pour laisser son esprit vagabonder dans un « état d'attention dispersé ». C'est au cours de l'une de ces séances que lui vint l'idée de l'impôt retenu à la source. Nous ne savons pas si Ruml avait lu le livre de Hill décrivant la méthode utilisée par le docteur Elmer Gates, mais une chose est sûre, il se servait bel et bien de la même méthode.
104. **Elbert Hubbard**. Napoleon Hill connaissait le travail d'Elbert Green Hubbard (1856-1915), l'éditeur de la série *Little Journey*, des recueils de biographies de personnes célèbres ayant réussi dans la vie – ce qui ressemblait un peu au travail qu'avait entrepris Hill sans toutefois être aussi exhaustif. En 1899, Hubbard publie l'essai intitulé « A message to Garcia » dans sa revue d'avant-garde *The Philistine*. Cet essai, qui raconte un incident de la guerre hispano-américaine et qui insiste sur l'importance de la persévérance, connaîtra un immense succès. Il se peut que Hill ait été influencé par ce dernier. Elbert Hubbard meurt en 1915 lorsque le paquebot (le *Lusitania*) sur lequel il voyage est coulé par un sous-marin allemand au large des côtes irlandaises.
105. **Elbert H. Gary**. Avocat et premier maire de la ville de Wheaton, dans l'Illinois, Elbert H. Gary (1846-1927) est connu pour la contribution qu'il a apportée à l'organisation de la U.S. Steel Corp., dont il devint le premier président-directeur général.
106. **John H. Patterson**. John H. Patterson (1844-1922) est un entrepreneur audacieux qui a popularisé la caisse enregistreuse moderne, qui émet un bruit de sonnerie et dont le tiroir-caisse s'ouvre lorsqu'on effectue une transaction.

    Il accédera au domaine des caisses enregistreuses par la bande. Convaincu que ses employés se servent dans le tiroir-caisse de son magasin de détail, il achète quelques-unes de ces caisses enregistreuses avant-gardistes. Il en est tellement satisfait qu'il se porte acquéreur de l'entreprise qui les fabrique et lui donne le nom de National Cash Register Company (NCR). On lui doit le concept des territoires exclusifs, la vente à commissions pour ses vendeurs, l'utilisation du publipostage direct ainsi que la première école où l'on enseigne les principes de la vente. Il met sur pied divers programmes d'avantages pour ses employés et travaille à améliorer les conditions de travail à une époque où ce genre d'initiatives étaient mal vues par le milieu des affaires.

107. **Enrico Caruso**. Enrico Caruso (1873-1921) est le ténor le plus célèbre du monde au début des années 1900. Né à Naples en Italie, le dix-huitième d'une famille de 20 enfants, Caruso n'a pas suivi de formation en chant avant l'âge de 18 ans. Il fait ses débuts aux États-Unis le 23 novembre 1903 dans *Rigoletto*, sur la scène du Metropolitan Opera de New York. Pendant les 17 prochaines années, il fera partie de l'inauguration des nouvelles saisons du Met. Caruso a été le premier chanteur connu à enregistrer son travail sur disque.

108. **Qui s'apparente au génie**. Le manuscrit original de Hill contient ce passage intrigant :

«Un des hommes d'affaires les plus accomplis des États-Unis m'a confié un jour que sa jolie secrétaire était responsable de la plupart de ses œuvres. Il m'a avoué que sa présence stimulait son imagination créatrice plus que tout au monde.

«Un des hommes les plus brillants doit la plupart de ses succès à l'influence d'une charmante jeune femme qui lui sert de muse depuis 12 ans déjà. Tout le monde sait à qui je fais allusion, mais la plupart des gens ne connaissent pas la vraie source de son succès.»

Nous ne savons pas à qui Hill fait allusion dans ce dernier paragraphe. Le lecteur d'aujourd'hui pourrait trouver les sentiments exprimés plutôt simplistes, mais ils illustrent bien la conviction de Hill que la libido a une influence déterminante sur le comportement humain et la motivation dans le monde des affaires, une hypothèse qui a été depuis confirmée par des études plus objectives.

109. **James Whitcomb Riley**. Surnommé le «poète Hoosier» (terme utilisé pour décrire le dialecte et les habitants de l'État de l'Indiana), Riley (1849-1916) est célèbre pour ses poèmes et les anecdotes qu'il raconte dans ses conférences à propos de la vie dans une petite ville rurale de l'Indiana. Conteur-né, il régale son auditoire d'histoires champêtres, rehaussant le tout d'imitations de l'accent Hoosier. Malgré l'immense trac dont il souffre et dont il ne se guérira jamais entièrement, il devient l'un des conteurs les plus populaires au pays. Il est le créateur du personnage de la petite orpheline Annie que l'on retrouve en 1908 dans *The Orphant Annie Book* (*sic*), il publie des recueils de poèmes comme *The Old Swimmin' Hole* et *'Leven More Poems*, ce dernier se vendant à 500 000 exemplaires. Avant de devenir auteur, il exerce différents métiers : peintre itinérant, acteur, vendeur de bibles, musicien et journaliste. Qu'il écrive sous influence de certaines substances, Riley l'avoue sans ambages : «Mon travail s'est fait tout seul. Je ne suis que le roseau duquel naquit le sifflet.»

110. **Mais il ne faut pas oublier**. L'alcool et les drogues semblent jouer un rôle de catalyseur dans la vie de beaucoup de gens créatifs et les ont même souvent conduits à leur perte. Que l'on pense à Judy Garland, la légende du rock Jim Morrison des Doors, le poète Dylan Thomas, le romancier Ernest Hemingway, le dramaturge Tennessee Williams, le

guitariste Jimi Hendrix, l'écrivain Truman Capote, le chroniqueur de la « Beat Generation », Jack Kerouac, le comédien John Belushi, l'acteur River Phoenix – voilà une liste partielle des gens de talent qui ont payé de leur vie leur dépendance aux drogues ou à l'alcool.

111. **James J. Hill**. James J. Hill (1838-1916) est un financier et un magnat des chemins de fer. Il a été président puis PDG de la compagnie Great Northern Railway. Il prendra le contrôle de la First and Second National Banks of St. Paul, au Minnesota. Il écrira un livre à succès, *Highways of Progress*, publié en 1910.
112. **Il est bien connu**. Le sel en est l'exemple le plus connu. Le sodium et le chlore sont des substances hautement toxiques, bien qu'on saupoudre nos plats de chlorure de sodium tous les jours.
113. **Lorsqu'une émotion négative quelconque**. Cette assertion constitue la genèse de la philosophie de l'attitude mentale positive – AMP – que Napoleon Hill et son patron W. Clement Stone consacreront leur vie à professer.
114. **L'amour est, sans aucun doute**. Le pouvoir de l'amour ne se résume pas qu'à un cliché romantique selon Emmett E. Miller, auteur de *Deep Healing: The Essence of Mind/Body Medicine*. « Les preuves de la véracité de cette assertion ne cessent de s'accumuler: être en relation protège de la maladie. Lorsque vous êtes heureux et joyeux et que vous ressentez de l'amour et de la joie de vivre, votre vie devient précieuse et ce message se transmet à chacune de vos cellules immunitaires. » (« How we feel changes how we... feel », Patty Rhule, *USA Weekend*, 24-26 septembre 1999.)

Chapitre 11 Le subconscient

115. **Nous constatons qu'Ella Wheeler Wilcox**. Ella Wheeler Wilcox est née en 1850 dans une famille de fermiers pauvres du Wisconsin. Ayant rédigé sa première nouvelle dès l'âge de 10 ans, elle semble se destiner à une carrière littéraire depuis sa tendre enfance. Après ses études secondaires, elle étudie à l'Université du Wisconsin, mais elle renonce à ses études pour revenir chez elle, la source de son inspiration littéraire. Dès l'âge de 18 ans, ses écrits lui rapportent suffisamment d'argent pour doubler les revenus familiaux. En 1883, son recueil *Poems of Passion* est rejeté par les maisons d'édition sous prétexte d'immoralité, mais une petite maison d'édition de Chicago le publie et il connaît un immense succès en librairie. Ses ouvrages sont remplis d'images de passion sexuelle, souvent symbolisée par un tigre. Elle est passée maître dans ce qui est convenu d'appeler « l'école érotique ». Selon elle, la bonne poésie vient du cœur. En plus d'être poète, elle est essayiste et éditorialiste. Ses articles paraissent dans le *New York Journal* et la revue *Cosmopolitan*. Il ne fait pas de doute que Napoleon Hill devait être attiré par les œuvres d'Ella Wheeler Wilcox, connaissant sa conviction

profonde dans le pouvoir de l'amour et le rôle important que joue la libido dans l'accomplissement humain. Elle meurt en 1919.

116. **Ce n'est qu'en suivant**. Herbert Benson du Mind/Body Medical Institute de l'Université Harvard suggère la technique qui suit pour surmonter les effets *physiques* des émotions négatives («How we feel changes how we... feel», Patty Rhule, *USA Weekend*, 24-26 septembre 1999):

« 1. Choisir un mot, un son, une prière ou une phrase qui cadre avec nos convictions, par exemple, "paix" ou "Dieu est mon berger".
2. Assis confortablement, se fermer les yeux et relaxer ses muscles.
3. Inspirer lentement. Expirer en se concentrant sur le mot qu'on a choisi. À faire de 10 à 20 minutes, une à deux fois par jour, de préférence avant le petit déjeuner ou le dîner.
4. Une fois qu'on a terminé, rester assis et penser à des choses agréables. »

117. **De plus, on a démontré**. Ce genre de pensées, qui revient à quelques occasions dans l'ouvrage de Hill, s'appuie sur le concept scientifique dépassé (et abandonné depuis) de «l'éther», par lequel l'énergie électromagnétique serait transmise dans l'univers. Toutefois, il est intéressant de noter que les caractéristiques de «l'espace» et de «l'énergie» telles que décrites par Hill se rapprochent de la théorie scientifique la plus récente – la théorie des cordes – qui veut que l'espace, l'énergie et la matière soient des manifestations d'incroyablement petites «cordes», unidimensionnelles et vibrantes, dont la dimension est d'un millionième d'un milliardième d'un milliardième d'un milliardième d'un centimètre (10^{-33} centimètre). Lorsque Hill parle de «cette énergie vibratoire et pulsante qui imprègne chaque atome de matière et l'espace interplanétaire», il pourrait aussi bien être en train de décrire la sorte de réalité que la théorie des cordes nous fait entrevoir. Au lieu d'être complètement vide, cette toute petite portion de l'espace, qui n'est visible qu'au plan ultramicroscopique, est un «endroit» bouillonnant, tumultueux et instable dont l'environnement est si déchaîné qu'on le décrit comme une «mousse quantique», et ce, toujours selon la théorie des cordes. L'excellent livre du physicien et mathématicien Brian Greene, *The Elegant Universe* (1999), explique très bien cette théorie des cordes et c'est sans aucun doute un ouvrage que Napoleon Hill aurait lu avec plaisir, eut-il été disponible à son époque.

Chapitre 12 Le cerveau humain

118. **L'imagination créative**. On peut voir ce phénomène à l'œuvre lors d'une partie de basket-ball professionnel, lorsque les membres de l'équipe semblent pouvoir anticiper le geste, la réponse et l'intention de chacun d'eux en toutes circonstances.

La même chose s'applique dans le cas d'un ensemble de jazz qui improvise et dans le cas d'une équipe scientifique lors des moments «eurêka» de découvertes et d'intuitions simultanées.

119. **Vous reconnaîtrez**. Cette technique serait décrite aujourd'hui comme celle du « remue-méninges », bien que la conception qu'en avait Hill – au sein du groupe du « cerveau collectif » – suppose un niveau d'organisation mentale et de résolution des problèmes plus élevé qu'un simple « brassage d'idées ».

Chapitre 13 Le sixième sens

120. **Le principe qui s'en dégage**. Outre ces *13 étapes vers la richesse*, Hill élaborera en compagnie de E. Clement Stone les *17 principes du succès*, qui étaient enseignés en classe et faisaient l'objet d'un cours par correspondance appelé *AMP, la science du succès*. Voici ces 17 principes (dont la formulation et l'ordre diffèrent selon les ouvrages) :
    1. Développer une attitude mentale positive
    2. Acquérir la fermeté du propos
    3. Consentir à l'effort supplémentaire
    4. Penser avec précision
    5. Se donner une discipline personnelle
    6. Créer un cerveau collectif
    7. Savoir appliquer sa foi
    8. Développer une personnalité attirante
    9. Faire preuve d'initiative personnelle
    10. Faire preuve d'enthousiasme
    11. Apprendre à se concentrer
    12. Apprendre à travailler en équipe
    13. Tirer parti des épreuves et de la défaite
    14. Faire preuve de vision créatrice (imagination)
    15. Gérer son temps et son argent
    16. Maintenir une bonne santé physique et mentale
    17. Se servir de la force cosmique (la loi universelle).

    Le livre écrit par Hill et Stone en 1960 et révisé en 1977, *Success through a Positive Mental Attitude*, donne une bonne vision d'ensemble de ces 17 principes de succès ainsi que le livre *Your Right to Be Rich*, un guide interactif publié pour la première fois en 1961.
121. **Me rendant très vite compte**. Napoleon Hill est né le 26 octobre 1883 dans une bicoque nichée dans les montagnes de Wise County, en Virginie, une région où l'analphabétisme, la misère noire et la superstition règnent en maître. Ses habitants mènent une existence misérable, s'efforçant d'arracher à la terre de quoi survivre. La plupart de ceux qui y sont nés y demeurent toute leur vie sans jamais quitter ces montagnes. Hill est l'un des rares à l'avoir fait.
122. **Il me fit un grand sourire**. Comme d'habitude lorsqu'il touche aux questions métaphysiques, Hill utilise des mots appropriés pour décrire ce qui est en fin de compte indescriptible. Il est intéressant de noter que Thomas Edison a déjà répondu à une question concernant ses convictions

religieuses pendant une entrevue en faisant référence aux «forces vitales», des termes remarquablement similaires à ceux que Hill utilise dans ce passage. L'entrevue en question a soulevé la controverse et on ignore jusqu'à quel point Edison voulait que l'on prenne ses remarques au pied de la lettre. Hill avait peut-être lu cette entrevue ou il avait déjà entendu Edison s'exprimer à ce propos lors de ses propres entrevues avec l'inventeur. (Pour en savoir plus sur cet incident, consulter le livre *A Streak of Luck*, de Robert Conot, Seaviews Books, New York, 1979, à la page 427 ou celui de Wyn Wachhorst, *Thomas Alva Edison: An American Myth*, MIT Press, Cambridge, Mass., 1981, aux pages 137-138.)

123. **En possession d'un corps physique**. Dans la première version du livre, ce chapitre se termine sur le paragraphe suivant:

«Le fantôme de la peur de la pauvreté, qui s'est emparé de l'esprit de millions de gens en 1929, était si réel qu'il a provoqué la pire dépression économique que ce pays a jamais connue. Sans compter que ce fantôme continue de faire des ravages chez certains d'entre nous.»

Épilogue

124. **Ce chapitre éclaire**. Napoleon Hill a consacré sa vie à faire connaître la philosophie de *Réfléchissez et devenez riche!* et à enseigner aux gens la façon de l'appliquer. W. Clement Stone, collaborateur et patron de Hill, a joué un rôle clé à cet égard.

«Napoleon Hill a été à mon service en tant que directeur général de 1952 à 1962, dira Stone. Nous avions comme objectif de diffuser la philosophie de Hill. Il était l'auteur d'ouvrages comme *Law of Success, Think and Grow Rich*, entre autres. L'une des nombreuses réalisations de notre cerveau collectif a été de fonder le magazine *Success Unlimited*. Nous avons écrit en collaboration le livre *Success through a Positive Mental Attitude*, nous avons également développé le programme d'enseignement du «PMA Science of Achievement Course» et, surtout, nous avons jeté les bases garantissant la réalisation du but que Hill a poursuivi toute sa vie, celui de faire connaître au monde entier ainsi qu'aux générations à venir sa philosophie de l'accomplissement. À nous deux, nous avons influencé des millions de personnes partout dans le monde.» (Source: le site Internet du Motivational Speakers Hall of Fame, joshhinds.com/motspeakers.htm)

125. **Juste après la Première Guerre mondiale**. La pandémie à laquelle il fait référence est la grippe espagnole qui frappe à l'automne 1918 et qui perdure jusqu'au mois de juillet 1919, infectant dans l'intervalle plus de 20 millions de personnes et faisant plus de 500 000 morts. La grippe, qui s'accompagne de pneumonie, tuera aux États-Unis l'équivalent de la moitié des troupes de l'armée américaine mortes pendant la Première Guerre mondiale. Au plus fort de l'épidémie, les écoles et les églises étaient fermées et les gens ne s'aventuraient jamais à l'extérieur sans porter un

masque de coton. Un homme âgé se souvient qu'on avait réquisitionné le Campus Trustee House à l'Université Clemson, en Caroline du Sud, et qu'on l'avait transformé en infirmerie temporaire. « Ils apportaient les corps qu'ils cordaient comme du bois de chauffage », dira-t-il.

126. **La peur n'est rien d'autre**. À ce point-ci de son récit, Hill rapporte cette anecdote dans son manuscrit original :

« Les médecins, comme tout le monde le sait, sont moins susceptibles d'attraper une maladie que les gens ordinaires, pour la simple raison qu'ils ne craignent pas la maladie. Les médecins, sans hésiter le moins du monde, sont en contact quotidiennement avec des centaines de personnes qui souffrent de maladies contagieuses comme la variole sans en être touchés. Leur immunité tient en partie, sinon entièrement, à leur absence absolue de peur. »

Bien que la recherche médicale traditionnelle avance d'autres explications, il est remarquable que les chercheurs et les médecins en viennent de plus en plus à mettre l'accent sur les attitudes positives en matière de santé, de guérison et de bien-être en général.

L'exemple que donne Hill n'est peut-être pas concluant, mais le principe général sur lequel il se base l'est.

127. **Décrit bien les effets de cette peur**. Westbrook Pegler était un journaliste chroniqueur passablement caustique dont les invectives et les tirades contre les programmes publics paraissaient dans plus de 170 journaux. Il a remporté le prix Pulitzer en 1941 pour ses billets dénonçant la corruption dans le monde syndical, mais ses derniers écrits portaient de moins en moins sur la dénonciation de malversations et de plus en plus sur l'expression de son mépris envers les administrateurs du New Deal, les chefs syndicaux et la famille Roosevelt, tout particulièrement. Charles Fisher écrira ceci à propos de Pegler : « Après avoir lu les journaux au lit, il prend son petit déjeuner et se réfugie dans son bureau où l'on peut entendre de gros mots, le son du papier que l'on arrache de la machine à écrire et que l'on déchire en petits morceaux, et sentir l'odeur des cigarettes qu'il a l'habitude de fumer à la chaîne. Il passe environ 6 heures par jour à écrire un article et met parfois 45 minutes à trouver le mot juste. » (Charles Fisher, *The Columnists*, Soskin Publishers, Howell, 1944.) Pegler meurt le 24 juin 1969, à l'âge de 74 ans.

128. **Pour retrouver sa dignité**. À cette étape-ci de son récit, Hill avait écrit les remarques suivantes sur l'indignation qu'il ressentait à voir la façon dont certains employeurs se comportaient envers les victimes de la dépression :

« Certains employeurs exploitent de façon honteuse les gens qui sont dans la rue. Les agences de placement inscrivent sur de petites cartes de couleur des offres de salaire de misère – 2 dollars par semaine, 15 dollars par semaine. Un emploi rémunéré à 18 dollars par semaine est un boulot en or et quiconque offre un travail payé 25 dollars par semaine ne l'affiche pas sur les petites cartes colorées des agences. J'ai découpé une petite annonce dans un journal qui demandait un employé, avec une belle écriture, pour répondre au téléphone et prendre note des commandes dans un restaurant. Il devait travailler de 11 h à 14 h pour huit dollars par mois – pas par semaine, mais par mois ! Dans cette annonce, on voulait savoir quelle religion était pratiquée par le chômeur intéressé par l'emploi. Pouvez-vous imaginer l'effronterie de cet employeur qui, en plus de demander une belle main d'écriture, a l'insolence de vouloir connaître la religion de son futur employé, et tout ça pour un salaire de 11 cents l'heure ? C'est ainsi que l'on traite les gens qui ont tout perdu. »

129. **La peur de la critique**. Hill commente ainsi ce passage dans son manuscrit original :

« Les hommes chauves, par exemple, ne sont chauves pour aucune autre raison que leur peur d'être critiqués. Les hommes perdent leurs cheveux à cause des chapeaux dont la bande d'ajustement est trop serrée, ce qui empêche la circulation sanguine d'irriguer le bulbe des cheveux. Plusieurs hommes portent un chapeau, non pas parce qu'ils le souhaitent, mais parce que tous les hommes en portent. L'individu se conforme à cette mode jusqu'à ce qu'il soit victime de critiques. Les femmes perdent rarement leurs cheveux parce qu'elles portent des chapeaux qui ne leur serrent pas la tête et lorsqu'elles en portent, c'est toujours pour être à la dernière mode.

« Nous devons en déduire que les femmes ne craignent pas la critique. Si jamais une femme se servait de cet argument pour se déclarer supérieure à l'homme, demandez-lui de défiler dans la rue en arborant un chapeau datant de 1890 ! »

Hill n'était pas infaillible, mais, à sa décharge, il faut dire que les médecins de son époque ignoraient tout du lien entre les gènes et la calvitie masculine.

130. **Tablant sur une faiblesse**. Le magazine *Collier's* (qui a cessé d'être publié en 1957) a connu une longue carrière et fut à une certaine époque le plus important magazine d'intérêt général du pays. La revue a été fondée au mois d'avril 1888 par Peter Fenelon Collier sous le nom de *Once a Week* et accompagnait le bimensuel *Collier's Library* qui publiait de courtes nouvelles et des histoires populaires au « prix imbattable » de 7 cents pour 16 pages de texte. La première édition comprenait des récits d'Ella Wheeler Wilcox, de James Whitcomb Riley et de H. Rider Haggard, l'auteur de *King Solomon's Mines*, entre autres. Winston Churchill, Agatha Christie, Pearl Buck et Neville Shute sont quelques-uns des nombreux auteurs qui ont collaboré à la revue au fil des ans. Celle-ci, une fois devenue hebdomadaire, partit en croisade contre les médicaments brevetés nuisibles à la santé – en particulier contre le remède « liquozone » qui, selon la publicité, guérissait tout, du cancer

aux pellicules – et cette campagne favorisa l'adoption de la U. S. Food and Drug Act. Victime d'une mauvaise gestion, le magazine sera vendu en 1957 à la Cowles Publishing Company qui s'empressera de l'enterrer et d'aiguiller ses abonnés vers le magazine *Look*.

131. **Cette forme d'imposture**. Hill croyait fermement que l'esprit domine la matière dans le domaine de la santé et la recherche médicale a depuis montré que l'état d'esprit influence l'état de santé. Toutefois, il n'est pas établi hors de tout doute qu'il ajoutait foi à l'anecdote suivante, qui faisait partie de la version originale, et qu'il ne s'en servait pas tout simplement pour prouver ce qu'il avançait:

    «Durant l'épidémie de grippe espagnole qui survint pendant la Grande Guerre, le maire de New York prit des mesures draconiennes pour pallier le tort immense que les gens s'infligeaient avec leur peur de la maladie. Il convoqua la presse et leur dit: "Messieurs, je vous demande de cesser de publier de gros titres qui ravivent la peur de la maladie chez vos lecteurs. Si vous refusez de collaborer avec moi, la situation sera bientôt hors de contrôle." Les journaux cessèrent de publier des nouvelles alarmantes à propos de l'épidémie et un mois plus tard, elle s'était résorbée.»

132. **On consulta un psychothérapeute**. Hill se sert du terme «spécialiste en thérapies suggestives».
133. **À toutes sortes de maux**. Les recherches sur le système immunitaire effectuées depuis démontrent les effets négatifs du stress sur le système immunitaire de l'organisme.
134. **À la peur du vieil âge**. Le concept d'asile des pauvres (*poorhouse*) est inconnu des jeunes générations du pays. Avant l'avènement des programmes sociaux aux États-Unis, les citoyens qui n'avaient pas d'argent se retrouvaient souvent en fin de vie dans les asiles de pauvres où ils travaillaient en échange du gîte et du couvert. Si l'on excepte les prisonniers dans les prisons et les fous dans les asiles d'aliénés, les gens qui vivaient dans les asiles de pauvres étaient considérés comme les plus miséreux des miséreux de la société américaine.
135. **J'ai interviewé**. Hill a été journaliste pendant de nombreuses années. C'est à ce titre qu'il interviewa Andrew Carnegie qui l'incita à écrire le livre *Réfléchissez et devenez riche!*.
136. **Cette dernière passe**. Hill croyait fermement à la perception extrasensorielle: «La télépathie mentale est une réalité. Les pensées passent d'un esprit à l'autre, de façon volontaire, que ce fait soit reconnu ou non par la personne qui transmet la pensée et celle qui la capte.»
137. **Évitez-vous**. L'auto-intoxication est le terme populaire à l'époque de Hill pour décrire «l'empoisonnement» par des substances toxiques qui se forment au sein de l'organisme, durant la digestion par exemple. Un apport adéquat en eau et en fibres, ainsi que des lavements du côlon feront office de «lavement interne».

138. **Il savait que son esprit**. Hill peaufinera plus tard cette notion qui s'exprimera dans ce qui est peut-être sa déclaration la plus célèbre – la pierre angulaire de la philosophie de cet ouvrage : « Tout ce que l'esprit peut concevoir et croire, il peut l'obtenir. » (Et sa version antérieure : « Tout ce que l'esprit de l'homme peut concevoir et croire, il peut l'obtenir. » Mais l'expression la plus ancienne de cette notion est peut-être celle qui se trouve à la troisième phrase du chapitre 5 : « On dit volontiers que l'homme peut créer tout ce que son imagination lui suggère. ») Dans le livre qu'il écrit avec W. Clement Stone, *Success through a Positive Mental Attitude*, ils ajoutent : « Il peut l'obtenir avec une attitude mentale positive. » Dans beaucoup d'autres livres qu'ils écriront ensemble, ils ajouteront aussi la phrase qui suit : « [...] pourvu que cela ne viole pas les lois divines et les droits des autres. » Quelle qu'en soit la variante, la formule concevoir/croire/obtenir est devenue l'une des affirmations les plus connues et les plus employées dans le monde de la motivation. On la retrouve même dans la musique populaire. La chanson de R. Kelly *I Believe I Can Fly* à la fin des années 1990 regorge d'aphorismes empruntés à Napoleon Hill :

> « Si je peux le voir, alors je peux le faire, et si j'y crois,
> Il n'y a qu'un pas...
> Je crois que je peux voler. »

139. **Riche comme Crésus**. Crésus, qui est mort en 546 av. J.-C., était le dernier roi de la Lydie, célèbre pour sa fortune colossale. Il conquit les Grecs de l'Ionie, mais fut vaincu par les Perses. Hérodote a écrit un récit où il met en scène Crésus et le législateur de grand renom Solon. Ce dernier soutient que le bonheur constitue la grande fortune de la vie et non l'accumulation des richesses.

Table des matières

Suivez-nous sur le Web

Consultez nos sites Internet et inscrivez-vous à l'infolettre pour rester informé en tout temps de nos publications et de nos concours en ligne. Et croisez aussi vos auteurs préférés et notre équipe sur nos blogues!

EDITIONS-HOMME.COM
EDITIONS-JOUR.COM
EDITIONS-PETITHOMME.COM
EDITIONS-LAGRIFFE.COM

RECYCLÉ
Papier fait à partir de matériaux recyclés
FSC® C103567

Imprimé chez Marquis Imprimeur inc.
sur du Rolland Enviro, contenant 100%
de fibres postconsommation, fabriqué à partir d'énergie biogaz
et certifié FSC®, ÉCOLOGO, Procédé sans chlore et
Garant des forêts intactes.

PERMANENT 100% BIO GAZ ÉNERGIE Garant des forêts intactes[MC]